W0236306

*Im Knaur Taschenbuch Verlag ist bereits folgendes Buch
der Autorin erschienen:*

Wie Heilung geschieht

Über die Autorin:

Sabine Standenat ist klinische Psychologin in Wien. Sie arbeitet außerdem als freie Journalistin und hält Vorträge zu Themen wie beispielsweise Selbstliebe oder Partnerschaft.

Sabine Standenat

Lerne, dich selbst zu lieben, dann liebt dich das Leben

Die Originalausgabe erschien 2005 unter dem Titel
So lerne ich mich selbst zu lieben beim Kneipp-Verlag.

Besuchen Sie uns im Internet: www.droemer-knaur.de
Alle Titel aus dem Bereich MensSana finden Sie im Internet unter
www.knaur-mens-sana.de

Vollständige Taschenbuchausgabe März 2008
Knaur Taschenbuch.
Ein Unternehmen der Droemerschen Verlagsanstalt
Th. Knaur Nachf. GmbH & Co. KG, München
Copyright © 2005 Kneipp-Verlag GmbH, Leoben/Wien
Alle Rechte vorbehalten. Das Werk darf – auch teilweise –
nur mit Genehmigung des Verlages wiedergegeben werden.
Umschlaggestaltung: ZERO Werbeagentur, München
Umschlagabbildung: Corby/Randy Wells
Satz: Pinkuin Satz und Datentechnik, Berlin
Druck und Bindung: CPI – Clausen & Bosse, Leck
Printed in Germany
ISBN 978-3-426-87363-2

6 8 9 7

Für meine Seelenschwester Babsi,
die mir einmal schrieb:

Dich immer wieder neu finden
in aller Behutsamkeit
und dennoch bei mir bleiben.

Worte suchen,
mich mit dir verbinden
und sie aussprechen.
Über die Brücke schicken,
geformt aus der Kraft des Herzens,
wie ein Tanz über den Regenbogen.

Gemeinsamen Melodien lauschen,
in der Verschiedenheit staunend und dankbar
über den Gleichklang.

Inhalt

Vorwort

Es war einmal eine Frau, die alles lernen wollte, was es zu wissen gab. So suchte sie einen Guru auf, der im entlegensten Gebirge in einer Höhle wohnte. Er gab ihr viele Bücher und Schriften. Dann ließ er sie allein, damit sie in Ruhe studieren konnte. Jeden Morgen kehrte er zurück, um die Fortschritte der Frau zu überprüfen. Er stellte immer die gleiche Frage: »Hast du alles gelernt, was es zu wissen gibt?« Und ihre Antwort lautete jedes Mal: »Nein.« Darauf schlug ihr der Guru mit einer schweren Holzstange auf den Kopf. Diese Szene wiederholte sich monatelang.

Eines Tages betrat der Weise die Höhle, stellte dieselbe Frage und hörte dieselbe Antwort. Wie immer hob er den Stock, um sie zu schlagen. Aber an diesem Tag entriss ihm die Frau den Stock und unterbrach seinen Angriff in der Luft. Sie war zwar erleichtert, den täglichen Schlägen entkommen zu sein, fürchtete aber auch seine Vergeltung. Zu ihrer großen Überraschung lächelte der Guru. »Ich gratuliere dir«, sagte er, »du hast bestanden. Du weißt jetzt alles, was du wissen musst.« Verwirrt fragte die Frau: »Wie kann das sein?« Und der Guru antwortete: »Du hast gelernt, dass du nie alles lernen wirst, was es an Wissen gibt. Aber du hast gelernt, wie du den Schmerz beenden kannst.«

Ich habe einen großen Teil meines Lebens mit massiven Beeinträchtigungen verbracht. Panikattacken, Depressionen, immer wiederkehrende Migräneanfälle, nahezu ständige Rücken- und Nackenschmerzen, Hautausschläge mit quälendem Juckreiz am ganzen Körper, Übelkeit und Darmprobleme machten den Alltag zur Qual. Da ich nie wusste, wann die nächste Panikattacke mich überrollen würde, vermied ich alles, was »gefährlich« war: allein auf die Straße gehen, Lokale, Kino, öffentliche Verkehrsmittel, Ausflüge und mit der Zeit jede andere Unternehmung. Spaß, Freude und Entspannung existierten nicht, weil ich damit beschäftigt war zu überleben. Es gab Zeiten, in denen Angst, Panik und körperliche Beschwerden so stark waren, dass ich die Wohnung nicht verlassen konnte – in der schlechtesten Phase für ein ganzes Jahr. Ich machte Therapien der verschiedensten Art, aber keine »Methode« konnte wirklich helfen. Oft lag ich tränenüberströmt im Bett und dachte: »Bitte nicht mehr. Es ist genug.«

Meine Leidensgeschichte war hart, aber sie hat mich dazu gezwungen, immer weiter nach Lösungen zu suchen. Völlig verzweifelt und ohne jede Perspektive fragte ich mich: »Wie kann ich diesen furchtbaren Schmerz beenden?« Und die Antwort kam glasklar: »Liebe dich selbst.«

Es war für mich anfangs fast unmöglich, dieses Gefühl zu entwickeln. Kaum hatte ich unter größter Anstrengung einen Schritt nach vorne gemacht, ging es fünf zurück. Ich strauchelte, fiel hin und dachte, ich könnte nie mehr aufstehen. Irgendwann kam ich doch wieder mühsam auf die Beine, schüttelte den Staub aus meiner Kleidung, streckte mich den Sternen entgegen und ging weiter. Auch wenn es Ihnen sehr schlecht geht – verlieren Sie nicht den Mut. Sie *können* Ihren Schmerz beenden, wenn Sie sich immer mehr lieben. Daher ist die Liebe zu sich selbst die Antwort auf alle Fragen.

Aber bitte haben Sie Geduld: Die Selbstliebe ist eine Reise und keine Endstation. So ist meine Reise noch lange nicht beendet. Aber im Gegensatz zu früher kenne ich jetzt die Richtung. Und wenn ich heute falle – was immer noch vorkommt (!) – dann stehe ich meist rascher auf als früher. Aber selbst wenn mein Aufenthalt auf dem Boden länger dauert, betrachte ich das nun liebevoll und mit Humor.

In diesem Buch habe ich alles niedergeschrieben, was mir auf meinem Weg geholfen hat. Ich möchte Sie von Herzen ermutigen, dass Sie sich auf Ihren Weg machen, und hoffe, dass Sie hier eine Orientierungshilfe finden.

»Du verdienst es, glücklich zu sein«

Kennen Sie das? Sie sehnen sich nach Lebensfreude, guten Beziehungen und innerem Frieden. Sie wollen so gut es geht die Schmerzen und Einengungen der Vergangenheit loslassen. Und Sie haben nur den einen Wunsch – durchzuatmen und endlich, endlich zu leben. Der richtige Zeitpunkt, damit anzufangen, ist *jetzt,* und es gibt einen Weg dorthin – genau genommen den einzigen, den ich kenne: *sich selbst zu lieben.*

Entdecke deine Kraft

Die frohe Botschaft heißt: Sie können mit der Selbstliebe beginnen, unabhängig davon, wie alt Sie sind, unter welchen Umständen Sie leben oder welche Erlebnisse Sie in der Vergangenheit hatten. Entdecken Sie all die Stärken, Talente und Fähigkeiten, die schon so lange in Ihnen schlummern. Sie sind wichtig, wertvoll und einzigartig – auch wenn es jemanden gab oder gibt, der das Gegenteil behauptet.

Haben Sie in der Kindheit oder später gehört, dass Sie sich nicht zu wichtig nehmen sollen? Gab es jemanden, der Ihnen vermittelt hat, dass Sie dumm oder unfähig sind? Selbst wenn Sie lange Zeit gedemütigt, herabgewürdigt oder ausgenutzt wurden – Ihr Wert steht außer Frage.

Entscheiden Sie sich ab heute für einen neuen Weg und machen Sie sich bereit für die aufregendste Reise Ihres Lebens – in Ihr

Inneres! Sie sind ein Diamant, der vielleicht noch nicht so hell strahlt, wie es möglich wäre, weil er an manchen Stellen von Erde verkrustet ist. Aber die Liebe zu sich selbst ist wie ein sanfter Regen, der den alten Schmutz wegspült.

Selbstliebe bedeutet nicht übertrieben egoistisch zu sein, sondern sich zu schätzen und ein gesundes Selbstvertrauen zu entwickeln. Wenn *Sie* nicht gut auf sich aufpassen, wer wird es dann tun? Wärme für die eigene Person ist das Fundament, auf das Sie Ihr Leben bauen. Es ist also wichtig, liebevoll dafür zu sorgen, dass es aus tragfähigem Material ist und nicht aus Sand. Wenn Sie das Haus Ihres Lebens auf dem Beton der Selbstliebe errichten, werden auch andere Sie ganz automatisch respektieren. Und wenn nicht, werden Sie sich das nicht lange gefallen lassen.

Finden Sie heraus, wie es um Ihre Selbstliebe bestellt ist, und beantworten Sie in einer stillen Stunde folgende Fragen:

- Liebe und respektiere ich mich oder sind nur die Bedürfnisse anderer wichtig?
- Quäle ich mich mit übertriebenen Selbstzweifeln?
- Missbrauche ich meinen Körper durch falsche Ernährung, mangelnde Bewegung, zu wenig Ruhe, zu viel Alkohol und Nikotin?
- Gibt es Erfahrungen in meinem Leben, über die ich glaube, nicht hinwegkommen zu können?
- Schlucke ich aus Angst vor den Folgen Gefühle wie Zorn, Wut oder Hass hinunter?
- Kann ich einfach nicht »nein« sagen?
- Lasse ich zu, dass andere mich ausnutzen, demütigen, ständig verletzen oder terrorisieren?
- Ist meine Partnerschaft im Großen und Ganzen in Ordnung oder werde ich gerade dort zu oft gekränkt?

Bei der Beantwortung dieser Fragen geht es nicht darum, bei zu viel »Ja«-Antworten zu verzweifeln, sondern dass Sie zu der inneren Haltung kommen:

»Ich bin kein Opfer. Ich kann ändern, was mich daran hindert, ein erfülltes Leben zu führen.«

Wenn Sie sich solche Sätze nicht einmal zu denken getrauen, fügen Sie im Geist dazu: »Auch wenn ich im Moment keine Ahnung habe, wie ich das machen soll.« Warten Sie auf jeden Fall nicht, bis der berühmte Prinz (oder die Prinzessin) aus dem Märchen erscheint und Sie von allen Problemen erlöst. Die beiden haben Wichtigeres zu tun und kommen nie!

Der Schmerz in Ihrem Leben wird nicht durch jemand anderen beendet, sondern nur durch Sie selbst. Sie *haben* die Kraft, Ihr Leben zum Besseren zu verändern, auch wenn Sie sich im Moment schwach, hilflos und ausgeliefert fühlen.

Der erste Schritt dazu heißt: Ich liebe mich so gut, wie es zu diesem Zeitpunkt möglich ist. Wenn Sie sich aus ehrlichem Herzen Zuneigung entgegenbringen, nehmen Sie Ihre Bedürfnisse ernst, hören auf die Sprache Ihres Körpers und verdrängen weder Gefühle noch Probleme. Sie setzen vernünftige Grenzen, quälen sich nicht mit negativen Gedanken und müssen andere nicht zwanghaft kontrollieren. Sie lassen selbstschädigende Gewohnheiten los und entwickeln die Einstellung: »Was ich denke, fühle und sage, zählt. Ich bin wichtig.« Vielleicht haben Sie Angst, dass Sie das niemals schaffen. Aber denken Sie daran: Es gibt immer einen Weg, auch wenn Sie ihn im Moment beim besten Willen nicht erkennen. Die sprudelnde Quelle Ihrer Kraft mag lange verschüttet gewesen sein. Aber sie ist da und wartet darauf (wieder-)entdeckt zu werden.

Was bedeutet es, sich selbst zu lieben?

Sich selbst lieben heißt, eine zufriedenstellende Antwort auf die folgenden Fragen zu finden:

Wer bin ich wirklich und wie will ich leben?

Machen Sie ganz ruhig eine Bestandsaufnahme jedes Lebensbereiches. Wie zufrieden sind Sie mit sich selbst, der Partnerschaft, mit Freunden und Bekannten, im Beruf? Wohnen Sie so – unabhängig von den finanziellen Verhältnissen –, dass Sie Ihre Persönlichkeit zum Ausdruck bringen oder »wie man es halt hat?« Könnte Ihr Aussehen oder Styling eine Auffrischung vertragen? Sind Sie häufig verbittert, frustriert oder traurig? Gibt es genug Spaß und Freude, oder haben Sie den Humor irgendwo unterwegs verloren? Heute gibt es viele Möglichkeiten, das Leben zu gestalten: Sie können alleine leben, mit einem Partner, in einer Gemeinschaft, in der Stadt, auf dem Land, angestellt sein, freiberuflich arbeiten, im Sommer im Freien schlafen oder auf dem Balkon. Sie können ein Haustier haben, im Ausland arbeiten, eine Ausbildung beginnen, Ihre Arbeitsstelle wechseln, ehrenamtlich tätig sein oder tun, was auch immer Ihnen gefällt. Vielleicht sind Sie in Ihrer »Freiheit« beschränkt, weil Sie für Kinder oder jemand anderen sorgen müssen, wenig Geld oder Beschwerden haben. Aber trotzdem nehmen die meisten von uns viel zu wenig der grundsätzlichen Gestaltungsmöglichkeiten in Anspruch. Eine alleinstehende Klientin von mir beschloss, für ein halbes Jahr nach Australien zu gehen und dort zu jobben. Als sie zurückkam, war sie um viele Erfahrungen reicher. Sie kündigte ihren Job als Buchhalterin, machte eine

Ausbildung zur Reiseleiterin und fährt seither bezahlt in der Welt herum. Sie hat also ihr geliebtes Globetrottern mit Geldverdienen verbunden und ist überglücklich. Das konnte sie nur in Angriff nehmen, weil sie sich die Frage stellte: Wie will ich wirklich leben?

Wer macht die Regeln für mein Leben?

Tatsache ist: Wenn Sie es nicht tun – es wird sich jemand finden, der es Ihnen abnimmt. Häufig bestimmen – bewusst oder unbewusst – auch alte Muster und Erziehungsregeln unser Verhalten. Aber es lohnt immer, eigene Regeln zu entwerfen. Vielleicht überfordert Sie das zunächst, oder Sie wissen nicht, wie Sie es anstellen sollen. Experimentieren Sie ruhig damit! Zumindest sind es dann Ihre eigenen Regeln und Sie können sie jederzeit verwerfen, ändern oder bei Bedarf auch brechen.

Bin ich nur »Beifahrer« auf der Fahrt durchs Leben oder sitze ich am Steuer?

Vergessen Sie nicht: Wer das Lenkrad in der Hand hat, bestimmt, wohin die Reise geht, welche Leute mitfahren, wie schnell gefahren wird, ob es rechts oder links weitergeht und wo Pause gemacht wird. Vielleicht haben Sie auf dem Beifahrersitz keine Verantwortung. Das ist sicher bequem, aber Ihre Reisepläne können Sie so nicht verwirklichen.

Gebe ich mich so, wie ich wirklich bin
oder spiele ich eine Rolle, um bei anderen
gut anzukommen und geliebt zu werden?

Natürlich kann es zum Beispiel in einer beruflichen Situation einmal angebracht sein, den Tränenausbruch wegen »ihm« auf den Abend zu verschieben. Aber ständig nicht authentisch zu sein, kostet enorm Energie, die Sie woanders gut gebrauchen können. Beliebte Rollen sind: Immer gut drauf, cool, Manager/-in des Universums, »Ich bin arm – kümmere dich um mich«, großer Schweiger ...

Bin ich meine beste Freundin,
mein bester Freund?

Viele von uns sind genau das nicht, sondern der eigene größte Feind.

Fühle ich mich wertvoll oder
als ständiger Versager?

Ich habe dazu kürzlich eine Geschichte gelesen, die mir sehr gut gefallen hat: Ein Seminarleiter hält eine 100-Euro-Note hoch und fragt die Teilnehmer, wer diesen Schein haben will. Alle zeigen auf. Darauf zerknüllt er ihn und stellt erneut diese Frage. Wieder zeigen alle auf. Schließlich wirft er das Geld auf die Erde und trampelt darauf herum. Dann hebt er das schmutzige Papier auf und fragt erneut, wer Interesse daran hat. Und obwohl der Schein jetzt voller Staub und Falten ist, wollen ihn immer noch alle haben.

Was sagt uns diese Geschichte? 100 Euro bleiben 100 Euro, unabhängig davon, ob sie zerknüllt oder auf den Boden geworfen wurden. Und genau so verhält es sich mit Ihrem Wert. Auch wenn Sie schlimme Erfahrungen machen mussten, abgewertet, gedemütigt, verlassen, betrogen oder hintergangen wurden – dieser Wert steht außer Frage. Darüber gibt es keine Diskussionen. Sie haben Depressionen, Angstzustände, sind arbeitslos oder krank? Das sind Beeinträchtigungen, die ohne Zweifel schwierige Bedingungen schaffen, aber *Ihr Wert steht außer Frage*. Sie haben Probleme, Schulden oder etwas getan, das Sie sich selbst nicht verzeihen können? Sie werden diese Herausforderungen bewältigen, aber *Ihr Wert steht außer Frage*. Verstehen Sie? Selbstwert ist an keine Bedingungen geknüpft, er *ist* einfach.

Glaube ich, dass es in Ordnung ist, wenn ich glücklich bin?

Geben Sie keine schnelle Antwort. Nicht bevor Sie folgenden Test gemacht haben: Schauen Sie in einen Spiegel und sagen Sie laut (!) den Satz: »Ich, Maria, Erika, Hans, Martin … *verdiene* es, dass es mir in jedem Lebensbereich – mit dem Selbstwert, in der Partnerschaft, finanziell, gesundheitlich – *supergut* geht.« Und jetzt achten Sie auf Ihre Reaktion. Ist das wirklich so, oder hören Sie eine innere Stimme, die sagt: »Also ganz in Ordnung ist das nicht. Wer bin ich schon, dass ich das vom Leben verlangen könnte. Das ist wirklich zu viel.« Vielleicht müssen Sie auch lachen oder weinen. Wenn Sie so reagieren, dann haben Sie wie ca. 85% der Menschen das tiefsitzende Programm »Es muss gelitten werden« gespeichert.

Dieses Programm wird dafür sorgen, dass Sie gute Zeiten nicht wirklich akzeptieren können und sich daher in irgendwelche

Dramen verwickeln. Sollte wider Erwarten (weil Sie Unglück regelrecht erwarten!) einmal alles gut laufen, sorgen Sie dafür, dass das nicht lange so ist. Sie werden Ihr Glück dann entweder nicht erkennen, es entwerten oder unbewusst blockieren. Ich war in dieser Disziplin jahrelang absolute Meisterin. Die Blockaden, die ich nicht gegen das Gute und Schöne errichtet habe, gab es nicht. Ich war *die* Blockadenbauerin schlechthin. Manchmal ertappe ich mich noch heute dabei, dass ich bei bestimmten Gelegenheiten überzeugt bin, dass das nicht gutgehen *kann*. Zumindest nicht bei mir. In der Zwischenzeit habe ich aber einen Mechanismus entwickelt, der darin besteht, mich über mich selbst lustig zu machen. Ich halte also in meinem Treiben inne, stelle mich kurz neben mich und schaue zu, was ich da schon wieder produziere. Dann sage ich zu mir selbst: »Nun meine Süße, schon wieder in Sachen Leiden unterwegs? Kapier es endlich: *Es muss nicht gelitten werden.* Es ist völlig in Ordnung, wenn es dir gutgeht.« In den Kursen erlebe ich immer wieder, dass manche Teilnehmer nicht in der Lage sind, diesen Satz auch nur zu äußern. Sie verweigern die Übung oder tun sich außerordentlich schwer damit. Überlegen Sie einmal: Wenn Sie nicht verdienen, dass es Ihnen gutgeht, wer dann? Mutter Teresa, der Papst, ein Präsident, die Nachbarin? Ich nehme an, dass Sie es in Ihrem Leben nicht immer leicht hatten. Sie haben schlimme Dinge erlebt, sind über Berge und durch Täler gegangen, haben Rückschläge erlitten und trotzdem nicht aufgegeben. Und selbst wenn – Sie sind immer noch da. Warum um alles in der Welt sollte es Ihnen nicht gutgehen dürfen? Entspannen Sie sich. *Es ist in Ordnung.*

Wie ist meine Beziehung zur Spiritualität?

Selbstliebe bedeutet auch, sich damit auseinanderzusetzen, was Sie in Bezug auf spirituelle Themen glauben. Es ist absolut nicht meine Absicht, Sie zu missionieren oder zu einer bestimmten Religion zu »bekehren«. Aber ich möchte Sie ermutigen, für sich selbst folgende Fragen zu beantworten: Woher komme ich, wohin gehe ich? Hat dieses Leben einen Sinn und wenn ja, wie kann ich ihn finden? Gibt es so etwas wie Gott? Und wenn ja, hat das eine Bedeutung für mich? Ist der Tod mein Ende, oder geht es in irgendeiner Form weiter? Die Art und Weise, in der Sie diese Fragen beantworten, macht einen großen Unterschied, wie Sie Probleme bewältigen, Krankheit und sogenannte Schicksalsschläge bewerten und Beziehungen und deren Verlauf gestalten. Was auch immer Sie glauben, sollte Sie nicht ängstigen oder klein halten, sondern Ihnen Kraft und Trost geben.

Lebe ich eigentlich mein Leben?

Vielleicht haben Sie im Kino »Jenseits von Afrika« gesehen. In diesem Film versucht Tania Blixen, alias Meryl Streep, ihren Geliebten Dennis, alias Robert Redford, dazu zu bringen, dass er eine fixe Beziehung nach ihren Vorstellungen eingeht. Persönlich kann ich sie sehr gut verstehen, aber Dennis hatte andere Wünsche. Und er versuchte ihr das mit folgenden Worten zu erklären: »Ich möchte am Ende meines Lebens nicht feststellen müssen, dass ich am Ende des Lebens von jemand anderem stehe.« Gestalten Sie also Ihr Leben so, dass Sie am Ende sagen können: »Vielleicht war es nicht perfekt, aber es war mein Weg.«

Habe ich Gedanken oder Verhaltensweisen, die zerstörerisch sind?

Sich selbst lieben heißt ein klares *Nein* zu allen zerstörerischen Mechanismen – auch zur Selbstzerstörung! Sie verdienen es, dass es Ihnen gutgeht!

Bei der Selbstliebe gibt es keine Patentlösung, die immer und für alle passt. Also suchen Sie *Ihren* ganz persönlichen Weg. Vielleicht führt er Sie durch dunkle Täler, stürmischen Wind, Nebel und Gewitter. Aber wenn Sie sich lieben, stehen Sie auch auf sonnigen Gipfeln, wandern durch rauschende Wälder und sitzen auf duftenden Wiesen. Selbstliebe ist der Schlüssel zu einem neuen Leben. Ihre Beziehungen werden besser, Sie gestalten Ihr Berufsleben neu oder entdecken das Gute an bestehenden Verhältnissen. Wenn die ständige Anspannung wegfällt, verbessert sich vielleicht auch der Gesundheitszustand, oder Sie spüren neuen Schwung, Ihre Geldangelegenheiten zu ordnen. Schauen Sie intensiv in den Spiegel: Dort sehen Sie das Bild des Menschen, der Ihr Leben zum Positiven verändern kann. Und vergessen Sie nicht – es geht Ihnen so gut, wie *Sie* gelernt haben, für sich zu sorgen.

Wie sieht es aus, sich nicht zu lieben?

Ich kann mich noch sehr gut erinnern, *wie* schlimm das in meinen schlechtesten Tagen für mich war, wenn jemand zu mir sagte: »Du musst dich einfach mehr lieben. Wo ist dein Selbstwertgefühl?« Ja, wo bloß? In diesen düsteren Stunden klang das wie Hohn in meinen Ohren. Ich hatte einfach keine Ahnung, wie ich das anstellen sollte. Wenn es Ihnen genauso geht, ist es sehr hilfreich, eine Bestandsaufnahme zu machen, wie und wo diese *»Nichtliebe«* sich eigentlich in Ihrem Leben zeigt. Ich weiß von mir selbst und vielen Patienten/-innen, Klienten/-innen und Kursteilnehmern/-innen, dass meist die folgenden Bereiche betroffen sind:

Selbstmisshandlung

Sie misshandeln sich seelisch, indem Sie sich ständig unter enormen Druck setzen, übertriebene Selbstzweifel an den Tag legen, eigene höchste Ansprüche erfüllen müssen oder kein gutes Haar an Ihrer Persönlichkeit und Ihrem Aussehen lassen. Körperliche Selbstmisshandlung zeigt sich, indem Sie zu viel, zu wenig oder das Falsche essen, Alkohol-, Drogen-, Nikotin oder Medikamentenmissbrauch betreiben, sich zu wenig Ruhe gönnen, gesunde Bewegung verweigern, den Körper nicht ausreichend pflegen oder ihn im Krankheitsfall nicht unterstützen. Selbstmisshandlung kann sich auch so ausdrücken, dass Sie sich ständig abwerten. »Ich bin blöd, ein Versager, ungeschickt, einfach unfähig, hässlich ...«

Zögern vor Nützlichem

Wenn Sie sich selbst nicht lieben, unterlassen Sie es, Dinge zu tun, von denen Sie ganz genau wissen, dass sie angebracht und nötig wären – die Ernährung umstellen, sich mehr bewegen, eine Entspannungsmethode erlernen und *anwenden*, eine Arbeitsstelle aufgeben, weil sie langweilig ist, Sie sich überfordert fühlen, der ganze Job einfach noch nie gepasst hat oder Ihnen schon der Gedanke daran Magenschmerzen verursacht. Vielleicht spüren Sie auch ganz genau, dass Sie eine bestimmte Beziehung beenden sollten, weil diese Sie im wahrsten Sinne des Wortes krank macht. Wenn Sie beginnen, sich mehr zu lieben, verschieben Sie diese nötigen Veränderungen nicht mehr auf den Sankt Nimmerleinstag, sondern machen sich auf die Suche nach Lösungen.

Kontakt mit anderen Menschen

Nirgendwo zeigt sich ein Mangel an Selbstliebe so stark wie bei den Menschen, mit denen wir uns umgeben. Fragen Sie sich ganz ehrlich: Tut mir das Zusammensein mit einer bestimmten Person im Großen und Ganzen gut, oder fühle ich mich ausgenutzt, manipuliert, herabgewürdigt, ignoriert, gedemütigt oder ständig gestresst? Werden meine Gefühle und Gedanken ernst genommen oder geht es bei der Begegnung gar nicht um mich? Gibt es ein Geben und ein Nehmen, oder verläuft diese Beziehung im weitesten Sinn auf »meine Kosten«? Kann ich so sein, wie ich bin, oder muss ich bestimmte Rollen spielen, damit ich akzeptiert werde? Leide ich infolge des Zusammenseins mit jemandem auch an körperlichen Beschwerden, und kann ich trotzdem nicht loslassen?

Vergessen Sie nicht: Verwandte hat man, Partner und Freunde sucht man sich aus. Sie wählen also freiwillig einen bestimmten Menschen. Und wenn Sie sich nicht genug lieben, tun Sie das häufig aus den falschen Gründen. Dann finden Sie sich in Partnerschaften, in denen genau das lieblose Klima herrscht, das Sie niemals wollten, sogenannte Freundinnen oder Freunde verraten und hintergehen Sie, oder »gute Bekannte« lassen aus scheinbar unerfindlichen Gründen nie mehr von sich hören.

Wenn Sie beginnen, sich mehr zu lieben, werden Sie herausfinden, mit wem Sie sich wirklich wohl fühlen und welche Menschen Sie eher meiden sollten. Sie wissen dann, welche Bedürfnisse Sie in Beziehungen zu anderen haben, wer diese erfüllen kann oder wer Ihnen nur noch tiefere Wunden schlägt. Weil Sie wissen, was Sie brauchen, fallen Sie nicht mehr auf Äußerlichkeiten herein oder Personen, die aus irgendeinem Grund ungesunde Muster aus der Vergangenheit in Ihnen ansprechen. Sie wünschen sich echte Weggefährten, denen Sie auf einer tiefen Ebene begegnen können, die Sie ermutigen, Sie selbst zu sein und die das Licht in Ihnen sehen, auch wenn Sie gerade nicht dazu in der Lage sind. Mit solchen Menschen an Ihrer Seite können Sie auch schlimme Zeiten leichter bewältigen und schöne gewinnen an Intensität. Sie werden auch zwischen Freunden und Bekannten unterscheiden, wobei nicht die einen gut und die anderen schlecht sind. Aber wenn Sie wissen, wer ein Freund und wer ein Bekannter ist, hören Sie auf, Unmögliches zu erwarten und dann immer enttäuscht zu sein. Es gibt Menschen, die gute Gefährten sind, wenn es gilt einen lustigen Abend zu verbringen, die aber zum Beispiel Ihr Bedürfnis nach tiefsinnigen Gesprächen nicht befriedigen – und umgekehrt. Trotzdem ist das Zusammensein mit ihnen wohltuend.

Übertriebener Perfektionismus

Selbstliebe bedeutet auch, sich eine Wahrheit einzugestehen: Sie sind in diesem Leben nicht perfekt, waren es niemals und werden es auch nie sein.

Beim Perfektionisten liegt die Latte immer hoch und, wenn Sie ehrlich sind, immer höher. Sie haken eine Angelegenheit ab und schon wartet die nächste. Es gibt kaum Erholungspausen' zwischen so viel Leistung, und wirklich Befriedigung schöpfen Sie aus Ihrem perfekten Tun auch nicht. Und wehe Ihnen, wenn Sie die von Ihnen erwarteten Ansprüche nicht erfüllen. Dann wird gnadenlos abgerechnet. Denn weniger als 250% bedeutet im leichtesten Fall schreckliches Versagen, im schlimmsten den Weltuntergang. Wenn Sie das betrifft, fragen Sie: Wessen Stimme aus der Vergangenheit höre ich, die sagt: »Sei perfekt, wenn du geliebt werden willst. Denn anders wird dir das nie gelingen.«

Darum geht es bei all dem Perfektionsstreben. Bewusst haben Sie diese Botschaft wahrscheinlich vergessen, aber entweder wurde sie in Ihrer Familie direkt formuliert oder vorgelebt. Ein strenger Perfektionsanspruch an sich selbst und andere kostet viel Energie, wird nie zu Ihrer Zufriedenheit erfüllt und die Rechnung mit dem »Geliebt-werden« geht auch nicht auf. Glauben Sie, dass Ihnen umso mehr Gefühle entgegengebracht werden, je perfekter Sie sind? Vielleicht sind Sie für manche bequem, weil Sie bestimmte Dinge hervorragend erledigen. Aber Liebe und echte Wärme bekommen Sie dafür nicht. Hingegen ist die Chance, anderen damit auf die Nerven zu gehen, sehr groß. Ein Freund von mir (Sternzeichen Jungfrau!) lauert wie ein Luchs darauf, dass Besucher ihre Teetasse austrinken, damit er sie sofort in die Spülmaschine räumen kann. Sein innerer Auftrag lautet: Schmutziges Geschirr darf nicht herumstehen.

Den hohen Gemütlichkeitsfaktor bei der Jause können Sie sich vorstellen.

Wenn Sie sich mehr lieben, wollen Sie Dinge zwar auch gut erledigen, aber Sie treiben sich nicht mehr mit einer imaginären Peitsche voran. Es ist dann durchaus in Ordnung, etwas nicht zu tun oder womöglich nur zu 80 %. Selbstlieber liegen dann stattdessen auf dem Sofa, gehen spazieren oder tun einfach nichts (für den Perfektionisten fast unvorstellbar ...).

Sie werden nie perfekt sein, hören Sie also auf, immer wieder danach zu streben. Es ist viel besser für Sie und andere, wenn Sie das geben, was im Moment möglich ist, aber dabei lächeln. Vor Ehrgeiz verkniffene Gesichtszüge und der ständige Druck auf der Brust sind für Sie selbst belastend und auch für die Umwelt unangenehm. *Gehen Sie es ruhiger an!* Ihre Seele und auch der Körper werden es Ihnen danken.

Kontrollbedürfnis

Ein Mangel an Selbstliebe kann sich auch darin zeigen, dass Sie das Leben anderer bestimmen wollen. Sie kontrollieren, manipulieren und versuchen, in der einen oder anderen Art Einfluss zu nehmen oder Macht auszuüben. Selbstverständlich tun Sie das nur, weil Sie es einfach besser wissen. Und wenn alle das täten, was Sie sagen, wäre das für jeden von Vorteil. Wenn Ihre Umgebung das anders sieht, sind Sie beleidigt oder legen in der Intensität des Einmischens noch ein Schäufchen nach. Kommt Ihnen das bekannt vor? Es ist wichtig, Folgendes zu wissen: Menschen ändern sich nur, wenn *sie* das wollen, nicht weil Sie Druck ausüben. Vielleicht gelingt es Ihnen manchmal, mit dieser Methode etwas zu »bewirken«. Aber Sympathien gewinnen Sie damit nicht, sondern gelten als Nörgler, Oberkontrollor oder als ewiger Besserwisser. Niemand dankt Ihnen Ihr sogenanntes

Engagement und mehr Anerkennung und Zuneigung gibt es dafür sowieso nicht. Um Sie zu beruhigen, oute ich mich an dieser Stelle gleich einmal als ehemalige Betroffene. Der sollte so und sie musste unbedingt das, und warum zum Teufel sahen die beiden das nicht ein. Wie *konnte* man das überhaupt anders sehen als ich, wenn man bei halbwegs klarem Verstand war?

Warum legen wir Kontrollbeamte solch ein Verhalten an den Tag? Ganz pragmatisch ausgedrückt, machen wir uns lieber über das Unkraut im Nebengarten her, als mit dem Jäten vor unserer eigenen Türe zu beginnen. Wenn Sie sich selbst lieben, werden Sie einem anderen zwar raten oder helfen (wenn dieser das möchte!), aber ansonsten Ihre Energie dazu verwenden, das eigene Leben freundlicher, heller und zufriedener zu gestalten. Glauben Sie mir, da gibt es genug zu tun.

»Nein«-Sagen

Ich war lange Zeit kaum in der Lage, für meine Wünsche einzustehen und für die Durchsetzung eventuell auch einen Konflikt in Kauf zu nehmen. Allein der Gedanke daran, dass es zu einer unangenehmen Auseinandersetzung kommen könnte, war mir unerträglich. So schwieg ich lieber, auch wenn das bedeutete, dass ich mit meinen Bedürfnissen auf der Strecke blieb. So ein Verhalten ist auf die Dauer nicht nur frustrierend, sondern kann auch wirklich krank machen. Lernen Sie also zu sagen: »*Nein*, das will ich nicht. Das will ich so nicht. Das will ich überhaupt nicht. Bis hierher und nicht weiter, darüber hinaus werde ich nichts tolerieren.«

Wenn ich in meinen Kursen über dieses Thema spreche, sehe ich immer wieder, wie manche Teilnehmer bei diesen Worten geradezu erstarren. Eine Dame sagte einmal spontan: »Das schaffe ich nie.« Versuchen Sie als ersten Schritt zu erkennen, in welchen Situationen Sie »ja« sagen, wenn Sie eigentlich »nein« meinen. Bei Ihrem Partner, dem Chef, der Freundin, den Kindern, in einem Geschäft? Sammeln Sie zunächst nur Informationen, ohne Druck, sich jetzt wehren zu *müssen*. Üben Sie dann dort, wo es Ihnen noch am leichtesten fällt. Grundlage dafür ist, dass Sie im Inneren davon überzeugt sind, dass es in Ordnung ist, eigene Ansichten zu haben und diese auch zu vertreten. Das muss nicht zwangsläufig Streit bedeuten, aber es kann. Denn wenn bestimmte Menschen gewohnt waren, dass Sie zur Verfügung stehen, Gefälligkeiten selbstverständlich erledigen oder niemals eigene Bedürfnisse äußern, dürfen Sie nicht erstaunt sein, wenn gerade sie Ihnen nicht Beifall klatschen. Auf einem neuen Weg treten Sie naturgemäß denjenigen auf die Füße, die von Ihrer Verfügbarkeit bisher gut gelebt haben.

Wichtig: Das bedeutet natürlich nicht, dass Sie sich immer und überall zu 100% durchsetzen. Im Zusammensein mit anderen ist es nötig und sinnvoll, vernünftige Kompromisse zu schließen. Aber mit einem guten Selbstwertgefühl machen Sie diese Kompromisse von einer Position der inneren Stärke aus und nicht, weil Sie Angst haben, dass sonst jemand »böse« auf Sie ist.

Der strenge Richter

Kennen Sie diesen Herrn? Er macht sich entweder immer dann bemerkbar, wenn Sie sich gerade ausrasten wollen, Spaß haben möchten, endlich »nein« gesagt haben oder einen anderen wichtigen Schritt auf Ihrem Selbstliebeweg vorangekommen sind. Es kann auch sein, dass er als dunkelgraue Eminenz im Hintergrund Ihres Lebens lauert und Ihnen genaue Anweisungen gibt, was geht und vor allem, was nicht geht. Unter seiner strengen Herrschaft erstirbt Ihr Lachen, unbeschwertes Fröhlichsein verbietet sich von selbst und er sorgt dafür, dass ständig ein diffuser

Druck auf Ihrer Brust lastet. Sie fühlen sich auf jeden Fall schuldig und ein Teil von Ihnen glaubt, auf tiefer Ebene »Strafe« zu verdienen. Oft begegnet er Ihnen als dominanter Chef, humorloser Partner oder als sogenannter Freund, der Sie nur abwertet. Der strenge Richter duldet keine Veränderungen. Er hasst Ihren Wunsch nach Freude und innerer Freiheit, und immer, wenn Sie sich nach den Sternen strecken wollen, bestraft er Sie. Sie werden dann vielleicht krank, wichtige Unternehmungen finden nicht statt oder werden blockiert, und er sorgt dafür, dass Sie weiter mutlos und verzweifelt bleiben. Ununterbrochen flüstert er Ihnen zu, dass jeder Versuch, etwas anders zu machen, ohnedies sinnlos ist und Sie genau dort bleiben sollen, wo Sie sind. Dieser Richter ist gnadenlos und gibt Ihnen zu verstehen, dass es kein Entkommen gibt. Glauben Sie ihm nicht! Wenn Sie sich tapfer über seine dominanten Einflüsterungen hinwegsetzen oder es gar schaffen, ihn auszulachen, haben Sie schon fast gewonnen. Je stärker Sie sich selbst lieben, umso mehr siecht der Mann regelrecht dahin. Schließlich verschwindet er komplett, und Sie werden ihn unter Garantie nicht vermissen. Sollte er sich in schwachen Stunden erneut zeigen, ist das keine Katastrophe, sondern einfach der Hinweis darauf, dass er wieder einmal versucht, sich wichtig zu machen. Registrieren Sie seine Anwesenheit, aber geben Sie ihm nicht zu viel Aufmerksamkeit. Er nährt sich nämlich von Minderwertigkeitsgefühlen, Selbstabwertung und Schuldgefühlen. Daher fürchtet der strenge Richter nichts so sehr wie einen Menschen, der sich selbst liebt.

Gefühle und Probleme verdrängen

Wer sich selbst nicht genug liebt, »schluckt« Gefühle hinunter und verleugnet auch solche Probleme, die vielleicht schon viel zu lange mit Riesenfäusten an die Türe klopfen.

Wichtig: Verdrängte Gefühle und ungelöste Probleme belasten Seele und Körper. Damit sind sie der Krankmacher Nummer eins! Gefühle gehören gespürt und entsprechend dem eigenen Temperament ausgelebt. Und wenn Ihnen ein Problem zu schaffen macht, sollten Sie es nicht anstehen lassen, sondern nach Lösungen suchen. Damit entlasten Sie nicht nur Ihre Psyche, sondern tun auch etwas für die Gesundheit.

Nicht um Hilfe bitten

Wenn Sie das betrifft, würden Sie sich lieber die Zunge abbeißen, als jemanden anderen wissen zu lassen, dass Sie alleine nicht zurechtkommen. Müssen Sie wirklich jeder Rolle überall und jederzeit gerecht werden? Im Beruf erfolgreich, gute Hausfrau, Mutter und Geliebte, Kameradin in der Not, Krankenschwester, Familienorganisatorin, Hausaufgabenbeaufsichtigerin – kurz die perfekte Managerin des Universums. Wenn Sie aber jetzt noch der Meinung sind, Sie müssten das alles mit links erledigen, dabei noch mit kraftkammergestählter Figur supertoll aussehen, ausgeschlafen sein, immer lächeln und sich dabei in keinem Bereich helfen lassen – dann willkommen im Wahnsinn!

Wichtig: Es ist in Ordnung, andere um etwas zu bitten. Dabei kann es sich um eine Gefälligkeit handeln, generell um mehr Unterstützung, aber auch um Zuwendung. Fällt es Ihnen zum Beispiel schwer zu sagen: »Kannst du bitte mit mir reden, mich in den Arm nehmen, meine Hand halten? Mir geht es gerade nicht so gut und das würde mir helfen.« Wenn Sie schweigen, ersparen Sie sich vielleicht die befürchtete Zurückweisung, aber Sie werden auch nie erfahren, ob Ihr Wunsch nicht doch erfüllt worden wäre.

Wohnraum gestalten

Wie sehr Sie sich selbst verbunden sind, zeigt sich auch in der Art – unabhängig von den finanziellen Möglichkeiten (!) – wie Sie die unmittelbare Umgebung gestalten. Gehen Sie einmal durch Ihre Wohnung, und schauen Sie sich um. Entspricht das, was Sie sehen, so weit als möglich Ihren Bedürfnissen, oder sind Sie so eingerichtet wie »man« es halt hat? Ich habe festgestellt, dass fast alle Möbel in Braun-, Grau- oder Schwarzschattierungen gehalten sind, und habe beschlossen, mein Mobiliar sonnengelb anzumalen. Wenn ich morgens aufstehe, blicke ich auf einen gelben Schreibtisch, die Kleidung entnehme ich einem Kasten, der in genau dieser Farbe gestrichen ist und beim Nachhausekommen lege ich meine müden Beine auf eine ebenso gelbe Couch. Unnötig zu erwähnen, dass auch die Wände gelb gestrichen sind. Dieser Gelbrausch ist möglicherweise nicht jedermanns Sache, aber gehen Sie sowohl bei der Farb- als auch Innengestaltung Ihrer Wohnung ruhig ungewöhnliche Wege.

Wichtig: Das Zuhause ist Ihr Zufluchtsort oder sollte es zumindest sein. Schaffen Sie sich daher auch einen Platz für sich allein. Das ist im idealen Fall ein Zimmer, dessen Türe Sie schließen können. Ist das aus räumlichen Gründen nicht möglich, reservieren Sie sich zumindest eine Ecke. Es ist in vielen Familien durchaus üblich, dass Kinder ihr eigenes Zimmer haben. Für den Mann existiert oftmals ein Hobbyraum im Keller, nur bei der Frau des Hauses wird es als selbstverständlich angesehen, dass sie keinen eigenen Bereich hat. Wenn Sie sich nicht genug Bedeutung beimessen, kann es sein, dass Sie mit der herrschenden Situation zwar nicht zufrieden sind, sie aber als selbstverständlich und unveränderbar betrachten.

Styling

Auch die Art und Weise, wie Sie sich zurechtmachen, sagt etwas über den Stand Ihrer Selbstliebe aus. Wenn es Ihnen egal ist, welche Frisur Sie tragen oder Ihre Kleidung lieblos zusammengestellt ist, bringen Sie damit zum Ausdruck, dass Sie sich selbst keinen Wert geben. Das bedeutet natürlich nicht, dass Sie immer die neuesten Designerklamotten erstehen müssen oder nur gestylt das Haus verlassen sollen. Auch Frauen, die nur mit Lidschatten zum Bäcker gehen können, drücken damit Unsicherheit aus. Tragen Sie also ruhig auch Schlabberlook, aber holen Sie dennoch das Beste aus sich heraus. Das macht nicht nur Spaß, sondern ist auch ein Akt der Selbstliebe.

Nutze die Kraft der Gedanken

Es ist nicht egal, was Sie denken. Mit der Kraft der Gedanken haben Sie ein unglaubliches Instrument zur Lebensgestaltung in Ihrem Kopf. Gedanken sind ein Werkzeug, das Sie *für* oder gegen sich verwenden können. Es gibt nämlich eine Art zu denken, die Ihr seelisches Wohlbefinden und Ihre Gesundheit positiv beeinflusst, und eine Art und Weise, die genau das Gegenteil bewirkt. Daher sollten Sie sich in einer stillen Stunde fragen: Was denke ich in wichtigen Lebensbereichen wie Liebe, Sexualität, Gesundheit, Erfolg, Glück, Geld? Sind das Überzeugungen, die mich stärker machen, mir Mut und Kraft geben, oder solche, die mich schwächen und klein halten? Überlegen Sie, was Sie gewohnheitsmäßig denken. Sieht das so oder ähnlich aus?

- Ich schaffe das oder jenes *nie*.
- Darüber werde ich *nie* hinwegkommen.
- Das war schon immer so.
- Alles ist sinnlos.
- Es ist halt mein Naturell.
- Ich hatte eine schwere Kindheit, daher habe ich keine Chance.
- Ich bin ein Opfer – von einer Person, den Umständen, vom Schicksal.

Die meisten von uns haben von Zeit zu Zeit Gedanken von Verzweiflung und Hoffnungslosigkeit. Wenn Sie aber häufig oder meist so denken, ist die Chance, dass diese Gedanken wahr werden, sehr groß. Wir erzeugen im wahrsten Sinn des Wortes mittels unserer Gedanken und Vorstellungen in großem Ausmaß die Wirklichkeit, in der wir leben. *Aber Achtung:* Ich bin keine Vertreterin der Richtungen in der Psychologie oder Esoterik, die der Kraft der Gedanken eine Art Allmacht geben. Es ist absolut richtig, dass unsere Überzeugungen zu einem großen Teil darüber bestimmen, welche Erfahrungen wir machen und wie wir Erlebnisse verarbeiten. Aber im Leben jedes Einzelnen von uns gibt es auch diesen Faktor X, der sich der bewussten Gestaltung entzieht. Ich bin zwar davon überzeugt, dass wir auf der Seelenebene alle Erfahrungen wählen, aber das ist den meisten nicht bewusst. Daher ist es sehr grausam, einem Leidenden ohne nähere Erklärung hinzuwerfen: »Das hast du mit deinem falschen Denken selbst verursacht.« Oder: »Du musst eben positiv denken.« Ich weiß noch, wie ohnmächtig und hilflos ich mich gefühlt habe, als mir das passiert ist. Meine Tage bestanden aus Angst und Grauen, und ich versuchte irgendwie zu überleben. Allein die Vorstellung, positiv zu denken, überforderte mich extrem. Zugleich fühlte ich mich schuldig, weil ich ja grundsätzlich davon überzeugt war, dass Gedanken Realität erzeugen. Was war ich also für eine Versagerin, weil es mir nicht gelang, ein schönes Leben zu erschaffen. Setzen Sie sich also keinesfalls unter Druck, wenn es Ihnen ähnlich geht. Wenn Sie beginnen, sich selbst mehr zu lieben, werden Sie Ihre Lebensgeschichte, Ihre Erfahrungen und auch Ihr scheinbares Unvermögen, positiv zu denken, anders bewerten. Sie werden sich mit Akzeptieren, Loslassen und Ihrem Weltbild beschäftigen und so wie von selbst zu anderen Einstellungen kommen. Zwingen Sie sich also nicht zum »positiven Denken«. Der berühmte amerikanische Krebsspezialist Dr. Carl Simonton, der erstmals Patienten mit einer Methode behandelte, die psychische Komponenten in die Therapie mit einbezog, hat statt dieses Begriffs einen anderen geprägt, der auch mir viel besser gefällt: das »gesundheitsfördernde Denken«.

Er brachte dafür ein sehr gutes Bespiel, welche Einstellung ein an Krebs erkrankter Mensch zu seiner Überlebenszeit haben kann. Sinngemäß gilt das für uns alle:

Negatives Denken: In fünf Jahren bin ich auf jeden Fall tot.

Positives Denken: In fünf Jahren bin ich auf jeden Fall vollkommen gesund.

Gesundheitsförderndes Denken: Ich weiß nicht, was in fünf Jahren sein wird. Aber die Art und Weise, wie ich ab heute mit mir selbst umgehe, hat großen Einfluss auf meine Lebensqualität.

Verstehen Sie den Unterschied? Das positive Denken verlangt, dass Sie selbst in schlimmsten Stunden sagen: »Es geht mir wunderbar. Das Leben ist herrlich. Alles ist großartig.« Für mich war das damals der pure Hohn. Viel entlastender ist Folgendes: »Zugegeben, mir geht es heute wirklich mies. Aber das bedeutet nicht, dass es morgen noch sein muss.« Das anerkennt den aktuellen Zustand, lässt aber die Türe offen für Veränderungen. Achten Sie auch auf Ihre Sprache. Wenn Sie etwas erzählen, das zwar immer so war, aber verändert werden soll, dann fügen Sie immer das Wort »bisher« ein. *Bisher* hatten Sie nicht genug Selbstvertrauen, konnten nicht nein sagen oder haben sich in zerstörerische Beziehungen verstrickt. Es war so, aber wenn Sie das »bisher« nicht erwähnen, zementieren Sie diesen Zustand für alle Ewigkeit ein.

Halbvoll / halbleer – wie funktioniert unser Geist?

Intuitiv fühlen Sie wahrscheinlich, dass die Art, wie Sie über eine Sache denken, Ihre gesamte Verfassung beeinflusst. Das bekannte Beispiel mit dem halb gefüllten Glas zeigt das deutlich. Wenn Sie das Glas als nur halbleer empfinden, mindern Sie auch das Gute, das Sie damit haben, herab – nämlich Wasser gegen den Durst, ein Glas und die Fähigkeit, die eigene Hand auszustrecken, um danach zu greifen. Allein das ist nicht selbstverständlich. Wer hingegen genau das gleiche Glas halbvoll sieht, freut sich darüber und wird ganz anders gestimmt sein als der »Negativdenker«. Tatsache bleibt, dass das Glas in beiden Fällen gleich gefüllt ist. Es kommt darauf an, wie Sie es betrachten.

Als ich vor Jahren begann, mich mit der Kraft der Gedanken auseinanderzusetzen, erschien es mir zunächst absurd, den Vorgängen in meinem Kopf so große Bedeutung beizumessen. Heute kann ich schnell spüren, wie befreiend es in jeder Hinsicht ist, eine selbstschädigende Einstellung zu verändern. Aber wie hängt das alles zusammen? Tatsache ist: Ein Gedanke erzeugt ein Gefühl, und dieses Gefühl wirkt direkt auf den Körper. Ein kleines Beispiel, um das zu verdeutlichen: Ein Mensch hat aus irgendeinem Grund die Überzeugung, dass Hunde gefährliche Wesen sind. Wenn nun zum Beispiel eine Dogge auf ihn zutrabt, wird er spontan Angst empfinden. Diese löst wiederum körperliche Reaktionen aus – Herzrasen, Muskelanspannung, Schwitzen, Zittern ... So wie in diesem Beispiel geht es uns viele Male am Tag: Ein Gedanke erzeugt über das dazugehörige Gefühl messbare physische Veränderungen. Spüren Sie einmal, wie es Ihnen geht, wenn Sie intensiv daran denken, dass Sie über eine bestimmte Sache nie hinwegkommen werden. Ich bin sicher, Sie fühlen einen Druck auf der Brust, möglicherweise krampft sich Ihr Magen zusammen oder Ihre Schultern verspannen sich. Es ist daher echte Gesundheitsvorsorge, sich damit auseinanderzusetzen, wie Ihre vorherrschende Gedankenwelt aussieht. Um die Zusammenhänge besser zu verstehen, ist es wichtig, sich zu vergegenwärtigen, wie unser Geist funktioniert. Er teilt sich in zwei Bereiche, das Bewusstsein und das Unterbewusstsein.

Das Bewusstsein ist nur sehr klein und enthält alles, was wir willentlich und wissentlich denken. Im deutlich größeren Unterbewusstsein ist alles gespeichert, was wir je erlebt haben. Dazu gehören die Eindrücke aus dem Mutterleib und auch solche, die aus sogenannten Vorleben stammen – jedes positive Ereignis, aber auch Verletzungen, Schmerzen und frühe Prägungen durch die Eltern oder Umwelt. Bewusst haben wir diese Erlebnisse vergessen, aber im Unterbewusstsein sind sie immer noch vorhanden. Und jetzt das Wichtigste: Mit einem langen Arm aus der Vergangenheit lenken diese Eindrücke von damals auch heute noch unsere Gedanken, Gefühle und Handlungen. Vielleicht denken Sie, dass Sie Ihre Entscheidungen großteils aus dem Bewusstsein treffen bzw. aus der sogenannten Vernunft heraus. Aber die Wahrheit ist, dass Ihre Motivation etwas zu tun oder nicht zu tun, die Art, wie Sie mit sich selbst und anderen umgehen, uralten Programmen folgt. Wirklichkeit wird also das, was in Ihrem Unterbewusstsein als Glaubenssatz vorhanden ist.

Welchen Inhalt können diese alten Programme haben?

Alte Muster

Wir alle wollen geliebt werden. Aber den meisten von uns wurden früher Botschaften vermittelt, dass Liebe an Bedingungen geknüpft ist. Hier die am weitest verbreiteten:

Ich werde nur geliebt, wenn ich etwas leiste

In meiner Familie war das *die* Information, die ich erhalten habe. Als ich noch Kämpfe mit meinen Eltern ausfocht, warf ich ihnen vor, dass ich in ihren Augen selbst dann noch nicht genug geleistet hätte, wenn ich die erste weibliche Bundespräsidentin von Österreich wäre. Mir wurde vermittelt: Egal, wie es dir geht – in erster Linie musst du etwas leisten. Das führte später dazu, dass ich mir kaum erlaubte, auszuruhen, und Schuldgefühle hatte, wenn ich zu krank war, um Leistung zu erbringen. Deshalb empfand ich auch meine Panikzustände immer als extremes Versagen. Ich war dann außerstande im Sinne meiner Eltern zu leisten. Wer also würde mich so lieben? Erst später definierte ich Leistung für mich anders. Ich sehe es heute als tapfer und bewundernswert an, dass ich diese Jahre voll Angst, Depression, körperlicher Beschwerden und Einsamkeit überlebt habe. Leistung bedeutet für mich, trotz scheinbarem Auf-der-Stelle-Treten (in meinem Fall jahrzehntelang!), schwierigen Startbedingungen in der Kindheit oder später erlittenen Schmerzen, sein Herz nicht auf Dauer zu verschließen und nach dem Hinfallen irgendwann aufzustehen und weiterzumachen.

Ich werde nur geliebt, wenn ich perfekt bin

So viel Schmerz entsteht, wenn Sie an sich diese Anforderung haben. Das Rad der Ansprüche dreht sich nämlich immer schneller und schneller, und irgendwie kommen Sie nie an. So wird der innere Druck immer stärker, und das Zusammensein mit Ihnen bedeutet für den Rest der Menschheit Stress pur. Dem Perfektionisten entgeht kein Fleck auf der Kleidung seines Nächsten, und das kritische Adlerauge erspäht auch das

Staubkörnchen im letzten Winkel einer fremden Wohnung. Sein Urteil über sich und andere ist immer hart, und es bleibt kein Platz für Flexibilität, Spontaneität und Durchatmen.

Ich werde nur geliebt, wenn ich immer stark bin

Interessanterweise habe ich diese Einstellung häufiger bei Frauen beobachtet als bei Männern. Ihr innerer Anspruch lautet: »Ich muss es machen, checken, erledigen. Ich darf in meinen Bemühungen niemals nachlassen. Ich muss mit dem Hund Gassi gehen, auch wenn ich 39 °C Fieber habe ... Ich muss, ich muss, ich muss, sonst ...« Ja, sonst was? Wenn Sie dieses Programm gespeichert haben, heißt das Ende dieses Satzes »... werde ich nicht geliebt. Und das kann ich auf keinen Fall aushalten.«

Ich werde nur geliebt, wenn ich dünn und attraktiv bin

Als Frau kenne ich dieses Programm natürlich auch, aber in welchem Ausmaß es wirksam werden kann, konnte ich so richtig bei Carmen beobachten. Ihre Eltern hatten ihr immer gesagt, sie sei zu dick und dürfe nicht so viel essen. Später zog Carmen daraus folgenden Schluss:
»Wenn ich nur dünn genug bin, werde ich geliebt.« Das beeinflusste nicht nur all ihre Männerbeziehungen, sondern war auch dafür verantwortlich, dass sie an Magersucht erkrankte. Sie absolvierte nun im eigenen inneren Auftrag ein hartes Fitnesstraining und verlor völlig das Gleichgewicht, wenn sie sich beim Aufwachen aus irgendeinem Grund dicker fühlte als am Vortag.
Ich kenne kaum eine Frau, die sich dem »Ich will dünn sein«-

Programm gänzlich entziehen kann. Tun Sie also für Ihren Körper, was Sie meinen, das nötig ist, aber vergessen Sie Spaß und Lebensfreude dabei nicht.

Ich bin nicht wichtig

Dieses alte Muster entsteht, wenn Ihnen als Kind vermittelt wurde: »Was du denkst, fühlst, willst, interessiert uns nicht.« Auf der bewussten Ebene haben Sie das vergessen, aber im Unterbewusstsein ist es weiter vorhanden. Und so flüstert Ihnen eine lästige kleine Stimme bei jeder Gelegenheit zu: »Du zählst nicht, niemand misst deinen Wünschen Bedeutung zu. Du bist nicht vorhanden.«

Ich bin schuld

In unserer Familie ging es einerseits um Leistung, andererseits war immens wichtig, wer an bestimmten Dingen »schuld« war. Es wurde immer genau recherchiert und danach das Maß an Schuld verteilt. Bei mir hatte das die Wirkung, dass ich mich für Unregelmäßigkeiten sogar dann verantwortlich fühlte, wenn ich nichts damit zu tun hatte.

Lange Zeit fühlte ich mich eigentlich immer schuldig – weil ich zu viel arbeitete und dabei zu wenig Geld verdiente, unfähig war, Spaß zu haben, es zugelassen hatte, dass ich dicker wurde, irgendwie fast in allem versagt hatte, und auch dann, wenn ich die ausgesprochenen oder unausgesprochenen Wünsche meiner Eltern nicht erfüllte. Wenn es mir dennoch gelang, mich einmal zu amüsieren, war das auf irgendeiner Ebene auch nie in Ordnung. Ich hatte häufig das Gefühl, mich rechtfertigen zu müssen, und all das sorgte dafür, dass ich mich ständig in einem Spannungszustand befand. Was ich auch tat, es war nie in Ordnung.

Ich erinnere mich, dass ich einmal einen Vortrag hielt, bei dem meine Mutter zuhörte. Das Publikum war sehr angetan und viele Leute wollten nachher einen Termin bei mir vereinbaren. Ich hatte das Gefühl, eine gute »Leistung« erbracht zu haben, und erwartete von meiner Mutter also Lob und Zustimmung. Als ich sie beim Nachhausefahren fragte, wie es ihr gefallen hätte, sagte sie: »Dein Kleid ist nicht besonders vorteilhaft.«

Ich weiß noch, wie mir die Tränen in die Augen schossen. Es ist nicht so, dass meine Mutter mir bewusst die Freude nehmen wollte, aber irgendwie kamen ihr immer zuerst kritische Bemerkungen in den Sinn. Und obwohl ich gut war, hatte ich doch wieder »nicht entsprochen«.

Das geht doch nicht

Ich erinnere mich an viele Dinge in meiner Erziehung, die »nicht gingen«. Ich sollte nicht meine Meinung äußern, sondern »brav« sein, das oder jenes nicht tun wegen der Leute und mich vor allem möglichst unauffällig verhalten. Der Leitspruch meiner Mutter war, dass ein Mädchen »wie ein Veilchen sein sollte, das im Verborgenen blüht«. Manche Kinder rebellieren gegen solche Vorgaben und tun genau das Gegenteil. Ich war sensibel und beeindruckbar, und daher fielen diese Gebote auf fruchtbaren Boden. Ich brauchte lange Jahre, um diese alten Programme zu erkennen und zu erneuern.

Frauen sind ..., Männer sind ...

Wir alle haben aufgrund von alten Mustern, Beobachtungen und Erfahrungen bestimmte Einstellungen zum anderen Geschlecht. Überlegen Sie spontan, was Ihnen dazu einfällt, wenn Sie als Frau eine Liste zu »Männer sind ...« schreiben müssten. Eine kleine Auswahl aus den Kursen: treulos, tun einem weh, unverlässlich, Machos, stur, kommunikationsunfähig ... Männer schrieben darüber, wie Frauen sind: ständig beleidigt, überemotional, auf Geld aus, wollen dauernd »über die Beziehung reden«.

Sehr interessant ist auch, wenn eine Frau formuliert, wie Frauen sein *sollten*: hausfraulich, gut im Bett, gute Mutter, geduldig, rücksichtsvoll, schön ...

Alle diese Einstellungen beeinflussen nicht nur die Partnerwahl, sondern auch die Art und Weise, wie Sie Ihre Beziehungen führen. Auch die Tatsache, dass Sie »niemanden finden«, kann hier eine ihrer Ursachen haben. Eine Teilnehmerin sagte einmal: »Irgendwie sind alle Männer Schweine.« Kurze Pause. »Ich hätte so gerne einen Partner.« Sie hat aufgrund dieses Musters nur die Möglichkeit, »ein Schwein« kennenzulernen oder innerlich zu blockieren.

Überlegen Sie also sehr genau, was Sie über Frauen und Männer denken, weil Sie diese Erfahrungen genau dann großteils auch machen werden.

Wie entdecke ich meine alten Muster?

Oft sind uns Programme von früher bewusst. Wir erinnern uns, was wir gehört haben, weil es klar und deutlich formuliert war. Es gibt aber auch andere Muster, die dadurch entstanden sind, dass die Inhalte, die uns heute so zu schaffen machen, zwischen den Zeilen vermittelt wurden. Niemand hat es ausgesprochen, und dennoch war es immer da. So hat vielleicht keiner gesagt, dass Sie nicht wichtig sind, aber Sie haben es dennoch gespürt. Oder es wurde zwar nie ausgesprochen, dass Männer wichtiger sind als Frauen, aber das Klima in Ihrer Familie war von dieser Einstellung geprägt.

Fragen, um auf diese verdeckten Muster zu kommen

- Gerate ich auf scheinbar rätselhafte Weise – privat oder beruflich – immer wieder in die gleichen Situationen? Opfer, Täter, Außenseiter ...
- Gibt es einen »roten Faden«, was meine Reaktionen auf Konflikte betrifft? Rückzug, Weinen, Aggression, Verstummen, körperliche Beschwerden ...?
- Neige ich bei manchen Begebenheiten zu Überreaktionen?
- Wie fühle ich mich in bestimmten Situationen wirklich – unabhängig davon, welches Verhalten ich nach außen zeige?
- Treffe ich meine Entscheidungen, oder höre ich dabei immer die kontrollierende Stimme eines anderen Menschen (Eltern?)?
- Habe ich oft Gedanken oder Gefühle, die ich offensichtlich von jemandem übernommen habe? Negativität, Passivität, Traurigkeit, strenger Richter ...?

Wenn Sie auf diese Fragen schwer Antworten finden, suchen Sie Hilfe. Es ist oft schwierig, tief verborgene alte Muster zu erkennen. Aber dieses Erkennen ist wichtig für den Beginn einer Veränderung.

Wie programmiere ich mich neu? –
Ich komponiere mir eine neue Lebensmelodie

Früher haben Ihre Eltern oder andere Bezugspersonen darüber bestimmt, was Sie zu denken haben. Sie hören in Ihrem Leben also genau die Melodie, die damals in Ihrem Unterbewusstsein gespeichert wurde. Aber heute sind Sie der Kapitän auf Ihrem Schiff. Wenn Ihnen die alten Lieder nicht mehr gefallen, schreiben Sie doch einfach neue. Sie können damit Ihr Unterbewusstsein sozusagen »umprogrammieren«. Stellen Sie sich diesen Vorgang so vor, als ob Sie eine Kassette neu bespielen. Dem Unterbewusstsein ist es nämlich völlig egal, mit welchen Informationen Sie es versorgen. So wie es einer Kassette gleichgültig ist, ob Sie Volksmusik, eine Oper, alte Schlager oder das Violinkonzert von Beethoven aufnehmen.

Schieben Sie die Kassette in den Rekorder, werden Sie genau die Melodie hören, die Sie aufgenommen haben. Welche Schritte sind für dieses »Umprogrammieren« als Basiswerkzeug nötig?

1. Schritt: Lieben Sie sich immer mehr – geduldig, gütig und sanft!

2. Schritt: Sehen Sie nach, ob Sie das Muster »Es muss gelitten werden« gespeichert haben und erlauben Sie sich, dass es Ihnen nach der ganzen Leiderei nun endlich gutgehen darf.

3. Schritt: Beschäftigen Sie sich so oft wie möglich mit folgenden Sätzen (Schreiben, Lesen, an den Computer kleben, auf der Toilette in Augenhöhe aufhängen ...):

- Ich liebe und akzeptiere mich – so gut es zum jetzigen Zeitpunkt möglich ist.
- Ich bin fähig meine Probleme zu lösen. Es kann sein, dass ich noch nicht genau weiß, wie ich das anstellen soll, aber ich *werde* es wissen.
- Ich entscheide mich für Freude, Spaß und Glück.

Auch wenn Sie jetzt ungläubig schauen – es ist eine Entscheidung, Dinge anders zu sehen. Ein kleines Beispiel, um das zu verdeutlichen: Sie stehen vor einem total verschmutzten Fenster und schauen hinaus. Vor Ihnen befindet sich eine wunderschöne Landschaft – Meer und Palmen, eine herrliche Gebirgsszenerie, sanfte Wiesen mit wunderschönen Blumen. Sie bestimmen nun, worauf Sie sich konzentrieren.

Würde das in Ihrem Fall so aussehen:

»Es ist einfach unglaublich, dass jemand ein Fenster so verschmutzen lässt. Was die Leute doch für grässliche Gewohnheiten haben. Ich kann solche Schmutzfinken einfach nicht begreifen. Widerlich!«

Oder: »Ja, es stimmt, das Fenster ist wirklich schmutzig. Aber diese Landschaft dahinter – einfach herrlich. Welch wunderschöner Ausblick! Da geht mir richtig das Herz auf.«

Sprechen Sie einmal beide Versionen aus und spüren Sie, in welcher Weise sich Ihre Stimmung bessert oder verschlechtert.

Wir *haben* eine Wahl, wie wir die Dinge des Lebens betrachten. Und niemand zwingt Sie heute mehr, das in einer bestimmten Weise zu tun. Sie sind frei, neue Entscheidungen zu treffen.

Ich verdiene es, glücklich zu sein.

Jawohl! Genauso ist es. Das ist ein Satz, den Sie gar nicht oft genug bejahen können.

Ich bin eine tolle Frau (ein toller Mann)!

Haben Sie ein Problem damit, diesen Satz auch nur zu denken? Wenn ja, fragen Sie sich einmal, welche Kriterien jemand erfüllen muss, damit er (sie) in Ihren Augen »toll« ist.

In den Kursen höre ich oft: Wenn jemand reich ist, eine Superkarriere gemacht hat, berühmt und schön ist oder was weiß ich noch alles. Aber »Ich bin auf keinen Fall toll«.

Überlegen Sie, ob nicht auch Folgendes großartig ist:

Wenn jemand ein schweres Schicksal überlebt hat, ohne komplett zu zerbrechen, durch bestimmte Ereignisse zerbrochen ist, aber trotzdem nicht aufgegeben hat oder dass ein Mensch sich Hilfe holt, wenn er nicht weiterweiß. Für mich ist auch jemand »toll«, der trotz schlimmster Erfahrungen sein Herz nicht ganz verschlossen hat, obwohl das vollkommen verständlich wäre, der unabhängig von seiner vielleicht durchaus nicht einfachen Lebenssituation Harmonie und Frieden ausstrahlt, oder ein Mensch, der eine schwere Krankheit so bewältigt, dass er nicht verbittert, sondern tiefer in sich ruht als je zuvor. Ich bewundere auch jeden, der mitten in einer schlimmen Krise steckt und weitermacht, obwohl weit und breit kein Licht zu sehen ist, *oder* einen zutiefst verzweifelten Menschen, der mit Gott hadert, weil er nicht versteht, warum gewisse Dinge passieren, und später doch irgendwo eine Kerze anzündet. *Oder* Menschen, die sich mit ihren Eltern ausgesöhnt haben, obwohl das ursprünglich ganz unmöglich schien, und solche, die es zumindest versuchen. Natürlich ist auch jemand toll, der mit dem Beruf, der ihm Spaß macht, großen Erfolg hat oder sich endlich das Auto seiner Wahl kaufen kann. Damit kein Missverständnis entsteht: Materielle Dinge sind auf keinen Fall verachtenswert. Es ist völlig in Ordnung, sich schöne Dinge zu wünschen und Freude daran zu haben.

Loslassen bedeutet nicht Vernichtung, sondern einen Zuwachs an Kraft

Wie sehr klammern wir uns doch oft an bestimmte Personen, Dinge oder auch an ganz genaue Vorstellungen, wie eine Situation abzulaufen hat. Diese Vorgangsweise kostet viel Energie und bringt gar nichts. Tun Sie alles, was möglich ist, um Ihr Ziel zu erreichen. Aber wenn das getan ist, lassen Sie los. *Sie können andere Menschen und das Leben nicht kontrollieren!* Erschöpfen Sie sich also nicht unnötig in dem ständigen Versuch, diese Wahrheit zu ignorieren.

Wenn Sie loslassen, steht Ihnen plötzlich viel mehr Kraft zur Verfügung. Und diese können Sie dann dort einsetzen, wo dieser Energieaufwand auch Sinn macht – in Ihrem höchstpersönlichen Bereich.

Ich vertraue darauf, dass die Dinge sich für mich zum Besten wenden

Dieser Satz zählt zu meinen absoluten Favoriten. Er drückt die tiefe Absicht zur wirklichen Hingabe an das Leben aus. Dazu schreibt Daphne Rose Kingma in ihrem einzigartigen Buch »Ich öffne mich der Liebe«:

»Hingabe gleicht einer anmutigen Bewegung, in die wir uns

bereitwillig hineinfallen lassen, um dann festzustellen, dass wir von unvorstellbar starken Armen aufgefangen werden. Hingabe ist Vertrauen hoch hundert, weil wir – obwohl wir keine Vorstellung davon haben, wie alles ausgehen wird – in dem Glauben loslassen, dass selbst keine Lösung die perfekte Lösung sein wird. Hingabe bedeutet das Ende jeder Starrheit: die des Verstandes, die will, dass Dinge auf ganz bestimmte Weise verwirklicht werden, die des Herzens, die verhindert, dass es weich und offen sein kann, und die der Seele, die unseren Geist verstopft und verkleistert, bis er glaubt, er führe ein vom Körper unabhängiges Leben. Hingabe ist das bewusste oder unbewusste Aufgeben des Gedankens, wir wüssten, wie die Dinge sein müssen, damit sie gut sind.«

Sie *können* bestimmen, wie Sie die Dinge des Lebens betrachten. Sie bestimmen, was Sie denken. Das heißt aber nicht, dass Sie sich dafür verurteilen sollen, wenn Sie einen negativen Gedanken haben. Ich habe oft im Spital oder in den Kursen gehört: »Mein Gott, jetzt habe ich endlich verstanden, was ich mir mit meinem negativen Denken angetan habe. Ich will das ändern, aber immer wieder habe ich Rückfälle, oder es gelingt mir gar nicht.« Speziell Krebspatienten setzen sich dann unter starken Druck und sind völlig verzweifelt, wenn sich das »gute Denken« nicht sofort einstellt.

Wichtig: Nicht jeder negative Gedanke ist »schlecht«, sondern weist Sie eventuell auf anstehende Lernaufgaben hin. Wenn einer auftaucht, gehen Sie folgendermaßen vor:

1. Sagen Sie zunächst einmal: »*Aha*, ein negativer Gedanke.« Nehmen Sie ihn einfach zur Kenntnis – ohne zu verdrängen, aber auch ohne extreme Reaktion.

2. Dann untersuchen Sie ihn. Ist er ein Hinweis darauf, dass Sie *aktiv* an einer Situation etwas ändern sollten? Eine Beziehung beenden, eine Arbeitsstelle wechseln ... Fordert er Sie auf, etwas *loszulassen?* Eine Einstellung, eine Erinnerung, eine

Verhaltensweise ... Oder ist es ein sogenannter »Hineinstei-
gergedanke«? Sie haben das sicher schon erlebt. Ein Gedanke
springt Sie regelrecht an und Sie geben ihm so viel Energie,
dass zuletzt ein Drama daraus wird.

3. Schließlich fragen Sie sich: Beruht das, was ich da denke, auf
   Tatsachen? Ist es wahr? Zum Beispiel: Ich bin ein Opfer. Ich
   habe keine Chance ...

Vergessen Sie nie: Sie wurden von den Eltern oder Bezugspersonen vielleicht einmal in einen Käfig hineingesetzt. Aber heute
bleiben Sie darin, obwohl die Türe weit offen ist. Niemand kann
Sie daran hindern, den Kopf hinauszustrecken und schließlich
Ihre Flügel auszubreiten und zu fliegen. Wenn Ihnen das noch
Angst macht, dann bleiben Sie zumindest in der Käfigtüre sitzen und schauen hinaus. Irgendwann wird die Aussicht trotz
vieler Befürchtungen so verlockend sein, dass Sie es einfach
riskieren.

Humor

Einverstanden – das Leben ist schwer. Manchmal sogar sehr
schwer. Ich befand mich jahrelang sozusagen »an der Front« –
auf der Krebsstation, in der Betreuungseinrichtung für Miss-
brauchsopfer, in der Praxis und nicht zuletzt auch in meinem
eigenen Leben. Aber glauben Sie mir, nichts wird besser, wenn
Sie nur mit hängenden Mundwinkeln, verkniffenen Lippen oder
Trauermiene herumlaufen. Natürlich sollen Sie nicht lachen,
wenn Sie deprimiert sind oder generell den Clown spielen,
wenn Sie leiden. Aber es kann unglaublich entlastend sein, sich
ein wenig über sich lustig zu machen. Wenn ich merke, dass ich
schon wieder in eine meiner Fallen getappt bin oder ein ewig
altes Muster wiederhole, gelingt es mir in der Zwischenzeit immer öfter, das auch von der lustigen Seite zu sehen. *Nehmen Sie*

die Dinge nicht so schwer! Versuchen Sie einmal in Gedanken, das Leben als großes Theaterstück zu sehen. Sie und alle anderen spielen ihre Rollen, aber Sie sind auch Drehbuchautor und Regisseur. So können Sie das Buch umschreiben und den Spielverlauf ändern. Experimentieren Sie damit. Sie können auch entscheiden, ob Sie in einem bestimmten Drama die Hauptrolle spielen wollen oder nur als Nebendarsteller agieren. Oder ob Sie für diesen Part ganz von der Bühne abgehen und nur zusehen. Manchmal »stirbt« auch einer, aber Sie müssen nicht allzu traurig sein, weil Sie ohnedies wissen, dass es dem Betreffenden gutgeht und er hinter der Bühne gerade ein paar Würstel isst. Wenn Sie in einem Stück nicht auf Ihre Kosten kommen, spielen Sie im nächsten eben eine andere Rolle, oder Sie ändern Ihren Teil noch während des Stücks. Mir hat diese Vorstellung sehr geholfen, weil ich auch überzeugt bin, dass sich die Dinge letztendlich so ähnlich verhalten.

Was auch immer Sie durchleiden – ein sehr gutes Heilmittel ist der Humor. Nutzen Sie ihn und schlagen Sie so dem ständig erhöhten Adrenalinspiegel ein Schnippchen. Gehen Sie alles ein wenig lockerer an. Vielleicht ist ja das Leben wirklich nur ein Spiel, das wir uns einmal gemeinsam mit dem »Mann da oben« ausgedacht haben. Wir machen also diese Erfahrung oder jene und schauen, wie wir uns dabei verhalten. Daher können Sie ruhig auch lachen, wenn es Ihnen gerade nicht so gutgeht. Und denken Sie bei nächster Gelegenheit immer an den berühmten Spruch: Sie können sich natürlich darüber aufregen, verpflichtet sind Sie dazu nicht.

Fühle das Gefühl

Am liebsten würde ich hinter diese Überschrift einige hundert Rufzeichen setzen, so sehr möchte ich Ihnen Ihre Gefühlswelt ans Herz legen. Ich weiß, dass viele von uns in der Kindheit und auch später verletzt wurden. Das kann dazu geführt haben, dass Sie bewusst oder unbewusst beschlossen, dass so etwas niemals wieder geschehen darf. Als Folge davon haben Sie sich gefühlsmäßig immer mehr zurückgezogen. Wenn Sie dann neue Erfahrungen gemacht haben, waren auch diese schmerzhaft. Und so hat sich Ihr Herz immer mehr verschlossen.

Das Phänomen des »Verschlossenen Herzens« habe ich in seiner ganzen Bedeutung erst erfasst, als ich bei Klienten, Patienten und auch mir selbst gesehen habe, welche Auswirkungen es auf das ganze Leben hat, Gefühle wegzuschließen.

Es gibt zwei Anzeichen, wie Sie herausfinden können, ob Sie das betrifft:

1. Auch wenn Ihnen etwas Schönes widerfährt, ein Erfolg oder ein erfüllter Wunsch, empfinden Sie nicht wirkliche Freude. Corinna: »Ich wollte schon immer zu einer tropischen Insel reisen. Immer wieder malte ich mir aus, wie schön es wäre, dort zu sein. Schließlich war es so weit – ich flog zu meinem Paradies auf die Virgin Islands. Ich stand an einem Strand mit blütenweißem Sand, der Horizont erstreckte sich endlos und die Sonne sank mit einer Farbenpracht ins Meer, die unglaublich war. Ich war dort, wo ich immer sein wollte. Und trotzdem dachte ich nur:

›Ja, schön. Aber wenn ich ehrlich bin – tief drinnen fühlte ich nichts.‹« Corinna hatte irgendwann »beschlossen«, dass es für ihr Herz bekömmlicher sei, eine hohe Schutzmauer aufzubauen. Aber durch so einen Wall wird nicht nur Schmerz blockiert, sondern auch Gefühle wie Liebe, Freude und echte Wärme.

2. Sie erwarten Dankbarkeit und denken, dass Ihre Mitmenschen und die Welt Ihnen etwas schuldig sind. Es ist eine Tatsache, dass in gefühlsmäßigen Belangen »Schuld« nicht wirklich eingefordert werden kann – Gefühle anderer Menschen sind ein Geschenk. Jedes Fordern oder Abpressen gibt Ihnen nicht das, was Sie tatsächlich wollen. Und die Welt schuldet uns schon gar nichts. Man muss auch ehrlich sagen, dass es – von unserer Sicht der Dinge aus – nicht einmal gerecht zugeht. Manche Menschen erleiden fast ununterbrochen die schlimmsten Schicksalsschläge, andere scheinen ausschließlich die Sonnenseite des Lebens zu genießen. Wenn Sie lange auf der Seite waren, die der Sonne abgewandt liegt, ist es zutiefst verständlich, dass Sie Ihre Seele vor Verletzungen schützen wollen. Aber das verschlossene Herz ist keine Garantie dafür, dass Sie niemals mehr Schmerz empfinden. Ganz im Gegenteil! Vielleicht gelingt es dann wirklich niemandem mehr, hinter Ihren Schutzwall zu gelangen. Aber Sie schaffen es auch von der anderen Seite nicht hinaus. Also sitzen Sie in einer Art selbstgeschaffenem Gefängnis, in dem es leer, einsam und kalt ist. Außerdem sind abgespaltene Gefühle niemals wirklich bewältigt und können daher in Seele und Körper großen Schaden anrichten. Verdrängen kostet unheimlich viel Energie. Wollen Sie sich das wirklich antun? Ich habe mich zu einem anderen Weg entschlossen. Ich weiß, dass mein Herz viele Tiefschläge aushalten musste, und akzeptiere das. Ich anerkenne auch die Notwendigkeit, dass es sich einmal aus gutem Grund verschlossen hat. Das war damals seine Art zu überleben, denn mehr Schmerz hätte es zu diesem Zeitpunkt offenbar nicht ausgehalten. Aber heute ist das anders. Einerseits habe ich ge-

lernt, besser auf mich aufzupassen, andererseits stehen mir nun auch gesündere Bewältigungsmechanismen zur Verfügung. Ich habe in vielen schlimmen Situationen gelernt, mit Schmerz so umzugehen, dass er mich nicht zerstört und ich daraus sogar gestärkt hervorgehe. Natürlich ist es trotz allem nicht sinnvoll, sein Herz völlig unbedenklich auf einem Silbertablett zu servieren, damit jeder zufällig Vorbeikommende ein Messer hineinstechen kann. Es gilt also, auf die innere Stimme zu hören, die uns meist schon in einem sehr frühen Stadium vor bestimmten Menschen warnt. Wenn Sie ehrlich sind, gab es in einer Beziehung wahrscheinlich immer schon Anzeichen dafür, dass »etwas« nicht so läuft, wie Sie es sich vorgestellt haben. Aber Sie waren so verliebt, einsam oder bedürftig, dass Sie einfach nicht hinhören wollten. Je mehr Sie sich selbst lieben, desto besser ist auch Ihr Kontakt zu dieser inneren Weisheit, die genau weiß, was gut für Sie ist. Aber es geht nicht in erster Linie darum, Schmerz zu vermeiden. Wenn das der Motor für Ihr Handeln oder Nichthandeln ist, sperren Sie viele Erfahrungen aus, die wertvoll, wichtig oder auch wunderschön sind. Ich habe meine größten Lektionen fast immer über Schmerz gelernt. Aber heute gelingt es öfter, etwas zu korrigieren oder zu begreifen, ohne dass ich vorher halb sterben muss.

Viele Menschen fürchten sich regelrecht vor der Welt der Gefühle, weil dort der Boden immer ein wenig schwankt, sich unvorhergesehene Abgründe auftun können oder gut verdrängter Schmerz plötzlich an die Oberfläche kommt. Also vermeiden sie »Gefühlsduselei« und fühlen sich sicherer in einem Umfeld der sogenannten Vernunft. Aber diese Scheinsicherheit steht auf äußerst wackligen Beinen und kann im Ernstfall leicht erschüttert werden.

Prinzipiell ist jedes Gefühl, das Sie haben, richtig. Es gibt keine »falschen« Gefühle, auch wenn andere die Intensität Ihrer Aufregung oder Ihres Schmerzes nicht nachvollziehen können. Sie haben vielleicht schon gehört: »Darüber regst du dich auf? Das ist doch eine Bagatelle.« Oder: »Warum trifft dich das so?« Gefühle haben immer mit unserer Lebensgeschichte zu tun. Und es hat seinen Grund, warum wir so fühlen, wie wir fühlen. Mit der Zeit werden Sie auch erkennen, ob genau dieses Gefühl wirklich durch die aktuelle Situation ausgelöst wird oder eher zu einer fernen Vergangenheit gehört. Sehr oft reagieren wir nämlich emotional, wenn durch ein Ereignis aus der Gegenwart eine unserer alten Wunden berührt wird. So formuliert zum Beispiel jemand einen Standpunkt ein wenig schärfer, und wir werden – bewusst oder unbewusst – daran erinnert, dass ein Elternteil immer laut wurde und wir uns damals geängstigt haben. Dieses Programm läuft dann genauso ab wie früher, obwohl heute kein Grund mehr für Angst vorhanden wäre. Oder wir werden verlassen und spüren durch diese Situation den ganzen Schmerz aus der Kindheit, in der uns Ähnliches geschehen ist. Die meisten von uns reagieren bei »Verlassenwerden« aus der gefühlsmäßigen Position eines Vierjährigen. Wenn wir damals wirklich im Stich gelassen worden wären, hätte das unseren sicheren Tod bedeutet. Ein Kind, das nicht gefüttert wird und um das sich niemand kümmert, stirbt. Diese Angst begleitet uns auch später, und aus diesem absoluten Bedrohungsgefühl heraus reagieren wir, wenn ein Mensch geht. Nicht umsonst heißt es, dass Abschied »ein bisschen wie Sterben« ist. Aber trifft das heute wirklich noch zu? Für einen Erwachsenen bedeutet es großen Schmerz, wenn er verlassen wird, aber nicht sein Ende. Wir glauben das vielleicht, weil die Urwunde aus der Vergangenheit berührt wurde, aber es *ist nicht so.* Durch das aktuelle Geschehen kommen die alten Schmerzen aber wieder hoch und haben so eine neuerliche Chance, geheilt zu werden.

Das 3-Schritte-Programm
für den Umgang mit Gefühlen:

1. Ich akzeptiere jedes Gefühl, das ich empfinde

Was auch immer Sie fühlen, sagen Sie: »Ja, ich bin jetzt verdammt zornig. Das heißt aber nicht, dass das morgen noch so ist.« Oder: »Ich bin im Moment unglaublich traurig, eifersüchtig, unsicher, ängstlich. Ich stehe dazu, dass ich so fühle.«
Erlauben Sie sich, alles zu fühlen, was in einem bestimmten Augenblick da ist.

2. Ich drücke dieses Gefühl entsprechend meinem Temperament und meiner Persönlichkeit aus (ohne dass Verwundete zurückbleiben!)

Für manche Menschen reicht es, wenn sie sagen: »Ich bin jetzt sehr zornig«, andere werden vielleicht lauter. Ich war einmal wegen eines Mannes so wütend, dass ich mehrere Tassen so gegen die Küchenwand geworfen habe, dass einige Splitter sogar im Vorzimmer gelandet sind. Das Problem war damit natürlich nicht gelöst, aber ich konnte mit dieser Aktion so viel Druck ablassen, dass ich anschließend in der Lage war, vernünftiger darüber nachzudenken. Lächeln Sie, wenn Sie fröhlich sind, weinen Sie, wenn die Trauer kommt und äußern Sie Ihren Zorn. *Es ist in Ordnung.*

3. Ich lerne aus meinen Gefühlen

Gefühle sind neben den Träumen der Königsweg zum Unbewussten, also zu den alten Programmen, verdrängten Schmerzen, verborgenen Konflikten und Schatten. So kann alles, was

Sie fühlen, dazu beitragen, dem verborgenen Muster auf die Spur zu kommen.

Stellen Sie einfach die richtigen Fragen: Warum reagiere ich in Gegenwart eines bestimmten Menschen oder Menschentyps immer nervös? Warum fühle ich mich in gewissen Situationen immer so unsicher? Wieso regen mich ganz bestimmte Dinge so unglaublich auf? Sie können aus Ihren Gefühlen viel über die Tiefen Ihrer Persönlichkeit erfahren.

Wichtig: Ihre Gefühle sind der Teil von Ihnen, der Sie lebendig macht. Überlegen Sie, wann Sie sich mit einem Menschen wohl fühlen. Ist das wirklich jemand, der besonders logisch, vernünftig oder kühl ist? Also ich blühe auf, wenn ich in Gegenwart von Personen bin, die Wärme und Verständnis ausstrahlen, und ich denke, es geht Ihnen genauso. Schätzen Sie also nicht den sogenannten Verstand über alles. Er leistet natürlich in manchen Situationen große Hilfe, aber wer und was Sie wirklich sind, zeigt sich in der Art und Weise, wie Sie mit Ihrer Gefühlswelt umgehen. Werten Sie Ihre Gefühle und die der anderen auch niemals ab. Und es ist keine Schande, wenn jemand über Sie sagt, dass Sie gefühlsbetont sind. Antworten Sie dann darauf: »Ja, ich weiß. Ist das nicht schön?« und beginnen Sie auf keinen Fall, sich zu verteidigen.

Mein Problem als Krebsfrau war nie der Mangel an Gefühl, sondern eher ein »Zuviel«. Meine Grundstimmung im Leben heißt »Ich fühle«. Und ich fühle so viel, dass ich oft denke: »Mein Gott, so genau wollte ich es gar nicht wissen.« Auf jeden Fall bin ich stolz auf meine Gefühle und denke nicht im Traum daran, mich wegen mangelnder Coolness zu genieren.

Welche Gefühle werden am ehesten verdrängt?

Wut

Wut ist eine ungeheuer kraftvolle Energie. Wir fühlen diese Energie, wenn uns jemand verletzt, hintergeht, betrügt, immer wieder enttäuscht oder manipuliert. Wenn Sie dieses Gefühl einfach hinunterschlucken, wird Ihnen das »auf den Magen schlagen«, »den Hals zuschnüren« oder »das Herz abdrücken«. Denn Energie geht nicht verloren, sondern wird nur umgeleitet. Wenn sie nicht »hinaus« geht, dann geht sie »hinein« und richtet unter Umständen in Körper und Seele großen Schaden an.

Finden Sie also ein Ventil für Ihre Wut, das Ihr System entlastet und trotzdem keine Leichen hinterlässt. Sie können als erste Maßnahme auf einen Polster schlagen, im Auto auf einem Parkplatz schreien oder mit den Füßen stampfen. Machen Sie sich aber auch immer die tieferen Ursachen für Ihre Wut bewusst. Wenn Sie ein wenig ruhiger sind, fragen Sie sich: Worum ging es bei dem Vorfall wirklich? War das wutauslösende Ereignis vorhersehbar, und wollte ich es nur nicht wahrhaben? Ist das ein Anlass, bei dem ich immer wütend reagiere? Was könnte ich daran ändern? Was passt mir nicht? Beachten Sie auch den Zusammenhang: Hinter Angst steht Wut und hinter Wut steht Schmerz.

Äußern Sie, dass Sie wütend sind. Wenn das Wort »wütend« für die spezielle Situation zu stark ist, verwenden Sie »befremdet«. Damit habe ich sehr gute Erfahrungen gemacht. Sie bringen damit zwar Ihren Unmut zum Ausdruck, aber auf eine sanftere Art und Weise.

Manchmal kann auch ein ungefilterter Wutanfall gute Resultate bringen. Vor allem, wenn Sie ein Mensch sind, der normalerweise zurückhaltender reagiert. Aber das muss nicht sein. Wut entsteht meist dann, wenn Sie schon viel zu lange »geschluckt« haben. Sie können also eine Eskalation der Situation und viel Aufregung für sich selbst vermeiden, wenn Sie rechtzeitig verlauten lassen, dass Sie verärgert sind. Das geht viel leichter, wenn Sie sich selbst lieben, weil Sie es dann in Ordnung finden, anderer Meinung zu sein, und auch nicht daran denken, sich durch »Schlucken« zu schaden. Fortgeschrittene in Sachen Gefühlsverarbeitung erkennen den Zusammenhang zwischen Schmerz und Wut sehr schnell und können gleich damit beginnen, am »richtigen« Ort daran zu arbeiten.

Trauer

Es gibt die Trauer, die Sie empfinden, wenn jemand stirbt oder Sie verlässt, etwas nicht gelingt oder aus einem anderen aktuellen Anlass. Sie können aber auch traurig sein, ohne die Ursache zu kennen. Die Patienten sagen mir dann immer, sie seien »grundlos traurig«.

Sie können sicher sein, dass es auch in diesem Fall eine Ursache gibt. Entweder liegt sie irgendwo in der Vergangenheit, und eine gegenwärtige Situation berührt die alte Wunde, Schmerzen, die Sie verdrängt haben, wollen so ins Bewusstsein kommen, oder Sie fühlen – ohne sich das klar einzugestehen – Hilflosigkeit und Ohnmacht.

- Es ist in Ordnung zu trauern. Geben Sie sich die Zeit, die Sie brauchen, suchen Sie aber Hilfe, wenn Sie allein überhaupt nicht damit zurechtkommen. Versuchen Sie auch, so gut es geht, alltägliche Dinge zu erledigen (ausmisten!), ein wenig Bewegung zu machen oder sich abzulenken.

Umgang mit diffuser Trauer:

- Akzeptieren Sie Ihr Traurigsein, auch wenn Sie nicht genau wissen warum.
- Achten Sie trotzdem auf die Gedanken, die Ihnen durch den Kopf gehen. Meist lässt sich doch ein Zusammenhang finden und Sie erkennen klarer, worum es geht.

Eifersucht

Es ist wichtig, zwischen Eifersucht zu unterscheiden, die sich unspezifisch gegen alles und jede(n) richtet, und einer, die durchaus begründet sein könnte. So litt zum Beispiel meine Klientin Nora sehr darunter, dass ihr Freund Martin intensiven Kontakt mit seiner Exfrau hatte. Er traf sie mindestens einmal die Woche, sie schickte um drei Uhr früh SMS und wenn sie anrief, was täglich (!) der Fall war, stand er sofort zur Verfügung. In diesem Fall sind Gefühle von Eifersucht durchaus berechtigt und als Alarmsignal dafür zu verstehen, dass der Mann die vorige Beziehung innerlich nie wirklich beendet hatte. Damit war er auch für seine neue Partnerin nicht frei. Nora fühlte sich also völlig zu Recht vernachlässigt. Bei der Aussprache konfrontierte sie ihn mit ihrer Sicht der Dinge und er gab schließlich zu, dass er noch immer starke Gefühle für seine Exfrau hatte. Seine Anschuldigungen, sie sei übertrieben eifersüchtig, waren nur der Versuch, von sich selbst abzulenken. Nora bewies Selbstliebe und trennte sich von Martin.

Ganz anders liegt der Fall, wenn Sie ständig Eifersucht empfinden, obwohl kein wirklicher Grund dafür vorhanden ist. So war für mich lange Zeit jede andere Frau »gefährlich«. Ich hielt so wenig von mir selbst, dass ich dachte, mein Partner würde die nächste Gelegenheit benutzen, mich zu verlassen. Wenn er eine andere nur ansah, verkrampfte sich der Magen, und wenn er eine Begebenheit aus einer vorangegangenen Beziehung erwähnte, fühlte ich mich elend. Diese Art der Eifersucht entsteht aus einem Mangel an Selbstliebe. Und sie kann nur behoben werden, wenn das Selbstwertgefühl steigt. Denn auch wenn Ihr Partner schwört, dass er Sie nie betrügen wird – Sie werden ihm nicht glauben, sondern mit Kontrollversuchen und Vorwürfen ihm und sich das Leben zur Hölle machen.

Wichtig: Wenn jemand Sie betrügen will, wird er oder sie das tun. Und es gibt dann nichts, womit Sie es verhindern können. Das Beste, was Sie also für sich und in der Folge für jede Beziehung tun können, ist für möglich zu halten, dass Sie in jeder Hinsicht anziehend sind. Und das gelingt nur, wenn Sie sich selbst immer mehr lieben.

Neid

Gibt es etwas, worum Sie andere beneiden – die gute Figur, einen liebevollen Partner, finanziellen Wohlstand, Erfolg, Gesundheit, Fitness, Geborgenheit in einer Familie? In der einen oder anderen Form kennen wohl viele von uns dieses Gefühl. Gestehen Sie sich ehrlich ein, wem Sie worum neidisch sind. Und dann nehmen Sie es entweder als Motor, das auch oder in einer ähnlichen Form zu erreichen oder eben zu akzeptieren, dass das aufgrund der Gegebenheiten nicht möglich ist.

Bedenken Sie bei Neidgefühlen auch, dass jeder sein Schicksal hat und Sie nie in Kenntnis der gesamten Informationen sind. So haben viele Mädchen Prinzessin Diana beneidet. Sie war schön, reich und eine Königliche Hoheit. Niemand wusste, welches persönliche Drama sich hinter dieser Fassade wirklich abspielte.

Hass

Manche haben damit überhaupt kein Problem, andere werden richtig aufgeregt, wenn sie nur das Wort hören. Dürfen Sie hassen? Natürlich ist es für Ihr seelisches und körperliches Wohlbefinden nicht förderlich, wenn Sie im Dauerzustand von Zorn, Wut oder Hass leben. Aber es kann Momente geben, in denen Sie genau das empfinden.

Einmal war ich mit einem Mann zusammen, der mir erzählte, wie er vor Jahren seine Alkoholsucht überwunden hatte. Wir führten sehr gute Gespräche darüber, und ich brachte immer wieder zum Ausdruck, wie beeindruckt ich war, dass er es geschafft hatte. Nach einem Urlaub gab es wegen seiner Exfreundin zwischen uns Probleme. Im Verlauf eines Streites sagte er mir, dass er niemals aufgehört hätte zu trinken und wie naiv ich gewesen wäre, das zu glauben. Ich fühlte mich so hintergangen, dass ich ihn in diesem Augenblick wirklich hasste. Dieser Hass zeigte mir aber auch, dass ich bisher bestimmte Seiten an ihm einfach nicht wahrhaben wollte. Wenn ich ehrlich bin, gab es sehr rasch Anzeichen dafür, dass er es mit der Wahrheit nicht genau nahm. Mein starkes Aggressionsgefühl sorgte dafür, dass ich mich damit auseinandersetzen musste und ihn wenig später verließ. Wenn Sie im Moment Hassgefühle empfinden, so akzeptieren Sie das. Untersuchen Sie aber auch die Umstände, die dazu geführt haben, und verstehen Sie die Botschaft.

Vielleicht gibt es in einer bestimmten Beziehung etwas Grundsätzliches auszusprechen, zu klären oder zu verändern. Möglicherweise wird Ihr Hass aber auch aktiviert, weil durch das Zusammensein alte Wunden berührt werden, die so auf sich aufmerksam machen. Geben Sie Ihrem Hass auf jeden Fall Aufmerksamkeit, gerade auch dann, wenn schon das Wort allein heftige Abwehr auslöst. *Jedes* Gefühl ist richtig – es gibt keine falschen Gefühle! Aber lassen Sie es dann nicht auf sich beruhen, sondern forschen Sie nach Ursachen und Bewältigungsmöglichkeiten.

Vergib, wenn du dich liebst

Ich kenne die Reaktionen vieler Menschen auf das Ansinnen, sie mögen etwas verzeihen, was ihnen angetan wurde. Ein Krebspatient wollte sogar einmal unseren Kurs abbrechen, weil ihm diese Idee ungeheuerlich erschien. Ich kann jeden verstehen, dem es so geht. Deshalb möchte ich gleich jetzt klarstellen: Verzeihen bedeutet *nicht*, schlimmes Verhalten zu entschuldigen, sondern Energie aus dieser Sache herauszunehmen, um Seele und Körper von negativen Spannungen zu reinigen.

Ein Nachmittag in meiner psychologischen Praxis: Karin sitzt zusammengekauert auf dem Sofa. Sie zittert am ganzen Körper, zerbröselt das x-te Taschentuch zwischen den Fingern, und die Augen sind geschwollen vom Weinen. Sie erzählt von ihrem Mann, der besten Freundin und wie sie die beiden entdeckte. Eine hässliche Geschichte und sanft frage ich, wann sie von dem Verhältnis erfahren hat. Mit unprofessioneller Erschütterung höre ich folgende Antwort: »Vor fünfzehn Jahren.« Der Mann hat die Freundin längst geheiratet, sie haben Kinder im Teenageralter und beide erinnern sich wahrscheinlich nur mehr undeutlich an das Drama vor so langer Zeit. Karin konnte die blutenden Wunden der Seele nicht stillen und hat damit zugelassen, dass das Leid der Vergangenheit Jahre ihres Lebens vergiftet.

Verzeihen ist eine schwierige Angelegenheit. Die meisten von uns wurden schon verletzt, verlassen, betrogen, ausgenutzt oder hintergangen. Die Aufforderung, doch endlich zu vergeben, erscheint unter solchen Umständen wie Hohn. Und doch ist es der einzige Weg, den Seelenfrieden wiederzuerlangen. Jemand hat Ihnen etwas Schreckliches angetan. Es war sicherlich ganz schlimm, aber es war. Lassen Sie nicht zu, dass Verletzungen vergangener Tage die Gegenwart oder gar Ihre Zukunft zerstören.

Vielleicht gehen Ihnen auch folgende Gedanken durch den Kopf, die ein Loslassen erschweren: »Wenn ich X jetzt vergebe, bin ich ein Schwächling und er hat auch noch recht«, »Gut, ich verzeihe, aber nur wenn der andere sich tausendmal entschuldigt. Vergessen werde ich die Angelegenheit nie«, »Eigentlich möchte ich mich so richtig rächen«, »Was ich getan habe oder nicht getan habe, kann ich mir niemals verzeihen. Ich verdiene es daher, nie wieder glücklich zu sein.«

Aber wenn Sie die Entscheidung treffen nicht zu vergeben, wird Ihr Schmerz andauern. Ist es wirklich sinnvoll, die Vergangenheit ständig neu zu erleben und Rachegefühle oder Schuldzuweisungen aufrechtzuerhalten? Bringt Sie das Anklammern an Wut und Verbitterung auch nur einen Schritt weiter? Der Mensch, der Ihnen Böses tat, weiß unter Umständen schon gar nichts mehr von dieser Sache, oder sie ist ihm längst gleichgültig. Befreien Sie sich aus dem Treibsand, den Sie vor ewig langer Zeit betreten haben und in dem Sie immer tiefer versinken. Wer sich selbst liebt, lässt nicht zu, dass Groll ihn auffrisst. Sagen Sie: Ich weiß, dass negative Gedanken mich schädigen. Und ich mag mich genug, um die Kraft des Denkens in Zukunft für mich einzusetzen und nicht gegen mich. Aus Liebe und Respekt zu mir selbst erlaube ich den Wunden der Vergangenheit, sich zu schließen.

Wenn Ihnen das schwerfällt,
versuchen Sie folgende befreiende Rituale:

- Verfassen Sie einen Brief an den Menschen, dem Sie nicht verzeihen können. Drücken Sie darin *alle* Gefühle aus, die Sie in der Sache jemals hatten oder haben. Dann zerreißen Sie Ihr Werk und übergeben die Schnitzel dem Wind.
- Schreiben Sie »alter Groll« auf einen Zettel und beobachten Sie, wie ein Feuerchen diesen Teil Ihrer Vergangenheit für immer verschlingt. Sie können daraus eine Feier mit Kerzenlicht, Musik und schöner Kleidung machen.

Vergeben Sie – den Eltern, den Kindern, einem Verstorbenen, Kollegen, Nachbarn, dem Chef, einem Regime, sich selbst und Gott. Verzeihen ist der Radiergummi, der die schmerzhafte Vergangenheit auslöscht und uns frei macht für inneren Frieden.

Den Eltern verzeihen

Ich habe bei vielen Klienten, aber auch bei mir selbst festgestellt, dass dies unter Umständen das Schwierigste an den Vergebungsprozessen sein kann. Die meisten Menschen, die in ihrem gegenwärtigen Leben Probleme haben, sehen die Ursache dafür in der Kindheit. Es ist auch eine Tatsache, dass die meisten von uns nicht die Geborgenheit erhalten haben, die sie gebraucht hätten. Manche wurden sogar in extremer Form seelisch, körperlich oder sexuell misshandelt. Ich machte meine Eltern sehr lange dafür verantwortlich, dass ich so wenig Selbstvertrauen hatte. Das war auch nicht falsch, denn das Klima bei uns daheim war in großem Ausmaß von Angst geprägt. Ich sollte auf keinen Fall Verhältnisse so ändern, dass sie für mich passten, sondern mich lieber so lange verbiegen, bis ich zu ihnen passte. Das wurde mir gesagt und vorgelebt. Außerdem waren wir eine sogenannte Dramafamilie. Jede Kleinigkeit war eine Katastrophe, und dadurch gab es ständig Stress. Es herrschten relativ strenge Regeln darüber, was in Ordnung war und was nicht. Ich hätte für mehr Selbstvertrauen sicherlich ein Familienklima gebraucht, in dem Ruhe, Ermutigung für meinen eigenen Weg und Leichtigkeit dem Leben gegenüber herrschten. Ich konnte meinen Eltern lange nicht verzeihen, dass ich durch sie – wie ich meinte – viel schwierigere Startbedingungen hatte. Heute ist mir klar, dass niemand zufällig in eine bestimmte Familie hineingeboren wird. Jeder wird dadurch genau mit dem »Szenarium« konfrontiert, das er benötigt, um sich zu entwickeln. An der Familiensituation kann jeder auch sehr gut die Richtung erkennen, in der seine »Lernaufgaben« liegen. In meinem Falle waren das: Selbstliebe, Vertrauen, Toleranz und Loslassen. Wenn Sie wissen wollen, wie diese Aufgaben bei Ihnen aussehen, schreiben Sie all das auf, was Sie an Ihren Eltern kritisieren. Ich hatte mich immer darüber aufgeregt, dass meine Mutter konfliktscheu war und nicht für sich selbst eingetreten ist, mein Vater zu mir nicht loyal war und beide alles viel zu tragisch nahmen. Und plötzlich erkannte ich, dass ich genauso war! Es war *meine* Aufgabe, in Bezug auf Durchsetzungskraft, Loyalität und Leichtigkeit Änderungen vorzunehmen und mich nicht immer wieder über den Mangel daran bei meinen Eltern aufzuregen. Ich erkannte auch glasklar, dass sie das Beste getan hatten, wozu sie aufgrund ihrer eigenen Geschichte in der Lage waren. Trotzdem ist es wichtig, sich den Schmerz und auch die Wut einzugestehen, die das Verhalten der Eltern damals ausgelöst hatten. Ich musste das tun, sonst wäre mein Verzeihen ein reines Lippenbekenntnis geblieben.

Das »Wie verzeihe ich meinen Eltern«-Programm

Sagen Sie sich: »Gut, ich hatte verdammt harte Startbedingungen, aber ich werde nicht zulassen, dass der Schmerz von früher mein ganzes weiteres Leben beherrscht.« Auch wenn Sie keine Ahnung haben, wie Sie dieses Leid jemals bewältigen sollen – geben Sie sich selbst ein klares Signal, dass Sie alles dazu tun werden. Ich hatte viele Klienten/-innen, die sexuell missbraucht wurden. Wahrscheinlich kann kein Mensch, der das nicht erlebt hat, auch nur annähernd erahnen, was das für die Seele und den Körper eines Kindes bedeutet. Katharina wurde vom 4. bis zum 13. Lebensjahr von ihrem Vater schwer sexuell missbraucht. Sie hatte nur ihrer Mutter davon erzählt, und auch das erst nach ziemlich langer Zeit. Diese glaubte ihr nicht und misshandelte sie ebenfalls häufig. Mit 14 Jahren vertraute sich Katharina einer Lehrerin an. Sie kam daraufhin in ein Heim, in dem sie sehr unglücklich war. Als Erwachsene lebte sie in einer zerstörerischen

Gefühlsmischung aus Scham, Wut, Ohnmacht, Hilflosigkeit und einem vernichtend niedrigen Selbstwertgefühl.

Sie hatte eine Fülle von körperlichen Beschwerden, war depressiv und hatte kaum Kontakt zu ihrer Umwelt. Ich lernte Katharina nach einem Selbstmordversuch kennen. Es dauerte lange, bis sie Vertrauen fassen konnte und mich die tiefen Wunden in ihrem Inneren sehen ließ. Nach einem halben Jahr war sie bereit, die furchtbaren Qualen ihres bisherigen Lebens zu akzeptieren, aber ihnen nicht mehr alle Macht zu geben. Nie würde sie den Schmerz vergessen, aber sie musste ihn nicht mehr in jeder Sekunde wiederholen.

Sie setzte sich mit Selbstliebe, der Macht der Gedanken und Spiritualität auseinander und langsam – mit vielen Rückschlägen – kam ihr Leben in völlig neue Bahnen. Sie ist heute glücklich verheiratet, hat eine süße Tochter und macht gerade eine Ausbildung zur Stilberaterin. Das war immer ihr Traum gewesen, aber sie hatte sich nie getraut, damit zu beginnen.

Bei jeder Therapie kommt irgendwann der Punkt, an dem es darum geht, Hass, Trauer und Hoffnungslosigkeit loszulassen. Und der Weg dorthin führt nur über die Selbstliebe. Sie lieben sich – trotz jeder nur möglichen Erfahrung aus der Vergangenheit – genug, um nach all dem Elend Ihren eigenen Weg zu gehen.

- Gestehen Sie sich alle Gefühle Ihren Eltern gegenüber ein. Wer schlimme Erfahrungen gemacht hat, neigt zu zwei möglichen Verhaltensweisen.

1. Schmerz, Wut und Trauer werden verdrängt oder bagatellisiert.

2. Es gibt nur Schmerz, Wut und Trauer, und der Betroffene macht für alle Misserfolge in seinem Leben die Eltern verantwortlich.

So verständlich diese Haltung auch ist – aber beide Einstellungen bringen Sie nicht einen Schritt weiter.

- Der nächste Satz ist schwer zu verkraften, aber dennoch wahr: An dem unverrückbaren Glauben festzuhalten, andere seien »schuld«, ist die sicherste Methode, ein Problem zu behalten. Die Eltern *haben* in manchen Fällen dazu beigetragen, dass Sie wenig Selbstvertrauen haben, aber wenn das heute noch so ist, können *Sie* etwas daran ändern.
- Sie können die Eltern mit Ihren Gefühlen konfrontieren, wenn das möglich ist. Wenn nicht, schreiben Sie alles nieder, nehmen es auf oder erzählen es einer Person Ihres Vertrauens.

Ich habe erlebt, dass Menschen sich mit ihren Eltern ausgesöhnt haben, die bereits verstorben waren oder erstmals gute Gespräche mit Mutter und Vater hatten. Ich weiß aber auch, dass es schwierig bis unmöglich sein kann, mit den Eltern zu sprechen. Das ist der Fall, wenn keinerlei Einsicht vorhanden ist, die Realität immer verleugnet wurde oder eine ehrliche Aussprache aus anderen Gründen nicht möglich ist. Aber es lohnt immer, es zu versuchen.

- Finden Sie positive Dinge an Ihren Eltern.
- Spüren Sie tief in sich, ob es da nicht trotz allem Liebe gibt.

Es ist nie zu spät, sich mit den Eltern innerlich oder auch äußerlich zu versöhnen. Wenn es gelingt, wird Sie das enorm entlasten. Wenn nicht, akzeptieren Sie auch das und lassen Sie behutsam ein wenig los. Sie werden dann nicht mehr an einem Ort nach Geborgenheit und Verständnis suchen, an dem das nicht zu finden ist. Aber das bedeutet nicht, dass es keine Liebe für Sie gibt.

»Wie sag ich was?« –
Gute Kommunikation

Wann fühlen Sie sich mit einem
Menschen so richtig wohl?

Also bei mir ist das dann der Fall, wenn ich mich verstanden und angenommen fühle und ich so sein kann, wie ich bin. Ich nehme an, dass es Ihnen ähnlich geht. Aber wie vermittelt einem jemand diese Geborgenheit? Wir blühen im Zusammensein mit einer anderen Person dann auf, wenn wir »gut mit ihr reden können«, sie zuhört, uns erfasst und entsprechend reagiert – verständnisvoll, anteilnehmend, humorvoll, aufmunternd, tröstend, ermutigend. Wenn Sie es schaffen, dass Ihr Gegenüber das genauso empfindet, dann herrscht zwischen Ihnen eine »gute Kommunikation« oder »die Chemie stimmt«. Wie gut oder wie schlecht ein »Reden-Können« abläuft, hat großen Einfluss auf Ihr gesamtes privates und berufliches Leben. Auch wenn Menschen große Probleme miteinander haben – solange sie so darüber sprechen können, dass keiner auf der Strecke bleibt, wird immer irgendeine Lösung möglich sein.

Je mehr Sie sich selbst lieben, desto klarer ist Ihre Rede, desto mehr Wert legen Sie auf gute Gespräche und desto weniger sind Sie bereit zu akzeptieren, dass Kommunikation mit einem anderen auf Dauer schlecht läuft.

Und je besser Sie über Ihre Stärken und Schwächen Bescheid wissen oder empfindliche Punkte und Ihre Reaktion darauf kennen, umso besser können Sie auch mit anderen umgehen.

Trotzdem ist es sinnvoll, die Regeln für Kommunikation zu beachten:

Goldene Regeln

1. Sprechen Sie klar und offen

Sagen Sie, was Sie wollen! Die Hoffnung, dass andere »riechen« können, was Sie ausdrücken möchten, wird meist nicht erfüllt. Ich weiß, dass hinter unklaren Aussagen oft Angst steht, wie ein anderer unser Anliegen aufnehmen könnte. Wird er böse sein? Kann sie das überhaupt verstehen? Was mache ich, wenn er nein sagt? Je mehr Selbstvertrauen Sie mit der Zeit entwickeln, desto eher werden Sie zu dem stehen, was Sie zu sagen haben.

2. Signalisieren Sie Aufmerksamkeit

Das heißt: Augenkontakt und offene Körperhaltung. Vielleicht haben Sie schon einmal erlebt, dass Sie etwas Wichtiges erzählen wollten und der andere sah ständig auf die Uhr, wandte sich von Ihnen ab oder verschränkte abwehrend die Arme vor der Brust. Wie haben Sie sich dabei gefühlt?

3. Zuhören!

Wenn Sie mit jemandem ein Gespräch führen (wobei Sie sich auch dagegen entscheiden bzw. klar sagen können, dass es jetzt nicht passt!), hören Sie zu. Ich bin mit einem Vater aufgewachsen, dessen Aufmerksamkeit früher maximal für zwei Minuten zu fesseln war. Ich war dann immer furchtbar verletzt, weil er mir nicht zuhörte. Ich habe das Problem so gelöst, dass ich ihm proportional mit dem Steigen meiner Selbstliebe »geistig«, aber auch physisch die Ellbogen in die Seite gestoßen habe. Das hat teilweise gut funktioniert und ist durchaus zur Nachahmung zu empfehlen.

Nicht zuhören ist gleichbedeutend mit Desinteresse, und das hat noch nie zu einer guten Kommunikation beigetragen. Hören Sie zu sprechen auf, wenn Ihnen jemand nicht zuhört, und machen Sie den anderen auf sein Verhalten aufmerksam. Wer immer weiter eine »Unterhaltung« führt, obwohl er ignoriert wird, zeigt damit, dass er sich und seine Person nicht wichtig genug nimmt.

4. Keine Monologe!

Diese Regel gilt nicht bei akutem Liebeskummer (Ihrem eigenen und dem der besten Freundin) sowie in jeder Art von Ausnahmesituation. Ansonsten sind Dauerredner echte Energieräuber. Wenn ich mich einem solchen Menschen gegenübersah, habe ich mich oft gefragt, ob dieser Person eigentlich auffallen würde, wenn ich in Ohnmacht falle. Monologisiere reden meist nur von sich und nehmen den anderen gar nicht wahr. Sie spüren das vielleicht daran, dass Sie gereizt oder immer müder werden oder das dringende Bedürfnis haben wegzugehen. Lassen Sie sich – Ausnahmefälle siehe oben ausgenommen – nicht Ihre Energie absaugen. Entweder besinnen Sie sich auf einen dringenden Termin, oder Sie sind so mutig, dass Sie die Person auf ihr egoistisches Verhalten aufmerksam machen.

Wenn Sie selbst zu den Monologhaltern gehören, prüfen Sie, warum Sie das tun. Haben Sie Angst, der andere würde Sie sonst nicht wahrnehmen, gibt es für Sie sonst wenig Gelegenheit zu sprechen und müssen Sie die Zeit »nutzen«, weil Ihnen als Kind ständig der Mund verboten wurde? Sie müssen heute niemanden mehr zwingen, Ihnen zuzuhören, sondern können Aufmerksamkeit auch anders bekommen.

5. Gehen Sie auf den anderen ein

Kennen Sie folgende Situation? Sie erzählen von Ihrem Wochenende. Der andere ignoriert Ihre Geschichte und beginnt sofort von *seiner* Wochenendgestaltung zu sprechen. Oder Sie haben Kopfschmerzen. Ihr Gesprächspartner lässt Sie kaum ausreden, sondern beklagt in epischer Breite die eigene Schmerzgeschichte.

Kommunikation ist dann angenehm, wenn wir nicht nur als Stichwortgeber fungieren, sondern als Person wahrgenommen werden.

6. Missbrauchen Sie den anderen nicht

Wenn Ihre Freundin gerade damit beschäftigt ist, das Kind zu beruhigen, der Hund sich auf dem Teppich übergibt und auch noch das Telefon läutet, ist das sehr wahrscheinlich nicht der richtige Zeitpunkt, etwas mit ihr zu besprechen. Spüren Sie also nach, ob jemand überhaupt in der Lage ist, Informationen aufzunehmen.

7. Seien Sie authentisch

Wenn Sie sich schlecht fühlen, fällt das in irgendeiner Form meist auch der Umwelt auf. Es ist nun sehr verwirrend, wenn Sie auf Befragen sagen: »Danke, mir geht es hervorragend.« Stehen Sie – situationsangepasst – zu Ihren Gefühlen. Natürlich sieht das im beruflichen Rahmen anders aus als privat. Aber viele Menschen sind so daran gewöhnt, ihr wahres Befinden zu verbergen, dass sie selbst guten Bekannten gegenüber ihren Zustand leugnen. Sie müssen nicht jedem von Ihrem Seelenleid erzählen, aber sprechen Sie wenigstens mit Ihren engsten Vertrauten darüber. Sonst sind Sie in einer Rolle gefangen, aus der Sie nur schwer wieder herauskommen.

8. Begegnen Sie anderen mit einer inneren Haltung von »Ich bin okay, du bist okay«

Der andere ist nicht mehr wert als Sie, aber auch nicht weniger. Behandeln Sie ihn oder sie also so, wie Sie selbst gerne behandelt werden möchten. Aber es besteht kein Anlass, übertrieben demütig zu sein, sich sofort zurückzustellen oder in »vorauseilendem Gehorsam« zu agieren.

9. Verwenden Sie bei Bedarf den Satz: »Tut mir leid, ich kann dir im Moment keine Aufmerksamkeit schenken«

Wenn Sie nicht zuhören wollen oder können, ist es fair, dem anderen das zu sagen. Es ist sehr irritierend, bei einem Telefonat zu hören, wie der andere währenddessen am Computer tippt, engagiert die aktuelle Folge von »Reich und Schön« verfolgt oder immer wieder unterbricht, weil andere Telefonate oder Geschehnisse seine Aufmerksamkeit mehr fordern.

10. Sie sind wichtig!

Auch wenn Ihre Selbstliebe noch nicht so ausgeprägt ist – verhalten Sie sich nach Möglichkeit, als ob Sie schon selbstbewusster wären. Es gibt keinen Grund, sich zu benehmen, als müssten Sie sich ständig entschuldigen, auf der Welt zu sein. Es ist in Ordnung, eine Meinung zu haben und diese auch zu äußern.

Wenn Sie merken, dass Ihre Stimme vor Unsicherheit piepsig klingt (war bei mir lange der Fall!), tun Sie so, als ob Sie sich räuspern und fahren dann fort.

Falls Sie Schwierigkeiten haben, vor mehreren Leuten zu sprechen, nehmen Sie jede Gelegenheit wahr, um zu üben. Wenn Ihre Selbstliebe steigt, wird auch dieses Problem von allein verschwinden. Sie wissen dann, dass Sie etwas zu sagen haben, und werden es auch tun!

Einschüchterer oder armes Ich?

Wir alle wollen von anderen Energie in Form von Aufmerksamkeit. Und die meisten von uns wurden in der Kindheit auf die eine oder andere Weise nicht genug beachtet. Wir haben daher das dringende Verlangen, dieses Defizit durch Energie von anderen auszugleichen. Und so beginnt der Kampf um Einfluss, Kontrolle und Macht.

Es gibt vier Möglichkeiten, in ungesunder Art Energie von den

Mitmenschen zu gewinnen, die sowohl abgeschwächt als auch in Mischformen auftreten können:

Der Einschüchterer

Er bekommt Aufmerksamkeit und damit Energie mit Hilfe von Lautstärke, physischer Kraft und unvorhersehbaren Temperamentsausbrüchen. Der Einschüchterer dominiert, indem er sein Gegenüber mit verletzenden Aussagen, Wutanfällen oder auch körperlichen Angriffen bedroht. Er verbreitet Angst und Schrecken und steht dadurch automatisch im Mittelpunkt.

Der Vernehmungsbeamte

Als feindseliger Kritiker sucht der Vernehmungsbeamte ständig nach einer Gelegenheit, anderen zu beweisen, dass sie unrecht haben oder unfähig sind. Er stichelt, manipuliert, kontrolliert, ist selbstgerecht und weiß immer alles besser. Je mehr er an Ihren Fehlern und Unzulänglichkeiten herumnörgelt, desto mehr Beachtung kommt ihm zu. Während Sie damit beschäftigt sind, sich zu verteidigen, zu widersprechen oder Rede und Antwort zu stehen, bekommt er Ihre Energie. Sie fühlen sich unter permanenter Überwachung, entwickeln Schuldgefühle und haben wahrscheinlich das Gefühl, nichts richtig machen zu können.

Der Unnahbare

Menschen dieses Typs erscheinen oft mysteriös oder über den Dingen stehend. Sie sind immer auf Abstand bedacht, weil sie fürchten, einen fremden Willen aufgedrängt zu bekommen oder in ihren Entscheidungen hinterfragt zu werden.

Ihre Lieblingsvokabel heißt »Freiraum«, und häufig vermeiden sie es auch, bindende Zugeständnisse zu machen. Tauchen Konflikte oder Konfrontationen am Horizont auf, so verschwindet der Unnahbare buchstäblich. Er versteckt sich hinter dem Anrufbeantworter und hält Verabredungen nicht ein. Sein Verhalten im zwischenmenschlichen Umgang erscheint durch die anfangs geheimnisvolle Art oft reizvoll, entpuppt sich aber beim näheren Hinsehen als desinteressiert, unzugänglich, unzuverlässig, herablassend oder sogar heimtückisch. Distanz ist seine Waffe, und er setzt sie bedenkenlos ein, wenn es ihm in irgendeiner Form »zu eng« wird. Er ist nahezu außerstande, sich mit einer anderen Person gefühlsmäßig auseinanderzusetzen, und richtet durch sein Fluchtverhalten gerade in Liebesbeziehungen regelrechte Verheerungen an.

Das arme Ich

Personen mit solch einem Mechanismus glauben, unter ständigem Kräftemangel zu leiden und dadurch den Herausforderungen der Welt nicht gewachsen zu sein. Deshalb wollen sie Mitgefühl, um die Energie in ihre Richtung zu lenken. Als überzeugter Pessimist zieht das »arme Ich« mit besorgtem Gesichtsausdruck, lautem Seufzen, Zittern, Weinen, In-die-Ferne-Starren, zögerlichen Antworten und ständigen Lebenskrisen die Aufmerksamkeit auf sich. Oft löst diese Verletzlichkeit eine Welle von Hilfsbereitschaft aus. Sie lassen sich von anderen auch leicht zu Opfern machen, beschweren sich aber anschließend darüber, dass alle nur auf ihnen herumtrampeln.

Jedes dieser sogenannten »Kontrolldramen« beruht auf der – begründeten! – Furcht, ohne Eltern nicht überlebensfähig zu sein.

Und so entwickeln wir als Kind genau das Muster der Energiegewinnung, das in unserer Herkunftsfamilie »funktioniert« hat. Wer eine Vernehmungsbeamtin zur Mutter hat, wird sehr wahrscheinlich ein Unnahbarer. Einschüchterer-Väter produzieren »arme Ichs« oder ebenfalls Einschüchterer und unnahbare Eltern Vernehmungsbeamte. Die wichtigste Frage lautet daher: »Welche Mechanismen habe *ich*, um in ungesunder Weise Energie von anderen zu bekommen?« Als Erwachsene sind wir in der Lage, Energie auf eine Weise zu erlangen, die für uns und andere wesentlich förderlicher ist als die ewig alten Kontrolldramen.

Was können Sie also tun, um den Umgang mit Ihren Mitmenschen zu verbessern?

1. Machen Sie Ihr eigenes Muster bewusst

Fragen Sie sich: Schreie ich häufig oder kritisiere andere? Weiß ich immer alles besser? Gebe ich mich als schwer zu kriegen und verschwinde, wenn es darum geht, Stellung zu beziehen? Verbringe ich einen Großteil meiner Zeit damit, mich zu beklagen? Wir hemmen unsere Entwicklung, wenn wir darauf bestehen, alte Muster aus der Kindheit immer weiter zu verwenden, anstatt uns zum Positiven zu verändern. Sie haben es heute nicht mehr nötig, andere in irgendeiner Form zu manipulieren, um Kraft zu gewinnen. Versuchen Sie zu verstehen, inwieweit das Klima in der Familie Ihr spezielles Muster begünstigt hat, und beschließen Sie dann, es aufzugeben.

2. Erkennen Sie, welche Typen Sie anziehen

Lernen Sie zu spüren, *ob* in einer Beziehung ein Machtkampf um Energie stattfindet und welche »Rolle« Sie dabei spielen. Haben Sie häufig Begegnungen mit Einschüchterern? Dann fühlen Sie sich vermutlich generell schwach, machtlos und ausgeliefert. Spielt ein Vernehmungsbeamter eine wichtige Rolle in Ihrem Leben? Sehr wahrscheinlich verbergen Sie Ihre Gefühle oder sagen in vielen Lebensbereichen nicht die ganze Wahrheit. Gibt es viele Unnahbare, die sich auf Distanz bedacht oder geheimniskrämerisch gebärden? Und wollen Sie ständig Kontakt mit dieser Person, alle Gedanken kennen, jede Bewegung verfolgen und das kleinste Motiv erforschen? Das ist ein Zeichen dafür, dass Sie kontrollsüchtig sind und unbewusst glauben, nur überleben zu können, wenn andere das tun, was Sie wollen. Stehen die »armen Ichs« bei Ihnen Schlange? Dann sind Sie vielleicht selbst unsicher oder ängstlich, gestehen es sich aber nicht ein.

3. Steigen Sie aus dem Drama aus

Wie können Sie die alten Geleise verlassen? Rufen Sie sich ins Gedächtnis, dass Ihre Reaktionen aus der Kindheit kommen. Damals hatten sie ohne Zweifel eine Berechtigung. Heute sind sie nur noch hinderlicher Ballast auf dem Weg zu befriedigenden Beziehungen.

Wichtig: Sie haben die Kraft und das Werkzeug, schädigende Muster aufzugeben und sich ein in jeder Hinsicht lebenswertes Leben zu gestalten. Fangen Sie damit an, dass Sie die im Universum verfügbare Energie anzapfen und nicht die Ihrer Mitmenschen. Methoden dafür sind Meditation, Atemübungen, Aufenthalt in der Natur oder jede andere gesunde Art, Energie aufzunehmen. Genießen Sie es, Aufmerksamkeit und Unterstützung zu bekommen, aber missbrauchen Sie andere nicht dafür, Ihre leeren Tanks aufzufüllen. Energie ist im Universum massenhaft vorhanden und steht uns allen zur Verfügung. Finden Sie also Ihre ganz besondere Methode, sich frisch aufzuladen.

Übungen zur Hebung der Energie

- Erlernen Sie eine Entspannungsmethode und wenden Sie sie auch an!
- Umgeben Sie sich mit Blumen und Pflanzen.
- Stellen Sie sich in Ihrer Vorstellung unter einen Wasserfall aus goldenem Licht, das jede Zelle Ihres Körpers mit frischer Energie füllt.
- Machen Sie Kärtchen mit inspirierenden Texten und tragen Sie diese immer bei sich.
- Streicheln Sie ein Tier.

Das »schwierige Gespräch«

Sie waren sicher schon in der Lage, ein Gespräch führen zu müssen, von dem Sie von vornherein wissen, dass es problematisch werden könnte – in der Partnerschaft oder Freundschaft, im Beruf, bei einer Beschwerde ...

Möglicherweise haben Sie die Erfahrung gemacht, dass Ihnen in der Situation nicht das Richtige einfällt, Sie von den Reaktionen des anderen überrascht wurden und darauf keine Antwort wussten oder einfach mit Ihren Wünschen immer wieder auf der Strecke blieben.

Es lohnt also sehr, sich vorher darüber
Gedanken zu machen und auch zu üben:

- Machen Sie sich klar, was Sie vermitteln wollen.
- Schauen Sie den anderen an, und vermeiden Sie Unsicherheitsgesten: auf dem Stuhlrand sitzen, hin und her rutschen, die Haare um einen Finger drehen ...
- Achten Sie auf Ihre Stimme. Wenn Sie nervös sind, kann es sein, dass sie höher wird und Sie auch schneller sprechen.
- Überlegen Sie, welche Antwort Sie auf alle möglichen Reaktionen des anderen haben. Ich habe immer Plan A, B und C bereit und im Notfall auch Plan D. Damit können seltener unangenehme Situationen auftreten, auf die ich nicht vorbereitet bin.
- Signalisieren Sie gegebenenfalls einerseits Verständnis für die Situation des anderen, aber bleiben Sie sich trotzdem selbst treu.
- Überlegen Sie genau, was das Ergebnis des Gesprächs sein soll. Behalten Sie das im Auge, aber gestehen Sie sich auch ehrlich ein: Wollen Sie recht haben, oder suchen Sie nach Lösungen?
- Seien Sie beim Finden von Lösungen so kreativ als möglich. Vielleicht ergibt sich ja im Verlauf des Gesprächs ein Weg, an den Sie überhaupt nicht gedacht haben. Wenn Sie jetzt stur auf Ihrem Standpunkt bleiben, lassen Sie unter Umständen eine Chance vorübergehen.
- Lassen Sie dem Gesprächspartner seine Würde. Es lohnt immer, auch bei schwierigen Gesprächen einen Weg zu finden, ohne den anderen zu demütigen, zusätzlich zu reizen oder abzuwerten. Natürlich kann es auch Situationen geben, in denen ein schärferer Ton durchaus angebracht ist. Manchmal erweist sich Zorn als guter Motor, eine miss-

bräuchliche Beziehung zu beenden, sich dort abzugrenzen, wo Sie immer benutzt wurden oder einen Standpunkt ein für allemal klarzulegen.

Streiten, aber richtig

In jeder Beziehung kann es Differenzen geben. Je mehr Sie sich selbst lieben, desto eher werden Sie Meinungsverschiedenheiten so bewältigen, dass Sie nachher nicht schon wieder völlig fertig und unzufrieden in einer Ecke sitzen. Viele Menschen vermeiden Streit um jeden Preis, weil sie Angst haben, den anderen zu verstimmen, oder sich von vornherein keine Chance ausrechnen »zu gewinnen«. Aber das ist eine Rechnung, die nicht aufgeht.

Von dem, was Sie da hinunterschlucken, bleibt immer etwas zurück, das sich in der Folge nicht nur in Seele und Körper ungesund bemerkbar macht, sondern auch schleichend die jeweilige Beziehung vergiftet.

Lernen Sie also so zu streiten, dass dieser Konflikt eine Chance darstellt, wie ein reinigendes Gewitter zu wirken. Im Idealfall trägt der bewältigte Streit dazu bei, dass Sie den anderen besser verstehen und einander näher sind als vorher.

Im Fall der Fälle beachten Sie also – zusätzlich
zu den obengenannten – auch folgende Punkte:

- Wenn der andere etwas an Ihnen auszusetzen hat, überlegen Sie immer, ob diese Kritik berechtigt sein könnte. Wir alle neigen je nach Persönlichkeit dazu, in so einem Fall entweder beleidigt oder aggressiv zu reagieren. Für eine Auseinandersetzung ist es aber viel konstruktiver, sich einzugestehen, dass eine Kritik eventuell berechtigt ist. Damit schwächen Sie Ihre Position nicht, sondern tragen zu einem entspannteren Klima bei.

- Prüfen Sie, ob Sie bei einem Streit möglicherweise überreagieren, und forschen Sie dann nach den wirklichen Ursachen. Wir alle regen uns dann am meisten auf, wenn durch einen Streit entweder alte Wunden berührt werden oder der andere bewusst oder unbewusst genau den Punkt trifft, an dem sich die »Schatten« befinden. Das sind Anteile unserer Persönlichkeit, die wir verdrängt haben – der sogenannte blinde Fleck. Jede Überreaktion weist uns auf solch einen Schatten hin, und wir können dadurch das dort befindliche »Seelenmaterial« wieder ins Licht holen (siehe Kapitel »Die dunkle Seite der Seele«).

- Wenn der andere schreit, ausfällig wird oder droht: Bleiben Sie so gut es geht ruhig, machen Sie aber klar, dass Sie diesen Ton nicht akzeptieren und daher das Gespräch auf einen anderen Zeitpunkt verschieben möchten. Wenn Sie sich das einstweilen nicht zutrauen, verlassen Sie nach Möglichkeit die Situation.

- Lassen Sie aber sich und dem anderen genug Platz, um Gefühle zu zeigen. Es kann in Ordnung sein, lauter zu werden oder zu weinen.
- Manchmal ist es hilfreich, die Streitsituation zu unterbrechen, indem Sie ein Fenster öffnen, kurz auf die Toilette gehen oder ein Getränk holen. Das gibt beiden Zeit durchzuatmen. Vermeiden Sie aber, den anderen einfach sitzenzulassen, außer die Situation verlangt geradezu danach. Das kann der Fall sein, wenn der andere Beleidigendes oder Abwertendes äußert, Ihnen nur das Wort abschneidet und in jeder Art zu erkennen gibt, dass er überhaupt nicht gewillt ist, auf das einzugehen, was Sie sagen. Dann ist sinnvolles Streiten nicht möglich und kostet nur Ihre Energie und Nervenkraft.
- Machen Sie sich klar, dass ein Streit nicht die Bankrotterklärung für eine Beziehung ist, sondern notwendig sein kann, um danach besser miteinander auszukommen oder uralte Konflikte zu beseitigen.

In den meisten Begegnungen zwischen Menschen wird in den ersten Sekunden abgecheckt, wer »unterlegen« und wer »überlegen« ist. So geht es auch immer um »Macht«. Wenn Sie spüren, dass Sie überlegen sind, nehmen Sie das zur Kenntnis, aber spielen Sie es nicht unbedingt aus. Empfinden Sie sich als unterlegen, gehen Sie dem nach und fragen Sie sich, warum. Erinnert Sie dieser bestimmte Mensch an jemanden? Ist genau diese Situation eine Wiederholung aus der Kindheit? Sie sind heute nicht mehr das abhängige Kind. Damals war es für Ihr Überleben notwendig, dass Sie sich mit den Bedingungen in Ihrem Elternhaus arrangiert haben. Kennen Sie ein Kind, das sagen könnte: »Bei euch gefällt es mir nicht mehr. Ich packe jetzt meine Sachen und gehe«? Natürlich geht das nicht, aber viele von uns reagieren im Konfliktfall immer noch so, als ob sie dieses kleine Kind wären. Aber heute haben Sie viele Möglichkeiten, auf Dominanz zu reagieren. Sie können Ihr Missfallen äußern, sich ruhig gegen diese Art verwehren, aufstehen und gehen, mit der Türe knallen und sogar einen Koffer packen.

Gute Kommunikation ist sehr eng mit dem Ausmaß Ihrer Selbstliebe verknüpft. Wenn Sie immer mehr Selbstwertgefühl entwickeln, werden Sie merken, um wie viel besser es Ihnen geht, wenn Sie Wünsche, Ansichten, Beschwerden, aber auch positive Dinge (!) situationsentsprechend mitteilen.

Spiritualität

Es ist nicht einfach, »Spiritualität« zu definieren. Die schönste Definition für mich lautet: Spiritualität heißt, sich aufzumachen in eine Welt ohne Angst. Meine Freundin, die Ärztin Beate Schaffer, sagt: »Spiritualität ist eine Kommunikation mit den Kräften des Universums, die mir nicht nur Heimat und Geborgenheit geben, sondern auch das Gefühl, in einem großen Liebesplan eingebunden zu sein.«

Wenn Sie sich noch nie mit solchen Themen befasst haben, klingt das in Ihren Ohren vielleicht höchst seltsam. Für mich war das lange Zeit ganz genauso. Aber heute kann ich mir ein Leben ohne diesen »Hintergrund« nicht mehr vorstellen. Das spirituelle Gedankengut ist dafür verantwortlich, dass ich – obwohl ich oft nahe dran war – niemals aufgegeben habe, dass ich »Qualität« dort sehen kann, wo andere nichts dergleichen fühlen, und dass ich ein für alle Mal wirklich verstanden habe, wie wichtig die Selbstliebe als Basis des Lebens ist.

Für mich war Gott sehr lange ein Begriff, mit dem ich absolut nichts anfangen konnte. Dazu kam, dass ich die Menschen, die sich als religiös bezeichneten, häufig als besonders kalt und streng empfand. Die strikten Regeln vieler Kirchen lösten spontane Abwehr aus. Aus einem intuitiven Wissen hatte ich immer das Gefühl, dass es dem lieben Gott – sollte es ihn überhaupt geben – nicht wichtig war, ob jemand eine Scheidung hinter sich hatte, dreimal am Tag betete, jeden Sonntag die Kirche besuchte oder vorehelichen Sex hatte. Außerdem ging es angeblich immer um »Liebe«, die ich weder bei diesem imaginären Gott noch bei seinen Anhängern spürte. Ganz im Gegenteil.

Ich habe niemals so strenge Ver- und Beurteilungen anderer erlebt wie in kirchentreuen Kreisen. Da gab es keine Milde, Barmherzigkeit oder auch nur das geringste Verständnis – alles Tugenden, mit denen doch Jesus angeblich so reich gesegnet war. Also war diese ganze Gottgeschichte zunächst nichts für mich.

Dann kamen die Jahre der schlimmen Panikattacken und Depressionen. In meinem Leben war nichts mehr wie vorher, und ich suchte überall Hilfe. Als Arzttochter waren dies zunächst diverse etablierte Psychiater, danach kamen die Psychologen. Aber immer fehlte irgendetwas. Schließlich landete ich in meiner Verzweiflung bei einer Meditationslehrerin. Ich hielt von dieser Methode überhaupt nichts, war aber an einem Punkt der Hilflosigkeit angelangt, an dem ich bereit war, alles zu versuchen. Brigitta brachte mich als Erste in Kontakt mit dem spirituellen Gedankengut. Ich lernte bei ihr nicht nur meditieren, sondern hörte ihr zunächst fassungslos zu, wenn sie über Vorleben, Karma, Eigenverantwortung und Gott sprach. Alle diese Themen oder die Sichtweisen waren absolut neu für mich. Gegen meinen Willen fasziniert, erfuhr ich, dass wir alle den Tod überleben, mehrmals auf die Welt kommen und – nahezu unglaublich – unsere Lebensumstände vor der Geburt selbst wählen. Angeblich begegnen wir auch vielen Menschen wieder, die wir aus Vorleben kennen und mit denen wir noch etwas »zu erledigen haben«. Und zu meinem allergrößten Erstaunen gab es in allen Büchern, die sich mit Spiritualität beschäftigen, auch noch folgende Information: Wir erschaffen unsere Wirklichkeit und daher ist niemand mehr »schuld« an irgendetwas, das uns geschieht, sondern wir wählen – bewusst oder unbewusst – bestimmte Erfahrungen, um genau das zu lernen, was wir lernen wollen. Das erschien mir extrem grausam und ich konnte nicht glauben, was ich da las. Bei allem inneren Widerstand und Unglauben bewirkte die Auseinandersetzung mit diesen Themen bei mir dennoch langsam eine Art Entlastung. Wenn es stimmte, dass ich mir mein Elend selbst geschaffen hatte, konnte ich es dann auch beenden? Was musste ich dafür tun? Gelingt das jedem oder nur einigen Auserwählten? Und wenn ich schon wusste, was ich daraus lernen sollte, warum hörte der ganze Krampf dann nicht endlich auf? Ich bin heute überzeugt davon, dass es bei all diesen »Lernprozessen« nur um eines geht: um Liebe. Und zwar zunächst die Liebe zu sich selbst. Wenn Sie sich wirklich und wahrhaftig lieben, warum sollten Sie dann weiter an Umständen, Einstellungen oder Menschen festhalten, die nur Leid verursachen? Ich glaube aber auch, dass es trotz der Auseinandersetzung mit der Selbstliebe auch einen sogenannten »richtigen« Zeitpunkt für Veränderung gibt, den man nicht herbeizaubern kann. So habe ich mich immer wieder gefragt, was ich denn noch tun müsse, damit es mir endlich bessergeht. Ich hatte studiert, gelesen, geübt, meditiert und Therapien gemacht. Aber nach wie vor hatte ich Ängste, Schmerzen und eine Fülle von körperlichen Beschwerden. Ich weiß von vielen Klienten, dass es ihnen ähnlich geht. »Wann hört das endlich auf?«, werde ich immer wieder gefragt. Ich glaube, dass auch in dieser »Wartezeit« viele Lektionen liegen. Sehr wahrscheinlich geht es um Geduld, Vertrauen, Akzeptanz oder eine spirituelle Entwicklung. Aber immer geht es um ein noch größeres Maß an Selbstliebe. Und manchmal bringt erst eine längere Spanne, in der sich »nichts« tut, noch tiefere Blockaden zum Vorschein. So setzte ich mich lange Zeit mit dem Thema »Bin ich wichtig?« auseinander und immer wieder ging ich in die gleiche Falle, meinen Wert in Frage zu stellen. Jemand hielt ein Versprechen nicht ein, war unzuverlässig, verließ mich, nahm meine Gefühle nicht ernst und schon startete das alte Unwertprogramm: Ich bin unbedeutend, keiner interessiert sich für mich, ich bin hässlich, unfähig ... So, als würde auf einen Knopf gedrückt und all meine

Selbstliebebemühungen waren null und nichtig. Und dann war es anders. Ich weiß nicht, was die Einstellungsumkehr bewirkte, aber plötzlich war mir glasklar, dass mein Wert nicht von anderen abhängt. Es ist wunderschön, Bestätigung zu erhalten *(Ich liebe es!)*, aber mein Wert ist nicht in Frage gestellt, wenn es nicht so ist. Ich *bin,* und das ist genug! Nichts, was jemand tut oder nicht tut, kann daran etwas ändern. Aber zwischen dem Beginn meiner »Selbstliebearbeit« und diesem Durchbruch lag trotzdem eine lange Zeit, in der ich oft verzweifelte. Wenn Sie auch das Gefühl haben, dass sich trotz Ihrer Bemühungen nichts verändert, *vertrauen Sie einfach und machen Sie weiter.* Manchmal müssen offenbar irgendwelche inneren oder äußeren Prozesse ablaufen, damit eine wichtige Veränderung geschehen kann. Aber auf dem Weg der Selbstliebe werden Sie immer Früchte ernten. Mag sein, dass sie noch nicht reif sind, aber Sie werden es sein. Diese innere Sicherheit verdanke ich der Auseinandersetzung mit der Spiritualität. Ich möchte Sie deswegen ermutigen, sich auf Ihren eigenen Weg zu machen und herauszufinden, welche Unterstützung Sie daraus ziehen können. Es gibt dabei kein »Richtig« und kein »Falsch«. Aber das, was Sie glauben, sollte Sie in die Lage versetzen, das Leben besser zu bewältigen. Wenn ein Glaube oder eine Religion Sie von Kindheit an ängstigt oder klein hält, scheuen Sie sich nicht, etwas zu suchen, das für Sie heute stimmiger ist.

Was vermittelt das spirituelle Weltbild?

Die Seele

Die Seele ist unser wahres Wesen. Sie existiert von Anbeginn der Zeiten bis in alle Ewigkeit. Der Körper ist eine zeitliche Hülle, die wir abstreifen, wenn der richtige Zeitpunkt gekommen ist. Es war für mich immer sehr schwer, mir die »Seele« vorzustellen. Heute sehe ich sie als den göttlichen Funken in uns, eine Art innere Weisheit, die immer erkennt, was gut für uns ist. Die Seele achtet darauf, dass wir den für uns besten Weg nicht aus den Augen verlieren, daher aus Sackgassen wieder herausfinden und uns bei Umwegen nicht verlaufen. Unermüdlich und geduldig sendet sie uns über die innere Stimme, bestimmte Situationen oder eben auch Leidenszustände Signale, damit wir eine für uns schädliche Bahn verlassen können. Sie ist dafür verantwortlich, dass wir Menschen, Bedingungen oder Krankheit in unser Leben ziehen, die uns dann dabei helfen, zerstörerische Muster zu erkennen und abzulegen. Und sie hört nicht damit auf, bis wir die Blockaden erkennen und entfernen, die uns daran hindern, glücklich zu sein. Zum besseren Verständnis wird im Zusammenhang mit der Seele oft von »Lernprozessen« gesprochen, durch die sie uns führt. Ich bin aber überzeugt, dass die Seele als Teil von Gott bereits vollkommen ist und nichts zu lernen hat. Das heißt, sie »erinnert« uns mit ihren Aktionen daran, wer wir in Wirklichkeit sind – unsterbliche Energie. Wenn ich also in der Folge von »Lernlektionen« oder »sich weiterentwickeln« schreibe, meine ich damit dieses »Sicherinnern«. Die Seele ist die Instanz in uns, die in Kenntnis aller Informationen ist. Sie weiß, dass alles, was existiert, Teil eines großen Ganzen ist, dass alles mit allem verbunden ist. Mit dieser Vorstellung habe ich mir immer sehr schwergetan. Hieß das jetzt, dass ich mit dem Herrn Alfred aus dem Supermarkt genauso verbunden bin wie mit dem Gänseblümchen auf der Wiese und meinem Hund Bonni? Mit den beiden Letzten hatte ich kein Problem, mit dem Herrn Alfred schon. Genauso ging es mir mit der Forderung aus manchen Esoterikkreisen, dass ich jeden Menschen lieben müsse, weil wir nicht als getrennte Wesen existieren. Heute sehe ich das so: Jeder von uns ist ein göttlicher Funke und auf dieser Ebene *sind* wir natürlich verbunden. Aber in dieser Welt gibt es auch die jeweilige Persönlichkeit des Einzelnen. Und die kann mir jetzt liegen oder eher weniger. So behalte ich im Umgang mit anderen zwar im Hinterkopf, dass auch er oder sie den göttlichen Teil in sich trägt, setze mich aber nicht damit unter Druck, dass ich jeden deshalb lieben muss. Ich habe trotzdem festgestellt, dass mir diese Sichtweise hilft, wenn ich Leuten begegne, die mir zunächst nicht sympathisch sind. Ich versuche dann verstärkt, herauszufinden, was an diesem Menschen trotz allem positiv ist, und konzentriere mich dann darauf. Und manchmal »verändert« sich die gleiche Person vor meinen Augen und wird weicher oder zugänglicher – als ob meine Akzeptanz sich in Sekunden übertragen hätte. Das bedeutet natürlich wiederum *nicht*, missbräuchliches Verhalten von anderen zu tolerieren. So mag es bei manchen Zusammentreffen darum gehen, mehr Toleranz und Nachsicht an den Tag zu legen, bei anderen aber im Sinne der Selbstliebe ein klares *»Nein«* zu sagen. Ihre Seele wird Ihnen über die innere Stimme deutlich mitteilen, was im speziellen Fall angezeigt ist.

Woran erkennen Sie, was die innere Weisheit Ihnen rät und wann die Stimme der Angst im Vordergrund ist? Das ist anfänglich wirklich nicht leicht. Wenn ich unsicher bin, versuche ich zunächst zur Ruhe zu kommen. Je stärker der innere Druck ist, desto mehr lasse ich die jeweilige Situation los. Ich habe gelernt, dass Panikreaktionen selten gute Ergebnisse hervorbringen. Dann lasse ich ganz bewusst meine Ängste zu Wort kommen. Ich beachte sie und deshalb müssen sie sich nicht zwischen mich und die innere Weisheit drängen. Wenn ich ruhiger bin, losgelassen habe und meiner Angst zugehört habe, bleibt meist noch eine andere Stimme über. Wenn es die Seele ist, dann spüre ich sofort eine Entlastung. Lassen Sie sich nicht entmutigen, wenn das nicht sofort funktioniert. Die Stimme der Seele ist bei den meisten überdeckt von alten Mustern aus der Kindheit, späteren negativen Erfahrungen oder Schocks, die wir erlitten haben. Daher müssen wir in den meisten Fällen erst ein wenig Aufräumarbeit leisten.

Die Seele ist auch der »gesunde« Teil in uns, der immer weiterweiß. Sie steht ständig in direkter Verbindung zu Gott, und davon können Sie profitieren. Bitten Sie um innere Führung, um Hinweise, die Sie verstehen können, um irgendein Zeichen. Und wenn zunächst gar nichts kommt, bleiben Sie im Vertrauen, dass Sie trotz allem geführt werden.

Gott

ist eine höhere Energie, die alles erschaffen hat, was ist. Über ihn sind ein Haufen Vorstellungen im Umlauf, die ich nicht glauben kann. Da gibt es den strengen Vater, der über unsere Sünden genau Buch führt, den Rächer, der daraufhin eine gerechte Strafe fordert, den Kleingeist, der grollt, wenn an einem Sonntag der Kirchenbesuch ausfällt, den Moralist, der sagt, dass Sexualität schlecht ist, den strengen Richter, der Geschiedenen die Wiederverheiratung verbietet und Selbstmörder nicht auf den Friedhof lässt.

All das kann ich nicht mit dem verbinden, was Jesus ja angeblich vermittelt hat. Da ging es meines Wissens um Akzeptanz,

Toleranz und Liebe (!?). Und er war ja nicht einmal denen böse, die ihn ans Kreuz genagelt haben. Wie lässt sich dieses Gedankengut mit dem vereinen, was heute oft (nicht nur!) unter christlicher Gesinnung gelehrt und gelebt wird?

Ich kenne mich auch mit dem Islam nicht aus. Es soll ja nirgendwo im Koran stehen, dass Frauen außer den Augen alles verhüllen müssen, dass sie nicht zum Arzt dürfen und gesteinigt werden, wenn sie vorehelichen Geschlechtsverkehr haben. Meines Wissens steht auch nichts von Selbstmordattentätern drin oder dass Terror ein geeignetes Mittel zur Kommunikation ist. Ich kann mir nicht wirklich vorstellen, dass Allah das so gemeint hat. Und dennoch berufen sich einige der Islamisten auf ihn, so wie manche Christen auf Gott. Auch Buddhisten und Hindus haben Regeln, die sie direkt von Buddha oder Krishna ableiten und die mich in Erstaunen versetzen. Im Endeffekt weiß niemand, was nun angeblich einer göttlichen Quelle entstammt oder Interpretation von Menschen ist. Wenn Sie da auch nicht so sicher sind, möchte ich Sie im Sinne der Selbstliebe auffordern, bezüglich des Themas »Gott« eigene Recherchen anzustellen und in Ihr Herz zu spüren.

Ich habe das getan und bin zu folgendem Ergebnis gekommen: Gott ist reine Liebe. Das heißt, er führt keine Strafbücher, ist nicht rachsüchtig oder missgünstig. Er hat auch keine Listen aufgestellt, wen er akzeptiert und wen auf keinen Fall. Er freut sich, wenn jemand Kontakt sucht, passt aber auch auf die auf, die das nicht tun. Im Umgang ist er sehr unkompliziert. Man kann sich immer an ihn wenden, und es bedarf dazu auch keines bestimmten Ortes. Er legt meines Erachtens keinerlei Wert darauf, dass Sie sich nur auf Knien nähern, sondern sieht das sehr leger.

Ich zum Beispiel rede so mit ihm: »Hallo, ich bin's. Also um ehrlich zu sein, geht es mir gerade ziemlich mies. Könntest du also bitte aufhören Karten zu spielen und dich ein wenig um mich kümmern? Genau genommen weiß ich überhaupt nicht weiter. *Tu etwas!*« Oder ich ersuche ihn dringend, mich mit weniger harten Lernaufgaben zu versorgen, weil ich schlicht und ergreifend die Nase voll habe. Zugebenerweise hadere ich auch kräftig mit ihm. Und obwohl ich dann nicht wirklich auf meine Wortwahl achte, bin ich ganz sicher, dass er nie böse ist.

Früher habe ich ihn auch für mein Leid verantwortlich gemacht. Das tue ich heute nicht mehr, weil ich weiß, dass alle Turbulenzen meines Lebens mit ihm sozusagen abgesprochen waren und ich das bloß vergessen habe. Es geschieht also niemals etwas, »weil Gott uns straft«, weil er nicht im Traum daran denkt, so etwas zu tun. Auch Kriege und diverse andere Horrortaten werden von Menschen begangen, nicht von ihm.

Ich bin auch überzeugt davon, dass Gott möchte, dass Sie sich lieben und Ihre Zeit so richtig genießen. Stellen Sie sich vor, Sie stehen nach dem Tod vor ihm und er fragt, was Sie mit dem Leben angefangen haben, das er Ihnen geschenkt hat. Wie – meinen Sie – wird er reagieren, wenn Sie sagen: »Ach, ich habe mich immer abgewertet und zugelassen, dass die anderen mich ausnutzen und ignorieren. Ich war ständig gereizt, weil ich mich ausschließlich um meine Mitmenschen gekümmert habe und nicht um mich selbst. Daher hatte ich auch keine Energie, so richtig ausgelassen zu sein. Ich bin echt froh, dass das Ganze jetzt vorbei ist.«

Wird ihm das gefallen? Oder möchte er lieber hören: »Also, ich habe das Leben in vollen Zügen genossen. Ich bin oft auf die Schnauze gefallen, aber immer wieder aufgestanden und habe weitergemacht. Krisen haben mich noch stärker gemacht. Und weil ich mich selbst von Herzen geliebt und daher meine Kräfte eingeteilt habe, konnte ich auch viel besser für andere da sein. In Summe war es wunderschön.« Mit wem hat Gott wohl mehr Freude?

Der Sinn des Lebens

Haben Sie sich auch manchmal gefragt, welchen Sinn dieses Leben wohl hat? Wir *wollen*, dass es einen hat, und nicht umsonst ist es ein Anzeichen von Depression, wenn uns alles sinnlos erscheint. Was aber könnte dieser Sinn sein? Neal D. Walsh schreibt in seinem Bestseller »Gespräche mit Gott«: »Das Leben hat keinen Sinn, und das ist Gottes größtes Geschenk an uns. Er hat den Seiten Ihres Lebens nicht seinen Sinn aufgeprägt, das Leben selbst ist ein leeres Buch. Wir haben zu *entscheiden*, welchen Sinn wir *wählen*. Der wichtigste Schritt besteht also darin, dass Sie sich klar werden, worin der Sinn Ihres Daseins besteht.« Uff, so weit, so schwierig. Ich habe diese Frage für mich so entschieden: Der Sinn meines Lebens besteht darin, alle Blockaden zu beseitigen, die mich darin hindern, Liebe, Lebensfreude und Wärme zu empfinden. Und die dafür verantwortlich sind, dass ich oft nicht genießen kann.

Und wie entscheiden Sie?

Es ist möglicherweise schwierig, trotz der vorangegangenen Zeilen zu akzeptieren, dass alles, was geschieht, Sinn hat. Auch wenn Ihnen das nicht bewusst ist, führt die innere Weisheit Sie immer in genau die Lebenssituationen, in denen es für Sie am meisten zu »lernen« gibt, bzw. in denen Sie am besten daran »erinnert« werden, welcher Weg für Sie der beste ist. Und das Leben wird Ihnen so lange ähnliche Situationen präsentieren, bis Sie verstanden haben, worum es geht.

Wenn Sie die Regel »Alles, was geschieht, hat Sinn« akzeptieren, dann gibt es davon keine Ausnahme. Wir sind nämlich eher geneigt, einer erfreulichen Gegebenheit Sinn beizumessen, als einer unerfreulichen. Aber wir sind nie in Kenntnis aller Fakten und daher ist unsere Urteilsfähigkeit für den Augenblick getrübt. Ich denke in diesem Zusammenhang daran, wie sehr ich mir einmal die Beziehung zu einem bestimmten Mann gewünscht habe, obwohl ich tief drinnen wusste, dass sie für mich nicht gut gewesen wäre. Heute weiß ich, dass es die beste Lösung war, dass wir *nicht* zusammengekommen sind, obwohl ich damals viele Tränen deswegen vergoss. Eine Kollegin hat zu dieser »Alles hat Sinn, auch wenn wir es im Moment nicht begreifen können«-Frage zum besseren Verständnis ein schönes Bild entworfen: Eine Mutter stickt an einem Gobelin. Zu ihren Füßen sitzt ein Kind und schaut von unten auf die Stickerei. Das Kind sieht von dieser Position nur einzelne Fäden, die wirr herunterhängen. Steht es aber auf und schaut das Ganze von oben an, bietet sich ihm ein harmonisches Bild.

Wie belastend Ihre Lebenssituation auch ist – Sie können darauf vertrauen, dass Sie aus gutem Grund damit konfrontiert sind. Es gibt offenbar etwas zu beachten, zu korrigieren, zu ändern, das Sie ohne genau diese Gegebenheit nicht verstehen würden.

Eine Katze bellt nicht – Schluss mit dem Kampf gegen die Realität

Ist Ihnen schon aufgefallen, dass manche Dinge sind, wie sie sind? Und dass es keinen wie immer gearteten Sinn hat, dagegen anzukämpfen? Ich habe es trotzdem immer wieder getan. Ich sollte keine Panikattacken haben, nicht so viel allein sein, nicht ständig von Rückenschmerzen geplagt werden, die Dinge leichter nehmen, mehr Lebensfreude empfinden und nicht ständig diese eiserne Anspannungsspange um meine Brust spüren. Meine Eltern sollten mich endlich so akzeptieren, wie ich war, mein Freund liebevoller sein und ich selbst mehr von mir halten. Diese Gedankenrevolte hat nichts genützt und mein ständiger Kampf machte alles noch viel schlimmer.

Es ist zwecklos, die Realität anders haben zu wollen, als sie ist. Haben Sie schon einmal versucht, einer Katze das Bellen beizubringen? Am Ende wird sie zu Ihnen aufschauen und »Miau« sagen. Genauso verhält es sich, wenn Sie einen Apfelbaum pflanzen und dann darauf bestehen, dass er Birnen trägt. Diese Beispiele mögen offensichtlich sein, aber Ähnliches versuchen Sie Tag für Tag – Sie erwarten von der Wirklichkeit, dass sie anders sein soll, als sie nun einmal ist. Aber die Dinge sind, wie sie sind. Das bedeutet nicht, dass Sie Unangenehmes stillschweigend dulden, gutheißen oder völlig passiv über sich ergehen lassen müssen. Sie *können* zu einer Situation »nein« sagen, sich entfernen oder Ihre Einstellung ändern. Aber auch das gelingt viel besser ohne die erschöpfende Anspannung des inneren Widerstandes. Um den Kampf gegen die Realität zu beenden, sollten Sie auch zwischen den drei Arten von Angelegenheiten unterscheiden: deine, meine und Gottes. Wenn ich denke, wie du sein solltest, befinde ich mich in deinen. Sorge ich mich um Überschwemmungen oder den Zeitpunkt meines Todes, befinde ich mich im Zuständigkeitsbereich von Gott. Wer lebt dann mein Leben?

Das Gesetz des Akzeptierens

Eines der wichtigsten – und oft am schwierigsten anzunehmenden spirituellen Gesetze lautet: Alles ist so, wie es sein sollte. Nichts geschieht zufällig. Sie bekommen vom Leben genau das, was Sie brauchen, um sich weiterzuentwickeln. Und zwar *genau das*. Das Akzeptieren ist die wesentlichste Grundeinstellung, um jeden Heilungsprozess zu beginnen.

Wo auch immer Sie sich auf Ihrem Weg befinden – wenn Sie etwas »anders« oder »weg«haben wollen, müssen Sie zuerst anerkennen, dass es da ist. Akzeptieren bedeutet, dass Sie sagen: »Ja, ich bin depressiv, habe unendliche Angst, ein nahezu nicht vorhandenes Selbstwertgefühl, bin außerstande, diese Trennung zu verarbeiten, kann meinen Eltern oder einem anderen einfach nicht verzeihen, bin tabletten-, alkohol-, drogen-, nikotinabhängig, sex-, kauf- oder spielsüchtig, nicht imstande, alte Schmerzen loszulassen, habe massive Angst vor engen Beziehungen und boykottiere sie daher auf vielen Ebenen, bin ein Kontrollfreak ...« Akzeptieren erfolgt, wenn Sie aufhören zu verleugnen, Schuld zuzuweisen und zu verurteilen und die Gegenwart genau so wahrnehmen, wie sie ist. Mit einer inneren Haltung, in der Sie alles, was im Augenblick geschieht, als Aufruf betrachten zu heilen, was Ihnen je an Schmerz widerfahren ist.

Im »Großen Buch« der Anonymen Alkoholiker heißt es: »Das Akzeptieren ist die Lösung all meiner Probleme. Wenn ich durcheinander bin, dann deshalb, weil ich irgendeinen Menschen oder Ort, ein Ding oder eine Situation – irgendeine Tatsache in meinem Leben für inakzeptabel halte. Und ich kann erst gelassen werden, wenn ich akzeptiere, dass all das so ist, wie es im Moment sein soll.« Ohne diese innere Einstellung werden wir versuchen, die Außenwelt zu ändern, zu manipulieren und zu kontrollieren oder Teile von uns selbst abzuwehren. Die Menschen und Umstände in unserem Leben sind aus einem bestimmten Grund so, wie sie sind, damit wir – durch Abgrenzung oder Aussöhnung – unsere Selbstliebe erhöhen und damit besser in der Lage sind, das innere Licht leuchten zu lassen.

Wichtig: Nochmals und immer wieder: Natürlich können Sie etwas Bestimmtes in Ihrem Leben oder in Ihren Einstellungen verändern. Aber erst, nachdem Sie akzeptiert haben, dass es existiert. Vertrauen Sie darauf, dass es im Universum eine Ordnung gibt, die Sie mit Sicherheit dorthin führen wird, den für Sie richtigen Weg zu erkennen. Oder wie ein Spruch sagt: »Der einzige Weg hinaus ist hinein.«

Die göttliche Ordnung

Die göttliche Intelligenz leitet uns über die Seele, Menschen und Situationen anzuziehen, die ideal geeignet sind, uns genau die Ereignisse und Gefühle erleben zu lassen, die wir brauchen, um alte Muster und zerstörerische Mechanismen endlich abzulegen.

Sie wissen niemals, warum bestimmte Dinge geschehen. Was zunächst wie das Schlimmste aussieht, das Sie je erlebt haben, könnte Teil eines genialen Planes sein, Sie auf genau diesem Weg zu innerem Frieden zu führen.

Der Tod

Ich habe mich immer vor dem Tod gefürchtet – vor meinem eigenen und dem von Menschen, die mir nahestehen. Manchmal saß ich irgendwo und plötzlich stieg diese Angst in mir auf. Ich stellte mir vor, dass unausweichlich jener Tag kommt, an dem ich erfahren würde, dass jemand gestorben war, den ich liebe. Ich fühlte die ganze Verlorenheit und Verlassenheit jenes Momentes, als ob er schon eingetreten wäre. In meiner Phantasie war ich dann vollkommen allein auf dieser Welt. Niemand würde sich mehr um mich kümmern, und ich wäre auch nicht in der Lage, für mich zu sorgen.

Diese Vorstellung nahm mir fast den Atem, und Trostlosigkeit umhüllte mich wie ein undurchdringlicher Mantel. Ähnlich ging es mir, wenn ich an mein Sterben dachte. Ich wusste zwar nicht genau, was mich erwartete, aber es war immer verbunden mit absoluter Einsamkeit und tiefster Traurigkeit. Ich war auch lange Zeit nicht in der Lage, mich mit dem Thema zu beschäftigen. Erst durch meine Arbeit auf der Krebsstation wurde ich wieder damit konfrontiert. Diesmal war ich bereit, mich meinen Ängsten vor dem Tod zu stellen. Ich fühlte auch, wie manche Patienten darüber sprechen wollten und niemanden fanden, der zuhören wollte. Die Angehörigen konnten sie damit nicht belasten, und sie hatten auch Scheu, mit den Ärzten darüber zu reden. Zu meinem großen Erstaunen konnte ich fast mühelos darauf eingehen.

Ich hatte mich mit der Literatur zum Thema Sterbeforschung beschäftigt, und das gab meinen Gedanken und Gefühlen eine völlig neue Richtung. Ich fühlte plötzlich ein intuitives Wissen, dass der Tod nichts Entsetzliches ist, sondern so, als ob man einen Raum verlässt und in einen andern eintritt. Ich weiß, dass bei vielen Menschen »Tod und Sterben« Angst, Abwehr oder Verleugnung auslösen. Quälende Ungewissheit, für immer ausgelöscht sein, niemals mehr »sie« oder »ihn« berühren zu können – solche Gedanken sind für viele unerträglich. Aber welche Überzeugung Sie zum Thema Tod haben, beeinflusst auch die Art und Weise, wie Sie das Leben betrachten. Die einzige (!) Gewissheit, die wir haben, ist die Tatsache, dass jeder von uns sterben muss. Und doch klammern wir uns an Scheinsicherheiten, als könnten wir uns davor bewahren. Deshalb ist es für die Selbstliebe auch sehr wichtig, ob Sie zu einer versöhnlichen Einstellung gefunden haben oder von Angstphantasien gequält werden. Für mich bedeutete es ein großes Stück Frieden, mich mit den Ergebnissen der sogenannten »Nahtodforschung« zu beschäftigen.

Zwar weiß niemand mit Sicherheit, was tot sein bedeutet. Aber es gibt Menschen, die diesem Punkt schon ein großes Stück näherkamen. Sie waren klinisch tot und sind ins Leben zurückgekehrt. Die berühmte Ärztin Dr. Elisabeth Kübler-Ross (sie erhielt 28 zusätzliche Ehrendoktorate für ihre Forschungstätigkeit zu diesem Thema), der amerikanische Psychiater Raymond Moody und viele andere haben über 30 Jahre lang Erlebnisse von Tausenden Personen ausgewertet, die offiziell für tot erklärt und später wiederbelebt wurden. Alle Bücher, die sie zu diesem Thema verfasst haben, sind Bestseller.

Erzählungen darüber, was die Menschen in der Zeit ihres »Todes« erlebt haben, gleichen sich in verblüffender Weise. Jeder Einzelne sagt, dass sein Leben danach nicht mehr das gleiche war. Keiner fürchtet sich mehr vor dem Sterben, weil es ein einmalig schönes, befreiendes Erlebnis sei.

Die Erzählungen beginnen damit, wie die Betroffenen hören, dass sie für tot erklärt werden. Und das zu einem Zeitpunkt, an dem sie aufgrund ihres körperlichen Zustandes eigentlich nicht mehr in der Lage sind, etwas zu hören.

Stufe 1: Ruhe und Sicherheit

Viele schildern dann, dass sie ein tiefes Gefühl von Ruhe und Frieden verspürten, unabhängig davon, wie dramatisch die Ereignisse waren, die zu ihrem »Tod« geführt hatten. Ein Mann berichtet: »Ich hatte ein unglaubliches Gefühl der Erleichterung, keine Schmerzen und niemals zuvor war ich so entspannt gewesen. Alles war gut.«

Stufe 2: Verlassen des Körpers

Bei Nahtoderlebnissen nehmen viele Menschen ihren Körper von außen wahr. Sie sehen sich meist von oben auf ihrem Bett oder am Unfallort liegen und können nachher genau berichten, was zu diesem Zeitpunkt mit ihnen geschah.

Eine Frau erzählt: »Ungefähr vor einem Jahr wurde ich wegen Herzbeschwerden ins Krankenhaus eingeliefert. Am nächsten Morgen spürte ich plötzlich einen heftigen Schmerz in der Brust. Ich konnte noch die Schwester rufen. Plötzlich stockte mir der Atem und der Herzschlag blieb weg. Da hörte ich die Schwester rufen: »Herzstillstand«. Ich fühlte, wie ich aus meinem Körper austrat und langsam in die Höhe schwebte. Ich trieb immer weiter hinauf und sah von dort zu, wie der Arzt und die Schwester versuchten, mich wiederzubeleben. Und die ganze Zeit dachte ich – warum tun sie das? Mir geht es doch sehr gut.« Die gefühlsmäßigen Reaktionen auf den außerkörperlichen Zustand reichen von Nichtbegreifen, Angst und Erstaunen bis zu dem vergeblichen Versuch, den Körper wieder in Gang zu bringen.

Fast alle berichten von dem verzweifelten Bemühen, sich bemerkbar zu machen. Aber niemand konnte sie hören oder sehen. Bei dem Versuch, die anderen anzufassen, griffen sie durch sie hindurch. Obwohl sie sich eindeutig außerhalb ihres Körpers befunden hatten, gaben die Menschen an, trotzdem eine Art »Körper« besessen zu haben. Er sei nebelhaft und durchsichtig gewesen, obwohl die Umrisse klar erkennbar waren. Als große Besonderheit wird berichtet, dass der Körper in diesem Zustand vollkommen heil war.

Kübler-Ross erzählt von Blinden, die plötzlich wieder sehen konnten und später genau angaben, wie die Anwesenden gekleidet waren. Manche gaben sogar die Autonummer des Unfallwagens an. Zum großen Erstaunen der Betroffenen konnten Ortsveränderungen blitzartig vorgenommen werden. »Ich dachte nur an das Haus meiner Eltern und im gleichen Augenblick war ich dort«, berichtet ein Mann, der nach einer Schussverletzung klinisch tot war.

Stufe 3: Der Tunnel

Der Tunnel ist eines der wichtigsten Elemente jeder Nahtoderfahrung und kommt in nahezu allen Berichten vor. Der Sterbende hört ein durchdringendes Geräusch. Gleichzeitig hat er das Gefühl, schnell durch einen dunklen Raum gezogen zu werden. »Nach einem schweren Unfall war ich klinisch tot. Ich weiß, dass ich mich plötzlich neben meinem Körper befand. Dann hörte ich ein lautes Summen. Gleichzeitig näherte ich mich einer schwarzen Öffnung. Ich wurde hineingezogen und drinnen war es völlig dunkel«, schildert ein Mann nach einem Motorradunfall. Erwachsene erzählen oft, dass sie in diesem Tunnel alleine gewesen seien, Kinder jedoch niemals. Diese berichten immer von »Schutzengeln«, die sie begleitet hätten. Auch manche Erwachsene begegnen verstorbenen Freunden oder religiösen Figuren.

Stufe 4: Das Lichtwesen

Am tiefsten berührt die Menschen die Begegnung mit einem »sehr hellen Licht«. Dieses Licht strömt unbeschreibliche Liebe und Wärme aus. Alle schildern übereinstimmend, dass sie sich nie zuvor so geborgen und sicher gefühlt hätten. Von diesem Licht geht eine magnetische Anziehungskraft aus. »Ich war außerhalb meines Körpers und eben durch einen dunklen Tunnel geschwebt. Ich war noch vollkommen verwirrt über die Geschehnisse, als ich am Ende des Tunnels dieses gewaltige, helle Licht sah. Zuerst war es matt, aber dann wurde es immer intensiver. Die Liebe und Wärme, die es ausstrahlte, ist nicht zu beschreiben. Ich wollte nur noch in die Nähe dieses Lichtes«, erzählt eine Frau nach einem schweren Narkosezwischenfall. Die meisten Menschen sind nach der Begegnung mit diesem Licht der Überzeugung, einem göttlichen Wesen begegnet zu sein.

Stufe 5: Die Rückschau

Das Lichtwesen macht zusammen mit dem Sterbenden eine Art Lebensrückschau, bei der es auch darum geht, die Wirkung des eigenen Verhaltens auf andere zu erkennen. Alle betonen jedoch, dass es keinen Vorwurf, keine Anklage und kein Urteil gegeben hätte. Man selbst würde – manchmal voll Beschämung – die eigenen Irrtümer erkennen.

Stufe 6: Die Grenze

Oft erzählen die Betroffenen von atemberaubend schönen Landschaften mit einer unglaublichen Artenvielfalt von Tieren und Pflanzen. Es gibt Gebäude aus Kristall und Städte aus Licht. Überwältigt von der Begegnung mit dem Lichtwesen und der wundervollen Umgebung will man nichts anderes als weitergehen.

Aber irgendwann nähert sich der Sterbende einer Stelle, die eine Grenze darstellt. Hier wird ihm vermittelt, dass er niemals mehr in sein Leben zurückkehren kann, wenn er diese Schranke überschreitet und der Zeitpunkt noch nicht gekommen ist, für immer hier zu bleiben. Fast alle wollten nicht mehr zurück. Irgendwie – die meisten wissen nicht in welcher Art – vereinigen sie sich wieder mit ihrem Körper und leben weiter. Die Gefühle nach dem Erwachen reichen von Traurigkeit bis Aggressivität. »In der ersten Zeit weinte ich noch häufig, weil ich eine andere Welt erblickt hatte und nun in dieser leben muss«, sagt eine Frau, die erfolgreich wiederbelebt wurde. »Ich war zornig, dass sie mich zurückgeholt hatten«, sagt eine andere.

Kein Einziger bezweifelt, diese Erlebnisse wirklich gehabt zu haben. Alle sind sicher: Es war kein Traum, keine Phantasterei, keine Halluzination. Trotzdem haben sie Angst, darüber zu sprechen, weil sie fürchten, dass andere sie für verrückt halten könnten.

Manchmal berichten Angehörige, die einen Sterbenden begleiteten, von einem wenig friedlichen Verlauf. Niemand kann genau sagen, was dabei wirklich geschieht, aber es heißt, die Seele sei zu diesem Zeitpunkt schon mehr »drüben« als hier. So könnte es sein, dass dem betroffenen Menschen quälende Begleiterscheinungen des Sterbevorgangs, die den Körper betreffen, nicht mehr bewusst sind.

Diese außergewöhnlichen Erfahrungen sind kein sicherer Beweis für ein Leben nach dem Tod. Aber auf jeden Fall spricht mehr dafür als dagegen, dass wir unsere Existenz in anderer Form fortsetzen. Und die wichtigste Frage sollte lauten: Wenn ich für möglich halte meinen Tod zu überleben – welche Auswirkungen hat das auf mein jetziges Leben?

Spüren Sie in sich hinein, was das Thema »Tod« bei Ihnen auslöst und ob Sie schon bereit sind, sich damit auseinanderzusetzen. Wenn Angst oder Abwehr noch zu groß sind, lassen Sie es einstweilen auf sich beruhen. Irgendwann ist – wie bei mir – der richtige Zeitpunkt da.

Karma und Reinkarnation

Diese beiden Begriffe sind eng miteinander verknüpft. Karma bedeutet: Du wirst das ernten, was du gesät hast. Oder: Das, was du aussendest, kehrt zu dir zurück. Oder: Wo eine Wirkung existiert, gibt es auch eine Ursache.

Reinkarnation geht davon aus, dass wir vor diesem Leben schon mehrmals auf der Welt waren. So kann es sein, dass wir Menschen wiederbegegnen, mit denen wir auch damals zusammen waren. Das trifft wahrscheinlich auf jede enge Beziehung zu – Familie, Freunde, Partnerschaften, Feinde (!), Chefs, Leute, mit denen wir ein Problem haben, aber auch solche, die uns Stütze und Wegbegleiter sind. Das ist wichtig zu wissen, weil wir in der Beziehung zu einem anderen oft auf Dinge reagieren, die in unseren Zellen als Erinnerung gespeichert sind und mit der gegenwärtigen Situation manchmal gar nicht so viel zu tun haben. Haben Sie sich nicht auch schon gefragt, warum Sie einen bestimmten Menschen einfach nicht loslassen können, obwohl eigentlich alles dafür spricht, dass Sie es tun sollten, oder warum ein anderer solch ein Vertrautheitsgefühl auslöst, obwohl Sie ihn oder sie noch gar nicht so gut kennen? Ähnlich kann es mit bestimmten Orten oder auch geschichtlichen Epochen sein, von denen Sie sich aus irgendeinem Grund angezogen oder abgeschreckt fühlen.

Vielleicht war jener Mann einmal Ihr Sohn und Sie haben daher das Gefühl, dass Sie ihn einfach nicht im Stich lassen *können*. Möglicherweise haben Sie in einer bestimmten Stadt schreckliche Dinge erlebt und daher eine instinktive Abwehr, dorthinzufahren, die Sie vernünftig nicht begründen können.

Karma – das Gesetz von Ursache und Wirkung – muss vor diesem Hintergrund immer so gesehen werden, dass eine Ursache und ihre Wirkung auch auf verschiedene Leben aufgeteilt sein können. Das erklärt so manches, was vorher unerklärlich und ungerecht erschien. Als ich in meinen schlimmen Jahren in Kontakt mit diesem Gedankengut kam, war ich zutiefst fasziniert. Nachdem es keine vordergründige Erklärung für meine entsetzlichen Ängste gab, war der Grund dafür vielleicht in einem Vorleben zu suchen? Ich besuchte in der Folge einige Medien, die mir sinngemäß alle das Gleiche sagten: Ich war mehrmals eine Herrscherin, die sich ohne Rücksicht und Erbarmen alles nahm, was sie wollte. Wegen meiner Tyrannei waren viele Menschen auf schlimme Art zu Tode gekommen. Ich hatte auch an schwarzmagischen Ritualen teilgenommen und war so für viel Leid mitverantwortlich. Als ich diese Aussagen das erste Mal hörte, spürte ich die innere Gewissheit, dass es sich genauso verhalten haben könnte. Ich bin heute sehr vorsichtig mit »Macht« und prüfe extrem kritisch, ob ich sie eventuell irgendwo missbrauche. Karma könnte also in meinem Leben insofern zum Tragen kommen, dass ich jetzt am eigenen Leib erlebe, was ich einmal anderen angetan habe. Natürlich sind diese Zusammenhänge nicht zu beweisen. Aber ich habe mich in meiner Abschlussarbeit an der Universität Wien mit diesem Weltbild beschäftigt und bin dabei auf verblüffende Tatsachen gestoßen: Reinkarnation wird rund um die Welt auch wissenschaftlich untersucht.

So stießen die Forscher auf interessante Phänomene. Als sie Patienten unter Hypnose zum Zeitpunkt ihrer Geburt zurückversetzten (längst eine gängige Praxis in der Psychotherapie!), begannen diese plötzlich in Sprachen zu sprechen, die sie nachweislich im jetzigen Leben nie erlernt hatten. Es war sogar ein altägyptischer Dialekt dabei, der heute längst ausgestorben ist. Auf Befragen gaben sie auch Details aus ihrer früheren Existenz an, die teilweise so kurz zurücklag, dass sie überprüft werden konnten. Manche gaben sogar den Platz an, wo sie begraben worden waren. Viele litten in diesem Leben an schweren Ängsten, die sich plötzlich aus den Vorkommnissen aus anderen Leben erklären ließen. Ein Mann, der eine unerklärliche Furcht vor dem Wasser hatte, erzählte in Hypnose, dass er auf schreckliche Weise ertrunken war. Eine Frau mit Höhenangst war früher gemeinsam mit ihrem Kind von einem hohen Turm gestürzt worden, weil sie nicht verheiratet war. Aber die Ergebnisse der Forschungen waren nicht immer so spektakulär. Viele erzählten von einem einfachen Leben als Landwirt, Hausfrau oder Soldat.

Noch einmal: Natürlich sind diese Dinge kein Beweis für ein Leben vor dem Leben. Aber wie lassen sie sich dann erklären?

Was hat Selbstliebe mit Karma und Reinkarnation zu tun?

Selbstliebe bedeutet, sich immer besser kennen zu lernen, Ängste zu bewältigen und auf dem eigenen Weg voranzuschreiten. Es macht dabei einen Unterschied, wie ich dieses Leben betrachte. Wer überzeugt davon ist, dass er schon gelebt hat und – wenn er sich dafür entscheidet – wieder leben wird, hat eine andere Zugangsweise, das Leben zu leben. Alleine die Gewissheit,

schon hundertmal gestorben zu sein und es offensichtlich überlebt zu haben, kann die Art und Weise, wie wir den Tod und das
Leben betrachten, von Grund auf verändern. Und können wir
unter diesem Aspekt noch irgendetwas versäumen oder haben
wir genau genommen alle Zeit, die wir wollen? Gibt es noch
einen Grund, dahinzuhetzen, als ob wir es bezahlt bekämen,
oder lohnt das eigentlich gar nicht? Ist es unter diesen Vorgaben überhaupt möglich, einen geliebten Menschen durch den
Tod »für immer« zu verlieren, oder ist ohnedies klar, dass wir
einander wiedertreffen? Verliert der Tod damit vielleicht endgültig seine Schrecken? Selbstverständlich müssen Sie nicht an
all das glauben, um sich selbst lieben zu können. Aber meiner
Erfahrung nach stehen die meisten »Selbstliebenden« irgendwann vor diesen Fragen, weil sie dort Erklärungen finden oder
Zusammenhänge verstehen.

Wichtig: Karma ist nicht unausweichlich. Wir können uns in
jeder Sekunde »entscheiden« auszusteigen. Aber diese Entscheidung erfolgt offensichtlich auf der Seelenebene und ist bewusst
in den meisten Fällen nicht zu treffen. Geben Sie aber immer
wieder das Signal an das Universum, dass Sie bereit sind, einen
anderen Weg zu gehen, und bleiben Sie im Vertrauen.

Sollten Sie wie ich von diesem Thema fasziniert sein, so lesen
Sie bitte trotzdem mit höchster Aufmerksamkeit das nächste
Kapitel.

Trotz allem – Leben im »Hier und Jetzt«

Vielleicht waren Sie ja einmal Cleopatra, Ludwig XIV. oder Kaiser
Franz Joseph. Wenn der Reinkarnationsgedanke stimmt, waren
wir wohl schon Angehörige aller Rassen, Mann und Frau, reich

und arm, krank und gesund, Opfer und Täter. Es kann zum besseren Verständnis einer bestimmten Situation sehr interessant sein, sich mit diesem Gedankengut auseinanderzusetzen. Eine Freundin von mir arbeitete lange Jahre gemeinsam mit mir in der Betreuung von Missbrauchsopfern. Wir halfen Kindern und Erwachsenen mit den Folgen dieses Traumas fertig zu werden. Sie war sehr an spirituellen Dingen interessiert und ließ im Rahmen einer Therapie eine Rückführung machen. Währenddessen erlebte sie sich als Mann im Mittelalter, der auf brutalste Art Kinder vergewaltigte. Sie war tief geschockt, konnte aber noch besser verstehen, warum sie in diesem Leben das Gefühl hatte, sich gerade um Menschen mit solchen Problemen kümmern zu müssen. Ich selbst hatte während meiner Jugend und der frühen Erwachsenenzeit beim Anblick von schwangeren Frauen ein absolutes Angstgefühl, das ich mir nicht erklären konnte. Später sagte mir ein Medium – ohne dass ich darüber gesprochen hätte –, dass ich einmal im Rahmen eines magischen Ritus vergewaltigt worden war und dass das daraus entstandene Kind im neunten Monat in meinem Bauch starb. Daraufhin ging ich auf schreckliche Weise zugrunde. Als der Mann mir das erzählte, begann ich zu zittern und zu weinen und spürte, dass seine Worte tief in mir etwas anrührten. Rückführungen oder mediale Durchsagen können Erklärungen bieten für Ängste, schwierige Beziehungen oder bestimmte Gefühle. Trotzdem würde ich das *nie wieder* machen. Ich bin heute überzeugt davon, dass es einen guten Grund hat, wenn wir über mögliche Vorleben nichts wissen. In den Veden – den alten Weisheitsschriften der Inder – heißt es, dass bei der Geburt der Engel des Vergessens über die Stirn des Neugeborenen fährt, um Erinnerungen an vergangene Leben zu löschen. Stellen Sie sich vor, Sie wüssten, wer von Ihrer Familie oder Ihren Bekannten Sie einmal umgebracht hat, dass Ihr Vater früher Ihr Geliebter war oder Sie selbst ein Folterknecht. Es gäbe heillose Verwirrung und nützen würde es niemandem.

Außerdem glaube ich – im Gegensatz zu einigen meiner Fach-kollegen – nicht, dass das Wiedererleben von traumatischen Er-lebnissen in jedem Fall eine heilsame Wirkung hat. Das Nerven-system wird nur noch einmal auf das Äußerste belastet. Tatsache ist: Das Leben findet immer im »Hier und Jetzt« statt, und darauf sollten wir uns konzentrieren. Viel Leid entsteht dadurch, dass man seine Gedanken und Gefühle entweder in einer so guten oder so schlechten Vergangenheit hat oder in einer Zukunft, auf die wir alle bisher unerfüllten Sehnsüchte oder auch Ängste pro-jizieren. Aber die Vergangenheit ist vorbei und die Zukunft ist noch nicht da. Es gibt immer nur den jetzigen Augenblick, und es liegt tiefe Weisheit darin, das zu erkennen. Letztendlich ist das Leben eine Folge von Augenblicken und es kann unglaublich entlastend sein, sich das in aller Deutlichkeit klarzumachen. Wir haben nur das unmittelbare *Jetzt* und daraus das Bestmögliche zu machen, ist Aufgabe genug. In der Praxis können Sie natür-lich eine Krankenversicherung abschließen oder für die Pension vorsorgen. Aber viele Sorgen in eine unbestimmte Zukunft zu investieren erschöpft nur und bringt gar nichts, weil Sie nie wissen, wie die Dinge laufen. Eine Patientin erzählte mir, wie ihr Mann und sie jahrelang von den Reisen geträumt hatten, die sie in der Pension machen wollten. Sie gönnten sich nichts und sparten all das Geld für diesen Augenblick. Dann starb ihr Mann an einem Herzinfarkt, und sie erkrankte an Krebs. Nutzen Sie den Augenblick! Wenn Sie die Möglichkeit haben, sich oder anderen eine Freude zu machen oder einen Herzenswunsch zu erfüllen – tun Sie es gleich und warten Sie nicht. Sagen Sie es auch, wenn Sie jemanden mögen. Jetzt!

Glaube und Vertrauen

Glaube. Durch den Glauben besitzen wir ein Wissen, das jenseits der Vernunft liegt, hegen wir Gefühle, die jeder Logik entbehren, und entspannen wir uns in Situationen, in denen wir früher völlig aufgelöst gewesen wären. Der Glaube klammert sich nicht an bestimmte Resultate. Er geht nicht davon aus, dass das, was Sie sich wünschen, auf eine bestimmte Weise genau zu dem ersehnten Zeitpunkt geschehen wird. Und schließlich haben wir durch den Glauben erkannt, dass wir als Seele ewige Wesen sind, deren Existenz schon vor diesem Leben begonnen hat und die weiterbestehen werden, wenn dieses Leben vorbei ist.

Vertrauen ist die unbedingte Überzeugung, dass alles so geschehen wird, wie wir es brauchen und wie es für uns am besten ist. Es bedeutet, die »Sicherheit« zu verlassen und sich der Weisheit des Universums anzuvertrauen. Ich weiß, das tippt sich sehr leicht in einen Computer und ist doch so schwer getan. Aber bereits ein Schritt in die richtige Richtung ist ein Bombenerfolg.

Dein Körper

Sei gut zu deinem Körper, damit die Seele Lust hat, darin zu wohnen

Der Körper ist ein wichtiges Instrument, um das Leben zu erfahren. Wie weit Ihre Selbstliebe ausgeprägt ist, zeigt sich also auch darin, wie Sie mit ihm umgehen. Was tun Sie, um sich um Ihren Körper zu kümmern? Sind Sie sensibel gegenüber seinen Bedürfnissen, oder ignorieren Sie sie so lange, bis er in der einen oder anderen Art Hilfe schreit?

Für mich war mein Körper jahrelang *die* Quelle von Schmerz. Die vielfältigen Beschwerden wie ständige Nacken-, Rücken- und Magenschmerzen, Migräne, diffuse Hautausschläge, die nicht fassbare Übelkeit, Unterzuckerungsanfälle, ein nahezu ständig aufgeblähter Bauch und allgemeines Unwohlsein beeinträchtigten mich neben den Panikattacken und ihren vielen Symptomen enorm. Und es gab keine Pause. Die Beschwerden waren manchmal unerträglich, an anderen Tagen stark und dann wieder – selten! – schwächer. Aber es gab keinen einzigen Tag, an dem ich mich so richtig wohl fühlte.

Zunächst lief ich von Arzt zu Arzt. Die Schulmediziner schickten mich ins Labor, durchleuchteten mich auf vielfältige Weise und zuckten schließlich die Schulter. Außer starken Verspannungen fand sich nichts, was meine massiven Befindlichkeitsstörungen erklären konnte, und bald klebte der Stempel »hysterisch und eingebildet krank« an mir. Ich war vollkommen verzweifelt, weil ich unter starkem Leidensdruck stand, es aber keinen Grund dafür zu geben schien. In der nächsten Runde wurde ich an (Schul-)Psychoexperten der diversesten Richtungen verwiesen. Je nach ihrer Ausrichtung stellten sie eine Diagnose, die mich noch ratloser zurückließ. Aber helfen konnte keiner. Schließlich konsultierte ich Komplementärmediziner. Sie entgifteten mich, sanierten den Darm und verschrieben diverse Nahrungsergänzungsmittel. Diese Maßnahmen führten zunächst dazu, dass ich mich ein wenig wohler fühlte, obwohl die »Nebenwirkungen« beträchtlich waren. Aber nach kurzer Zeit war alles beim Alten – die Beschwerden und die Verzweiflung. Das führte dazu, dass ich mich verstärkt auf die Suche machte. Ich war in der Zwischenzeit so wie Goethe zu der Auffassung gelangt, dass »der Geist es ist, der sich den Körper formt«. Oder anders formuliert: Die seelische Verfassung spiegelt sich im Körper.

Ich weiß heute, dass nicht nur unsere unmittelbaren Gedanken und Gefühle auf das Körpergeschehen wirken, sondern auch die Grundeinstellung, die wir zum Leben haben. Es ist meine Überzeugung, dass hinter *jeder* körperlichen Erkrankung – akut oder chronisch –, aber auch hinter Unfällen oder diffusen Schwächezuständen ein seelisches Ungleichgewicht steht. Es gibt in der Zwischenzeit viele Ärzte, Therapeuten und auch Betroffene, die diese Auffassung teilen. Ich selbst bin dafür das beste Beispiel. Wenn in meinem Leben etwas geschieht, das mir Angst macht, mich aufregt, ärgert, unter Druck setzt oder auch berührt, spüre ich das *sofort* körperlich. Mein Solarplexus – das Nervengeflecht über dem Magen – reagiert in Sekundenschnelle mit Druckgefühl, Anspannung oder Schwäche. Schultern und Nackenmuskeln verkrampfen sich, der Herzschlag wird schneller oder die Knie weich. Obwohl das für mich oft sehr belastend ist, habe ich damit doch ein verlässliches Instrument, das mir schnell signalisiert, ob gewisse Personen, Situationen oder Einstellungen gut für mich sind oder nicht. Wenn ich in Gegenwart eines bestimmten Menschen oder bei manchen Gegebenheiten immer wieder ein Würgegefühl im Hals habe oder schon der Gedanke daran ein Beklemmungsgefühl auslöst, habe ich rascher die Möglichkeit, gegenzusteuern oder die dahinterliegende Überzeugung zu korrigieren.

Wer also gelernt hat, auf ein fernes Grollen zu hören, und entsprechende Veränderungen vornimmt, kann sich so möglicherweise das tobende »Gewitter« ersparen. So hörte ich während meiner Arbeit mit Krebspatienten häufig den Satz: »Ich habe schon lange gespürt, dass es so nicht weitergehen kann. Aber irgendwie habe ich das immer wieder verdrängt.« Gerade Menschen, die an Krebs erkrankt sind, haben oft ein feines Gespür für den Zusammenhang zwischen dem, was auf seelischer Ebene geschieht, und ihrem Körper.

Was also ist zu tun? Die Antwort auf alle Fragen ist immer die gleiche: Steigern Sie sanft und gütig Ihre Selbstliebe! Wenn Sie sich mehr lieben, werden Sie automatisch auf die Signale achten, die Ihre Seele Ihnen über den Körper zukommen lässt.

Es gibt einen Spruch, der das verdeutlicht: »Der Körper weint die Tränen, die unsere Seele nicht weinen darf.« Schauen Sie also bei jedem körperlichen Unwohlsein auch auf die dahinterliegende seelische Botschaft. Diese mag einmal auf eine nötige Veränderung hinweisen, ein anderes Mal nur auf die Tatsache, dass Sie im Moment Ruhe brauchen.

Wichtig: Den Zusammenhang zwischen Seele und Körper zu erkennen ist die Chance, einen Weg zu korrigieren, kein Mittel, um sich selber fertigzumachen. Sehen Sie sich nicht als Versager, wenn es nicht sofort oder in absehbarer Zeit gelingt, Beschwerden »loszuwerden«. Aber bleiben Sie unabhängig von Erfolgen »dran«, indem Sie sich immer liebevoller behandeln, Seele und Körper Gutes tun und Ihre Einstellungen überprüfen.

Arzt oder Heiler?

Als klinische Psychologin, die viele Jahre in einem schulmedizinischen System gearbeitet hat, weiß ich, dass die »technische« Medizin viele Bedürfnisse leidender Menschen nicht erfüllt. Sie geht von einem Weltbild aus, das in der Regel die seelische Verfassung hinter den körperlichen Problemen nicht berücksichtigt, und bietet daher nur »organbezogene« Lösungen. So bleiben nicht nur die wichtigen Gespräche zwischen Arzt und Patienten auf der Strecke, sondern oft auch Heilungsmethoden, die hilfreich wären, aber nicht akzeptiert werden. Ich möchte Sie keinesfalls davon abhalten, im Krankheitsfall Ihren Arzt zu Rate zu ziehen. Wer einen Beinbruch erlitten hat, den Blinddarm entfernen lassen muss oder Zahnschmerzen hat, ist bei der Schulmedizin gut aufgehoben. Bei chronischen Erkrankungen und Befindlichkeitsstörungen sieht es leider oft anders aus. Konsultieren Sie im Krankheitsfalle also auf jeden Fall einen Arzt, bleiben Sie aber auch grundsätzlich offen für Heilmethoden, die im schulmedizinischen Repertoire nicht vorkommen. Dazu gehören zum Beispiel alle Therapien, die im weitesten Sinne durch »Handauflegen« Energieblockaden lösen, wie Reiki, touch for health, Ergosom, Prananhealing, aber auch Bach-Blüten, Homöopathie und chinesische Medizin. Diese Methoden gehen auf eine teilweise tausend Jahre alte Tradition zurück und haben schon vielen geholfen.

Wenn Sie einen Heiler aufsuchen wollen, hören Sie sich um, ob jemand im Bekanntenkreis gute Erfahrungen gemacht hat. Ich habe im Zuge von Recherchen für einige Artikel diverse Heiler kennengelernt und bin zu folgendem Schluss gekommen: Es gibt auch unter ihnen Menschen mit unterschiedlichsten Persönlichkeiten. Achten Sie also beim Erstkontakt immer auf Ihr Gefühl, und lassen Sie sich keinesfalls davon einschüchtern, dass Sie jetzt quasi einer Art Wesen mit höheren Fähigkeiten gegenüberstehen. Heiler sind mehr oder weniger sympathisch und – es muss klar gesagt werden – manchmal nur Scharlatane.

Achten Sie auf die richtige Einstellung, mit der Sie einen Heiler kontaktieren. Ich *habe* erlebt, dass manche wahre Wunder vollbrachten, aber das muss nicht immer der Fall sein. Ein seriöser Heiler weiß das. Einer sagte einmal zu mir: »Grundsätzlich ist jede Krankheit heilbar, aber nicht bei jedem.« Gehen Sie also hin, registrieren Sie den ersten Eindruck, reden Sie mit ihm oder ihr und entscheiden Sie dann, ob Sie eine Behandlung wünschen. Und schwören Sie auch nicht allen Ärzten ab. Selbst schulmedizinisch zu Recht frustrierte Menschen werden erkennen, dass nicht jeder Arzt schlecht und jeder Heiler gut ist. *Wichtig:* Sehen Sie sich beizeiten nach einem Arzt oder Heiler Ihres Vertrauens (oder nach beidem!) um, dann wissen Sie im Akutfall, wohin Sie sich wenden können. Ist eine Krankheit einmal ausgebrochen, sind Sie wahrscheinlich verstört oder geschwächt und haben nicht die Möglichkeiten, die Sie als Gesunder haben. Also, ich habe »meine« Ärztin gefunden. Als ich Beate Schaffer vor Jahren das erste Mal gegenüberstand, war mir klar, dass die jahrelange Suche beendet war – ich hatte »meine« Weggefährtin gefunden. Wir teilten nicht nur ein gemeinsames Weltbild, das körperliche Erkrankung als Ausdruck seelischer Not sieht, sondern auch den unbändigen Sinn für Humor. Wir waren uns einig, dass eine erfolgreiche Therapie darin besteht, den Weg zur eigenen Seele zu finden, unabhängig davon, welche körperlichen Symptome sich zeigen. Und dass wirkliche Heilung Befreiung von Angst bedeutet. Beate Schaffer bietet in ihrer Heilraumpraxis viele verschiedene Therapieformen an, die alle das gleiche Ziel verfolgen: Den Menschen wieder in Kontakt zu bringen mit sich, seinen Gefühlen, den Wurzeln als spirituelles Wesen und der Erinnerung daran, dass keiner von uns je allein ist, sondern verbunden mit der kosmischen Ordnung. Therapie ist für sie die Heimkehr der Seele, das Tor zum wahren Ich. Als Therapeutin ist sie nicht ein unangreifbarer Guru im weißen Mantel, sondern – Selbstbezeichnung (!) – »Dienerin und Waffengefährtin«. Sie hat das absolute Vertrauen in die Entwicklungsfähigkeit eines Menschen, weiß aber auch, dass jeder im eigenen Tempo wächst. Beate macht keinen Hehl daraus, dass auch ihr Leben Ecken, Kanten und Probleme enthält. Sie ist kein Überwesen, sondern eine Frau aus Fleisch und Blut – mit den Beinen auf der Erde und einem Herzen, das in andere Welten sieht. In der Not entzündet sie ein Licht, das den Weg leuchtet und das unausgesprochene Versprechen enthält, dass Heilung nicht nur möglich ist, sondern gewiss.

Kürzlich war ich auf einem Kongress, bei dem erstmals Schulmediziner *und* Heiler ihre Tätigkeit vorstellten. Die Tatsache, dass eine solche Veranstaltung in Österreich überhaupt stattfinden konnte, ist sensationell. Zwar arbeiten in vielen europäischen Ländern Ärzte und Geistheiler schon lange zusammen, bei uns stehen sie sich immer noch ablehnend gegenüber.

Während dieses Kongresses lernte ich den Heiler Georg Rieder kennen. Der Mann hat folgende außergewöhnliche Fähigkeit: Er sieht in den Körper von Menschen und kann binnen weniger Augenblicke feststellen, was dort eventuell in Unordnung ist. Nachdem ich wissen wollte, wie es bei mir »innen« so aussieht und bei ihm ein gutes Gefühl hatte, beschloss ich, ihn zu kontaktieren. Ich gebe zu, dass mir vor Aufregung ganz schlecht war, als ich ihm zu »Durchleuchtungszwecken« gegenübersaß. Schließlich ist das Ganze ziemlich unheimlich, und wer weiß schon, was es in mir so alles zu sehen gab. Das Ergebnis war faszinierend: Er sagte mir nicht nur so dies und das über meine diversen Wehwehchen (die er ja unmöglich kennen konnte!), sondern bereitete mich auch sanft darauf vor, dass meine Frauenärztin demnächst eine Zyste am rechten Eierstock feststellen würde. Sie wäre aber in Kürze von selbst wieder verschwunden, und ich solle mich daher nicht aufregen. Wenig später ergab die Ultraschalluntersuchung, dass selbige Zyste tatsächlich existierte. Bei der Kontrolluntersuchung nach drei Monaten war das Ding wieder völlig verschwunden. Natürlich gibt es solche Verläufe, aber woher konnte Georg Rieder das wissen? Als er vor Jahren mit seiner »Röntgentätigkeit« begann, gab es anfangs große Anfeindungen. Heute arbeiten sogar Arzte gerne mit ihm zusammen. Auf seine ungewöhnliche Weise »diagnostiziert« er Krankheiten aller Art und hat damit schon vielen Menschen unangenehme Untersuchungen erspart. Es gibt auch eine Fülle von Heilungen, die nach heutigem Wissensstand eigentlich nicht hätten stattfinden dürfen. Ich bin auf jeden Fall sehr froh, dass ich ihn »gefunden« habe. Er ist nicht nur ein sehr netter Mann, sondern auch eine meiner ersten Anlaufstellen bei Leidenszuständen. Bevor ich mich auf komplizierte Untersuchungen einlasse, würde ich zunächst ihn um Rat fragen.

Die Botschaft einer Krankheit

Niemand leidet zufällig an einer bestimmten Krankheit. Jedes Organ, das nicht mehr funktioniert, hat eine Botschaft, die auf den engen Zusammenhang zwischen der seelischen Verfassung und dem Körper hinweist. Schon der Volksmund fühlt, dass etwas »im Magen liegt«, »an die Nieren geht« oder »das Herz bricht«. Wenn Ihr schmerzender Magen sprechen könnte, würde er Ihnen zuflüstern, dass er bestimmte Konflikte nicht mehr verdauen kann, Ihr armes Herz Sie wissen lassen, dass die Belastungen zu groß geworden sind und der Krebs Sie eindringlich fragen: »Hast du dich selbst genug geliebt?«

Jede Krankheit spricht. Über den Körper teilt uns die Seele mit, dass sie nicht mehr willens und imstande ist, mehr zu verkraften, und es entsteht ein Symptom. Die mehrmalige zarte Botschaft der Seele konnten wir ignorieren, der weitaus massiveren des Körpers müssen wir nun zuhören.

Das Krankheitssymptom will »außen« darauf hinweisen, dass etwas »innen« nicht in Ordnung ist. Es ist also absurd, nur das Symptom ausschalten zu wollen. Denn die Krankheit ist nicht der Feind, der vernichtet werden muss, sondern ein Partner, der helfen kann, herauszufinden, was uns wirklich fehlt. Das bekannte Beispiel über das Auto macht das gut verständlich: Stellen Sie sich vor, in Ihrem Wagen leuchtet eine Kontrolllampe auf und der Mechaniker würde nicht nachsehen, sondern nur die Lampe entfernen. Wie die Kontrollleuchte im Wagen sagt jedes Krankheitssymptom: »Bleib stehen. Sieh hin, was nicht passt.«

Die Frage für Sie lautet nun: »Wenn meine Krankheit sprechen könnte, was würde sie mir sagen?« Ich habe im Laufe der Jahre als klinische Psychologin Menschen betreut, die an verschiedenen Erkrankungen litten.

Immer waren es folgende Themenbereiche,
auf die sich die jeweilige Botschaft bezog:

- Erhöhe deine Selbstliebe.
- Spüre alle deine Gefühle.
  »Geschluckte« Emotionen machen krank!
- Achte auf deine Gedanken.
  Sind sie negativ – denk noch einmal!
- Löse dich von Groll und Verbitterung.
- Leidest du noch unter einem unbewältigten Schockerlebnis? Tue alles, um den Schmerz zu verarbeiten.
- Fühlst du Todessehnsucht?

Wir alle wollen gesund sein, haben aber manchmal trotzdem folgende Gedanken: Dieses Leben überfordert mich. Es funktioniert nach Regeln, die alle beherrschen, außer mir. Es wäre wunderbar, einfach nur Ruhe zu haben. Wenn eine solche Stimmungslage lange anhält, kann das den Ausbruch einer Erkrankung begünstigen oder den Heilungsverlauf verzögern. Geben Sie also den Gedanken ihren Platz, aber besinnen sich darauf, dass Sie über eine unbesiegbare Kraft verfügen. Der Zugang mag blockiert sein, aber sie ist da und wartet darauf, genützt zu werden. Die Botschaft heißt hier: Auch du bist dem Leben gewachsen. Suche die Kraftquelle in deinem Inneren und gib nicht auf, bevor du sie gefunden hast.

Krankheitsgewinn

Krankheit ist eine belastende Erfahrung. Trotzdem kann es sein, dass sie einem »erlaubt«, etwas im Leben zu verändern, wovor man bisher zurückgeschreckt ist. Patienten sagen häufig: »Das Gute an der Krankheit ist, dass ich diese Arbeit nicht mehr machen muss«, »Jetzt bin endlich ich der Mittelpunkt der Familie« oder »Dieser Sache muss ich mich nun nicht mehr stellen.« Seien Sie sich bewusst, dass es auch gesunde Strategien gibt, um zu verwirklichen, was Sie wollen. Sie müssen dafür nicht krank werden.

Glaube an Schuld und Strafe

Sind Sie der Überzeugung, irgendwie schuldig geworden zu sein und Strafe in Form von Krankheit zu verdienen? Das kommt nicht so selten vor, wie Sie vielleicht denken. *Niemand* straft Sie, außer Sie selbst tun das. Setzen Sie sich also mit Ihren tiefen Glaubenssätzen auseinander, und beschäftigen Sie sich mit Ihrem Weltbild.

Wenn diese Themen besprochen werden, höre ich immer wieder: »Ich bin krank. Es geht mir schlecht. Jetzt soll ich noch dafür verantwortlich sein, weil ich etwas falsch gemacht habe?« Es geht nicht um Schuld, sondern um das Erkennen von Zusammenhängen. Die meisten Menschen tun zu einem Zeitpunkt X das, wovon sie denken, es ist das Beste für sie, oder dass ihnen zumindest dadurch kein Schaden entsteht. Dann werden sie krank und lernen mehr über das Zusammenspiel von Psyche und Körper. Betrachten Sie jetzt rückblickend Ihr Leben, fällt Ihnen vielleicht auf, dass manche der damaligen Verhaltensweisen dem seelischen und körperlichen Wohlbefinden nicht förderlich waren. So können Sie jetzt wichtige Veränderungen vornehmen. Die Krankheit ist also der späteste Zeitpunkt im Leben, wo Sie innehalten sollten und fragen: »Lebe ich so, wie ich es immer wollte?«

Was können Sie tun, um die Botschaft Ihrer Krankheit richtig zu verstehen?

- Machen Sie sich klar, zu welchem Zeitpunkt das Symptom aufgetreten ist. In welcher Lebenssituation waren Sie, welche Gedanken, Träume, Gefühle, Phantasien hatten Sie?
- Beantworten Sie zwei Fragen: Woran hindert mich das Symptom? Wozu zwingt es mich? So erkennen Sie leichter, um welches Thema es geht.
- Kämpfen Sie nicht gegen das Symptom, sondern akzeptieren Sie es als wertvolle Hilfe zur wirklichen Gesundung.

Scheuen Sie sich auch nicht, professionelle Hilfe in Anspruch zu nehmen. In Gegenwart eines verständnisvollen Therapeuten erkennen Sie die Botschaft Ihrer Krankheit schneller.

Es ist die Aufgabe in unserem Leben, emotionale Belastungen zu klären, spirituell zu wachsen und tiefe Freude zu empfinden. Manchmal ist eine Erkrankung ein Weg, uns daran zu erinnern.

Alt und doch so neu – die »Energiemedizin«

Zu meiner großen Freude und Beruhigung etabliert sich in den westlichen Ländern gerade eine »neue« Form der Medizin – die sogenannte Energiemedizin. Sie sieht den Menschen nicht nur als bloßen Körper mit einer Ansammlung einzelner Organe, sondern betrachtet ihn ganzheitlich als Energiewesen. Die Energiemedizin wird auch als »Medizin der Emotion« bezeichnet, weil sie davon ausgeht, dass Gefühle und Gedanken für jedes körperliche Symptom verantwortlich sind. Durch ständiges negatives Denken, Selbstabwertung und verdrängte Gefühle wird der Energiefluss im System blockiert, und erst dadurch kann eine Krankheit überhaupt entstehen. Diese Grundlagen sind den östlichen Medizinsystemen schon lange vertraut, aber bei uns waren solche Ideen bis vor kurzem sozusagen im Bereich des Unmöglichen angesiedelt. Bei der Behandlung von Krankheit geht es nun darum, die seelisch-spirituellen Hintergründe, die sie begünstigt haben, zu berücksichtigen und den Energiefluss im Körper wieder ins Gleichgewicht zu bringen. Selbstverständlich haben auch Medikamente oder andere körperliche Therapien ihren Platz, aber sie sollten immer unter Einbeziehung der durch seelische Vorgänge »gestörten Energiesituation« eingesetzt werden.

Um diese Zusammenhänge besser zu verstehen, ein kurzer Ausflug in die Medizin: Das vegetative Nervensystem umfasst alle Nerven, die nicht dem Willen unterliegen. Es steuert die sogenannten Vitalfunktionen wie z. B. Atmung, Gefäßreaktionen und Verdauung. Außerdem bildet das vegetative Nervensystem eine Funktionseinheit mit dem limbischen System – dem Sitz des Unterbewusstseins – und den Hormonen und ist damit für die Steuerung der Gefühle verantwortlich.

Es besteht aus zwei Hauptanteilen: dem Sympathikus, der über das Adrenalin aktivierend wirkt und dafür zuständig ist, dass wir uns aktiv fühlen, und dem Parasympathikus, der Entspannungsreaktionen auslöst. Diese beiden verlaufen entlang der Wirbelsäule. Es ist wichtig zu wissen, dass im Anspannungszustand zentrale Vorgänge wie die Immunabwehr, eine funktionierende Verdauung oder ein normaler Blutdruck *gehemmt* werden. Erst wenn die Spannung sinkt und damit das Adrenalin niedriger wird, können sich diese Prozesse normalisieren. Das bedeutet, dass ein Übermaß an Spannung und Stress eine ununterbrochene Belastung für den Körper darstellen und damit den Nährboden für jede Krankheit bilden. Eine wichtige Funktion kommt dem Solarplexus zu. Das ist das große Nervengeflecht über dem Magen, das für die Steuerung wichtiger Bauchorgane wie Magen, Leber, Bauchspeicheldrüse und Dünndarm zuständig ist. Das heißt: Alle Gefühle und Gedanken haben eine Auswirkung auf dieses Nervenzentrum, und dieses beeinflusst wiederum das Verdauungsgeschehen. Ich habe immer wieder an heftiger Übelkeit und Brechreiz gelitten, die ihren Ursprung nicht im Magen oder Darm hatten, sondern in einem angespannten Solarplexus. Seine Irritation war letztendlich auch für den ständig aufgeblähten Bauch verantwortlich, an dem ich die meiste Zeit meines Lebens laboriert habe. Ich lief von Pontius zu Pilatus, aber außer Schulterzucken und der Aussage »Nehmen Sie halt etwas gegen Blähungen« war von der traditionellen Medizin keine Hilfe zu bekommen. Einen wichtigen Schritt in die richtige

Richtung war die bereits erwähnte komplementärmedizinische Therapie, mit der meine Pilzerkrankung behandelt wurde. Aber der wichtigste Aspekt blieb trotzdem unberücksichtigt: Durch die ständigen Ängste verhielt sich der Solarplexus überaktiv, und deshalb staute sich dort die Energie. Es »floss« nicht. Aus diesem Grund war die Peristaltik behindert und der Darm verkrampft. So bildeten sich verstärkt Fäulnisprodukte, wodurch die Darmflora massiv beeinträchtigt wurde und die Pilzerkrankung überhaupt erst entstehen konnte. Aber am Anfang des ganzen Prozesses stand die ununterbrochene seelische Aufregung. Jede Therapie, die den persönlichen Stresszustand des Menschen nicht berücksichtigt, wird also auf Dauer nicht erfolgreich sein.

Auch Rückenverspannungen können Solarplexus-Beschwerden verursachen und umgekehrt. Durch Nervenbögen sind diese beiden Bereiche miteinander verbunden und beeinflussen sich gegenseitig. Eine gute Massage wird daher durch Lockerung der Rückenmuskulatur auch Spannungszustände im Solarplexus mildern. Umgekehrt kann eine sanfte Solarplexusmassage oder Handauflegen in diesem Bereich nicht nur beruhigen, sondern auch Rückenschmerzen lindern. Denken Sie bei diesbezüglichen Beschwerden also immer auch an diese Zusammenhänge. Bahnbrechende Erkenntnisse bezüglich des Zusammenspiels von Seele und Körper liefern die Forschungsergebnisse des Neurologen, Biochemikers und Professors an der Freiburger Universität Joachim Bauer: Er fand heraus, dass zwar unsere Gene die Grobstruktur des Gehirns formen, doch psychische Erfahrungen die Feinregulation bei den Nervenverbindungen bestimmen. Und diese Nervenverbindungen sind es, wovon die Funktionsweise des Gehirns abhängt. Das heißt: Seelische Erfahrungen erzeugen im wahrsten Sinne des Wortes das materielle Gehirn mit. So zeigen Untersuchungen, dass Kinder, die misshandelt wurden, nicht nur psychisch beeinträchtigt sind, sondern auch an einer Störung der biologischen Hirnfunktion leiden. Doch dieses Geschehen lässt sich rückgängig machen. Durch neue seelische Erfahrungen wie zum Beispiel Psychotherapie, Einstellungsveränderung durch Beschäftigung mit Spiritualität oder andere positive Erlebnisse können sich auch die »Verhältnisse« im Gehirn zum Besseren verändern.

Können Sie sich vorstellen, was das Wissen um diese Vorgänge bedeutet? Es revolutioniert das Denkgebäude unserer westlichen Medizin, weil klar wird, welche Auswirkungen die Seele auf den Körper hat. Auch der »Energiestau« entsteht durch Unausgewogenheit im psychisch-spirituellen Bereich. Er kann sich bei einem Menschen in Störungen im Herz-Kreislauf-System äußern, bei einem anderen in Form von Magen-Darm-Erkrankungen, Rheuma oder Krebs.

Noch einmal in aller Klarheit: *Körperliche Beschwerden haben ihren Ursprung im seelischen Bereich.* Das soll keinen Druck erzeugen, sondern neue Möglichkeiten von Heilung eröffnen. Natürlich ist es sinnvoll, im Krankheitsfall auch den Körper zu behandeln, aber bringen Sie, so gut es eben möglich ist, auch Ruhe und Frieden in Ihr System. Das geschieht hauptsächlich durch eine Änderung von schädlichen Einstellungen, dem Hervorholen von unterdrückten Gefühlen und alten Schmerzen, dem Bearbeiten von Problemen, der Hinwendung zur Spiritualität und einer Erhöhung der Selbstliebe. Denn wer sich selbst liebt, entlastet Körper und Seele.

Wichtig: Sich selbst zu lieben bedeutet *nicht,* nie mehr krank zu werden oder immun zu sein gegen »Ansteckung«. Aber bedenken Sie, dass wir ständig von Viren und Bakterien umgeben sind und es von unserer Immunlage abhängt, ob wir zum Beispiel eine Grippe »erwischen«. Und die Leistungsfähigkeit des Immunsystems steht in engem Zusammenhang mit der psychischen Verfassung. Behandeln Sie also Ihren Schnupfen oder die Halsschmerzen. Aber fragen Sie auch: Wovon habe ich die Nase voll? Was steckt mir im Hals?

Die Aura

Dieses Energiefeld, das uns durchdringt und umgibt, heißt Aura. Menschen – aber auch Pflanzen und Tiere – sind von einer farbigen Lichtwolke umgeben, die sich je nach Gesundheitszustand, Stimmungslage und Umgebung ändert. Für manche Menschen ist sie mit freiem Auge sichtbar. Es gibt aber auch Spezialkameras, die das spektakuläre Geschehen um unseren Körper zeigen. Form und Farben geben darüber Aufschluss, in welchem Zustand sich das Lebewesen befindet. Beim Menschen spiegeln sich in der Aura sein Charakter, das grundlegende Potenzial, Vorlieben und Abneigungen, der momentane Entwicklungsstand und die Lebensaufgabe.

Das Energiefeld besteht aus sieben Schichten, die einander durchdringen und genauso real sind wie der physische Körper. Die äußerste Hülle kann sich bis weit über einen Meter ausdehnen. Sie hat die Form eines goldenen Eies, das uns im Idealfall umschließt und schützt. Sind wir krank oder nicht im Gleichgewicht, ist die Aura dünn oder sogar löchrig. Meine Ärztin Beate Schaffer: »Meist spüre ich schon, wenn ein Patient die Praxis betritt, die Form seiner Aura, sehe die Umrisse und weiß so intuitiv, wie es ihm geht. Das gibt mir von Anfang an einen viel besseren Zugang zu diesem Menschen.«

Besonders faszinierend ist die Tatsache, dass aurasichtige Heiler eine Krankheit im Energiefeld schon als Verzerrung wahrnehmen können, *bevor* sie sich im Körper manifestiert. Das eröffnet einer künftigen Medizin ungeahnte Möglichkeiten. Die Heilerin Barbara Ann Brennan, ehemals Physikerin bei der NASA, schreibt in ihrem berühmten Buch »Lichtheilung«: »Ich kann die Aura sehen und habe sie jahrelang an vielen Menschen beobachtet. Dabei bin ich zu folgender Erkenntnis gelangt: Die

Aura wird nicht vom Körper erzeugt, sondern umgekehrt. Das klingt vielleicht befremdlich, aber das Energiefeld existiert zuerst und der Körper bildet sich danach. Das bedeutet, dass eine Krankheit als Ungleichgewicht im Energiefeld sichtbar ist, lange bevor sie körperlich ausbricht. Rechtzeitig erkannt, kann sie daher schon auf energetischer Ebene ›geheilt‹ werden.«

Sollte das stimmen (und Brennan bringt viele Beispiele dafür), erhält die Beschäftigung mit der Aura eine noch wesentlich größere Bedeutung für die Gesundheit, als bisher angenommen. Auch Georg Rieder hat bei mir diese Zyste »gesehen«, obwohl sie physisch noch nicht da war.

Heilen bedeutet, das Energiefeld auszugleichen und aufzuladen. Nichts schwächt die Aura mehr als Selbstabwertung, negative Gedanken und das Gefühl minderwertig zu sein. So werden Sie Ihr eigener bester Heiler, indem Sie beginnen sich so richtig von Herzen zu lieben.

Was geschieht mit unserer Aura, wenn wir mit anderen zusammen sind? Zwischen uns existieren »Energiebänder«, über die ein reger Austausch stattfindet. Obwohl wir das bewusst vielleicht nicht wahrnehmen, werden wir energetisch auch von den Gedanken und Gefühlen der anderen Person beeinflusst. So kann es sein, dass jemand Sie freundlich anlächelt, und trotzdem spüren Sie ein Unbehagen oder einen Fluchtreflex.

Es ist sehr wahrscheinlich, dass dieser Mensch negativer zu Ihnen steht, als sein Verhalten vermuten lässt und Sie dies in Ihrem Energiefeld fühlen. Ist ein Kontakt grundsätzlich positiv, wird die Aura aufgeladen, ist er negativ, wird sie entladen und kann auch regelrecht beschädigt werden. Die Energieströme sind dann dunkel und dringen wie Speere in das Feld des anderen ein. Bei Neid sind sie schleimig und graugrün, bei Wut dunkelrot und spitz. Wenn uns jemand direkt oder versteckt beherrschen will, greifen seine Auraströme wie Krallen in unser Feld und saugen Energie ab. Haben Sie sich noch nie aus scheinbar unerklärlichen Gründen in der Gegenwart eines bestimmten Menschen gereizt gefühlt, todmüde oder von dem Bedürfnis gepackt wegzulaufen? Die aurasichtige Barbara Ann Brennan: »Negative Einstellungen von anderen – auch wenn sie nicht mit Worten ausgedrückt werden – fühlen sich an wie Dolche, die das Energiefeld aufreißen oder wie schleimige saugende Fangarme, die Energie stehlen. Sie fühlen sich an wie Parasiten, die das eigene Feld nach unten ziehen. Sie fühlen sich so an, weil sie ganz genau das tun.« Sind Menschen einander sympathisch, fließt weiche Energie in leuchtenden Farben. Im Falle von Liebe ist die Lichtwolke im wahrsten Sinne des Wortes rosa, bei Leidenschaft kommt Orange dazu. Wird gestritten, fließen die Auren ineinander und verfärben sich an den Schnittstellen feuerrot. Der »Sieger« fühlt sich danach gestärkt, weil durch die Aufnahme von Energie des anderen seine Aura an Umfang gewonnen hat. Der »Verlierer« fühlt sich matt und erschöpft, weil sein Energiefeld buchstäblich zusammengefallen ist.

Wir wissen heute mit Sicherheit, dass uns ein Lichtkranz in verschiedenen Formen und Farben umgibt. Auch die Physik bestätigt Energiefelder, die den Körper umhüllen, und wir alle haben wohl schon die »Ausstrahlung« eines anderen positiv oder negativ gespürt. Doch welche Bedeutung hat das Wissen um diese Aura denn nun wirklich für den Einzelnen? Es ist eine Tatsache, dass wichtige Informationen über Gesundheit, psychische Verfassung und auch Umgang mit eigener und fremder Energie in der Aura abgelesen werden können.

Für mich ist ihre Existenz aber auch der Hinweis darauf, dass es viel mehr Dinge zwischen Himmel und Erde gibt, als wir normalerweise sehen, deren Auswirkungen aber trotzdem spürbar sind. Wir sollten daher den menschlichen Verstand und die Leistung unserer Sinne nicht als den allerletzten Weisheitsschluss betrachten. Halten Sie stattdessen Ihr Herz offen für die Wahrheiten von morgen, die heute noch unerklärbar scheinen.

Eine Haut zu wenig? –
Die Übersensibilität

Ich hatte schon sehr früh das Gefühl, anders zu sein als die anderen. Als Kind hatte ich nicht nur häufig extrem traurige Stimmungen, in denen ich mich nach »zu Hause« sehnte, ich zeigte auch eine Überempfindlichkeit, die niemand verstand. So war ich zum Beispiel nach einem Kindergeburtstagsfest so überreizt, dass ich am nächsten Tag krank war, einige Stunden Schule gingen über meine Leistungsgrenze, und wenn ich nur ein wenig Hunger spürte, wurde mir schwindlig und übel. Später war es unerlässlich für mich, im Tagesablauf immer wieder Pausen einzulegen, ich fühlte mich erschöpft, wenn andere noch voller Energie waren, und Lärm bereitete mir ausgesprochene Qualen. Wenn meine Freunde in einer lauten Disco so richtig Spaß hatten, saß ich manchmal auf der Toilette und hielt mir die Ohren zu. Auch im Umgang mit anderen war ich extrem verletzlich, und Schwierigkeiten im zwischenmenschlichen Bereich hatten starke Auswirkungen. Als mein erster Freund mich betrog, war ich dermaßen aus dem Gleichgewicht, dass ich für einige Wochen ins Spital musste. Auf die kleinste seelische Spannung reagierte ich sofort mit körperlichen Beschwerden verschiedenster Art, und Medikamente vertrug ich schlecht. Nachdem ich merkte, dass andere mir wegen dieser Übersensibilität mit Unverständnis oder Unglauben begegneten, begann ich jede Art von Gruppenaktivität zu meiden. Auf der anderen Seite spürte ich Stimmungen und Zusammenhänge, die von anderen Menschen nicht im Entferntesten wahrgenommen wurden. Ich fühlte, wie es jemandem ging, ob im Raum eine gute Atmosphäre herrschte oder ein Ort gute Energie ausstrahlte. Ich hatte keine Ahnung, was eigentlich mit mir los war.

Dann stieß ich auf das Buch »Zart besaitet« von Georg Parlow und fand dort endlich die Erklärungen, die ich mein Leben lang gesucht hatte. Er beschreibt das Phänomen der sogenannten Hochsensibilität, wobei im Text alle »Auffälligkeiten« zur Sprache kamen, die ich schon lange an mir beobachtet hatte. Wir Hochsensible fühlen tiefer als andere, reagieren demnach dort sehr schlimm emotional verletzt, wo andere nicht einmal mit der Wimper zucken, und sind sowohl Außenreizen als auch Impulsen aus unserer eigenen Gedanken- und Gefühlswelt ohne Schutzsystem ausgeliefert. Das führt naturgemäß zu einer ständigen Reizüberflutung, die zu einem Dauerspannungszustand führen kann. Dadurch wird vermehrt Adrenalin ausgeschüttet, wodurch der Cortisolspiegel im Blut steigt. Herzklopfen, Schwitzen, Zittern, Verwirrtheit oder andere Erscheinungen können die Folge sein. Manche reagieren darauf mit Rückzug, andere mit erhöhter Aggression.

Hochsensible sind nicht schwach, sie sind nur anders. Und es geht darum, dieses Anderssein nicht vor sich selbst abzuwerten, sondern zu respektieren. Wir sind möglicherweise in Alltagsdingen nicht so belastbar, haben dafür aber feine Antennen für die Not anderer, ein sehr gutes Einfühlungsvermögen und – wenn wir zu uns stehen – eine große innere Kraft. Es ist im Sinne der

Selbstliebe sehr wichtig, dass Sie sich klar werden, ob Sie zu den Hochsensiblen zählen. Sie werden sich und Ihre Reaktionen dann viel besser verstehen und damit leichter Selbstbewusstsein aufbauen.

Das 10-Punkte-Programm für Hochsensible

1. Entwickeln Sie Liebe und Respekt für Ihre Veranlagung. Achten Sie auf Ihre Belastbarkeit, aber grenzen Sie sich nicht grundsätzlich von anderen ab oder bezeichnen sie abfällig als »hoffnungslos unsensibel«.
2. Sorgen Sie für ausreichend Rückzugsmöglichkeit.
3. Essen Sie regelmäßig und halten Sie den Genuss von stimulierenden Substanzen wie Kaffee, schwarzem Tee, Nikotin und Alkohol gering.
4. Lernen Sie unbedingt eine Entspannungstechnik.
5. Schlafen Sie ausreichend.
6. Achten Sie darauf, dass Sie bei Medikamenten eine niedrige Dosierung einnehmen. Ich komme mit Kinderdosierungen aus! *Wichtig:* Ändern Sie nicht eigenmächtig die Medikation, sondern sprechen Sie unbedingt mit Ihrem Arzt.
7. Schaffen Sie sich ein verständnisvolles Umfeld.
8. Lernen Sie mit Überstimulation umzugehen, indem Sie darüber sprechen, sich nicht scheuen, eine Situation zu verlassen oder sich ihr erst gar nicht auszusetzen. Aber versuchen Sie auch sanft, Ihre Toleranzschwelle zu erhöhen.
9. Umgeben Sie sich mit Pflanzen und Tieren.
10. *Arbeiten Sie an Ihrer Selbstliebe,* und schätzen Sie Ihre Anlage auch als Geschenk.

Ernährung

Es gibt sehr viele Empfehlungen bezüglich »richtigem Essen«, die sich teilweise in verwirrender Art und Weise widersprechen. Aber es gibt ein paar Grundregeln, die bei – fast – allen Formen gleich sind: wenig Weißmehlprodukte, Kaffee, Fertiggerichte, zuckerhaltige Speisen und Getränke, viel Gemüse, Obst, Fisch, Wasser.

Ich würde aus Tierliebegründen am liebsten kein Fleisch essen, habe aber festgestellt, dass ich es manchmal zur Erdung brauche. Und das ist auch die wichtige Botschaft in Sachen Selbstliebe und Ernährung: Es geht nicht darum, dass Sie sklavisch irgendeinem Diktat folgen, sondern herausfinden, was Ihnen guttut. Gehen Sie einmal durch einen Supermarkt und spüren Sie in sich hinein, zu welchem Nahrungsmittel es Sie hinzieht. Wenn die Antwort jedes Mal »Stelze, Schnitzel, Pommes und Malakofftorte« lautet, ist es sicher sinnvoll, irgendwann vernünftige Grenzen zu ziehen. Aber wenn Sie »Sünden« begehen, dann tun Sie das lustvoll und nicht voller Schuldgefühle.

Lassen Sie sich auch auf eventuelle Nahrungsmittelallergien und Unverträglichkeiten testen. Mehr Menschen, als man denkt, sind auf Kuhmilch, Weizen, Kaffee oder Südfrüchte allergisch. Es kann auch sein, dass gerade Ihr Darm – so wie meiner – rohes Obst und Gemüse nicht immer gut verträgt. Ich dachte natürlich aufgrund der allgemeinen Empfehlungen, dass ich mir mit dem Genuss von Frischem etwas Gutes tue, und war sehr irritiert, wenn es mir daraufhin schlecht ging.

Wichtig: Essen ist auch Lustgewinn. Es ist also eine Herausforderung, die Nahrungsaufnahme so individuell zu gestalten, dass diese Lust befriedigt ist und der Körper trotzdem bestmöglich unterstützt wird.

Machen Sie das Beste aus Ihrem Typ

Sind Sie der Auffassung, es geht im Leben nur um die inneren Werte? Vielleicht haben Sie ja auch die Einstellung, dass Interesse für Mode, Kosmetik, Düfte und Schönheit ein Zeichen von Oberflächlichkeit ist. So nach dem Motto: Ernstzunehmende Menschen haben für solch Larifari keine Zeit. Erfreuen Sie sich im Sinne der Selbstliebe doch spielerisch an den Möglichkeiten, die die Welt der Schönheit gerade Ihnen bietet. Machen Sie daraus aber auch kein neues »Perfektionsunternehmen«, sondern gehen Sie genussvoll und neugierig auf Entdeckungstour. Zeigen Sie uns allen die Königin in sich, und setzen Sie »Innen *und* Außen« ins beste Licht!

Ich habe einmal den Spruch gelesen: »I want to be the best me I can be«, was frei übersetzt ungefähr so viel bedeutet wie: »Okay, ich sehe nicht aus wie Claudia Schiffer, aber ich werde ab jetzt das Allerbeste aus dem machen, was *ich* zur Verfügung habe.« Aus langjähriger Erfahrung als Psychologin weiß ich, dass für viele Frauen so ein Gedanke regelrecht bedrohlich ist: »Was geschieht, wenn ich Vorzüge betone, auch outfitmäßig zu meiner Weiblichkeit stehe und mein Licht nicht länger unter den Scheffel stelle? Dann schauen mich alle an und ich bin viel eher Kritik ausgesetzt. Davor habe ich Angst!« Haben Sie keine Scheu. Kleidung, Accessoires, Schminke und Frisur bieten viele Möglichkeiten, Ihre unverwechselbare Individualität auch äußerlich zu demonstrieren. Dazu brauchen Sie keine Modelmaße oder ewige Jugend. Unabhängig von Alter und figürlichen Gegebenheiten können Sie sich so präsentieren, dass Ihnen ein bezauberndes Spiegelbild entgegensieht. In meinem Seminar »Die Kunst, sich selbst zu lieben« habe ich immer wieder Frauen kennengelernt, die nach kurzer Zeit äußerlich positiv verändert und mit neuer Ausstrahlung den Kursraum betraten. Denn wenn Sie sich selbst mehr lieben, haben Sie automatisch das Bedürfnis, so hell als möglich zu strahlen. Umgekehrt trägt ein vorteilhaftes Erscheinungsbild dazu bei, dass Ihr Selbstwertgefühl steigt.

Es lohnt in jeder Hinsicht – privat und beruflich –, wenn Sie sich so gut wie möglich präsentieren. Laut einer Untersuchung entsteht ein erster Eindruck zu 60% aufgrund des Äußeren, zu 33% durch die Stimme und nur 7% (!) achten auf den Inhalt des Gesagten. Natürlich geht es nicht nur darum, eine bestimmte Wirkung zu erzielen, sondern unabhängig von »richtig« oder »falsch« die eigene Persönlichkeit zu unterstreichen. Dann haben Sie nicht nur die innere Königin entdeckt, sondern sind auf dem Weg zur Kaiserin.

Die Kunst des Loslassens

Wie um alles in der Welt lässt man los? Kennen Sie das: Ein anderer Mensch tut etwas oder tut es nicht, und Ihre Gedanken sind Tag und Nacht davon besessen, *oder* Leid ist seit vielen Jahren Ihr ständiger Begleiter, so dass die Idee, Leben könnte auch Spaß machen, geradezu absurd erscheint, *oder* Ansprüche, die Sie an sich und andere stellen sind so hoch, dass Perfektion ein Hilfsausdruck ist und Sie daher scheitern müssen? Haben Sie fixe Vorstellungen davon, wie alles sein müsste, damit Sie glücklich sein können? Beharren Sie innerlich darauf, weniger wert zu sein als andere? Oder handeln Sie meist nach dem Grundsatz »Vertrauen ist schlecht, Kontrolle ist besser«? Die Möglichkeiten, sich das Leben zur Qual zu machen, sind unerschöpflich. Also ich hatte es in dieser Disziplin zu wahren Höchstleistungen gebracht. Und es dauerte Jahre, bis ich begriff: Egal, in welchen Lebensumständen wir uns befinden – Loslassen hilft immer. Es kommt gesunden Beziehungen zugute und es kann sich in ungesunden nur positiv auswirken. Es ist sehr gut geeignet, schädliche Einstellungen zu verändern, und kann Wunder wirken, wenn wir in Situationen verstrickt sind, an denen aktiv beim besten Willen nichts zu ändern ist. Loslassen vermindert den inneren Druck, entschärft das äußere Drama und gibt uns die Chance, die eigene Kraft wiederzufinden.

Was bedeutet »Loslassen« eigentlich genau?

- Ich löse mich von meinen zerstörerischen, zwanghaften Mechanismen.
- Ich akzeptiere, dass ich das Leben und andere nicht kontrollieren kann. Ich höre daher damit auf, Ergebnisse erzwingen zu wollen, und tue das, was mir möglich ist: Mein eigenes Leben in Ordnung zu bringen.
- Ich beende sinnlose Bemühungen, andere zu Verhaltensweisen zu bringen, die ich richtig finde.
- Ich verabschiede die Einstellung, dass Situationen sich in einer Weise und zu einer Zeit entwirren müssen, wie ich es gerne hätte. Haben Sie schon einmal erlebt, dass krampfhaftes Festhalten, verzweifelte Kontrollversuche und innere Anspannung bis zum Nervenzusammenbruch sinnvolle Ergebnisse ergaben? Eben.

Wichtig: Loslassen bedeutet *nicht* kalten Rückzug oder depressive Resignation. Und es bedeutet keinesfalls, Missbrauch an der eigenen Person in irgendeiner Form zu akzeptieren.

Wann ist der richtige Zeitpunkt, um loszulassen?

Immer dann, wenn Sie das Gefühl haben, mit einem Problem nicht länger leben zu können, ohne wahnsinnig zu werden, Ihre Gefühle ständig aufgewühlt sind, Sie merken, dass Sie nur noch auf das Fühlen, Denken und Tun anderer reagieren. Loslassen kann nötig sein, wenn Sie eine Trennung durchleben, den Tod eines Menschen verkraften müssen, immer wieder in schreckliche Beziehungsmuster stolpern oder einen Großteil Ihrer Stunden damit verbringen, zu jammern. Zeit, sich zu lösen, ist auch dann, wenn Sie feststellen, dass *etwas* Ihre Gefühle und Verhaltensweisen kontrolliert – entweder der »Zerstörer« in Ihrem Inneren oder eine äußere Situation. Es gibt Umstände, die Loslassen zwingend machen, um sich im wahrsten Sinn des Wortes zu retten: Wenn Sie als Angehöriger eines Alkoholikers oder suchtkranker Menschen in ungesunder Weise in deren Angelegenheiten verstrickt sind, wenn Sie merken, dass Sie aus irgendeinem Grund kein eigenes Leben (mehr) haben, wenn Negativität, Ängste und Depression Ihre Tage vergiften. Und wenn Ihnen auffällt, dass die Freude entweder aus Ihrem Dasein verschwunden ist oder niemals so richtig da war.

Was genau sollten Sie in solchen Situationen loslassen?

- Jede Art von schwächenden Einstellungen wie »Ich bin ein Opfer«, »Ich bin nicht gut genug«, »Es muss gelitten werden« oder »Ich und andere müssen perfekt sein«.
- Groll, Wut und alte Schmerzen, die Sie seit Ewigkeiten mitschleppen und die der Lebensfreude im Wege stehen.
- Menschen, die in der einen oder anderen Form Seele und Körper schaden. Melody Beatty, Bestsellerautorin von vielen Büchern, schreibt über das Loslassen in »Die Sucht, gebraucht zu werden«: »Geben und etwas für andere tun sind wesentliche Merkmale einer gesunden Beziehung. Aber lernen, wann man *nicht* geben, *nicht* nachgeben oder sich etwas *nicht* länger gefallen lassen sollte, sind ebenso wichtige Teile einer gesunden Beziehung.« Wenn Sie immer wieder mit nicht eingehaltenen Verabredungen, gebrochenen Versprechen, unverblümten Lügen oder seelischer und körperlicher Misshandlung konfrontiert sind und das zulassen, verlieren Sie das Vertrauen in die eigene Person, Ihr Wohlergehen und irgendwann sich selbst.

Wie funktioniert nun dieses Loslassen? Ein Patentrezept gibt es dafür leider nicht. Aber bleiben Sie dran, und lassen Sie sich auch beim x-ten Rückfall nicht entmutigen. Ich habe die Erfahrung gemacht, dass es manchen Menschen schlecht genug gehen muss (mir zum Beispiel!), damit dieser heilsame Prozess ablaufen kann. Andere haben offenbar erleuchtete Momente, in denen es ganz plötzlich funktioniert.

Auf jeden Fall ist es hilfreich, wenn Sie sich in der Zwischenzeit mit einigen Themen beschäftigen:

1. Akzeptieren

Manchmal geschieht etwas Unerwartetes – Beziehungen zerbrechen, ein Mensch stirbt, berufliche Pläne scheitern, Freunde verschwinden. Jetzt verzweifelt nach einer Lösung zu suchen hilft nicht. Auch wenn das fast unmöglich erscheint – fügen Sie sich den Tatsachen, wie sie sind. Das bedeutet: Akzeptieren Sie zunächst Ihre Einsamkeit, die Niederlage, die Verwirrung, die Hilflosigkeit oder auch das Ausmaß Ihrer Selbstzerstörung.

2. Gefühle zulassen

Bevor wir lernen loszulassen, erleben die meisten von uns entweder einen Gefühlssturm oder sie verleugnen ihre Emotionen. Lassen Sie unbedingt alle Gefühle zu, die hochkommen – unermessliche Wut, vernichtender Schmerz, abgrundtiefe Trauer. Das aktuelle Ereignis berührt durch seine Thematik immer uralte Wunden von früher, die durch bewusstes »Hinspüren« geheilt werden können.

3. »Ich bin es wert, ein glückliches Leben zu führen«

Legen Sie die Opfer- und Märtyrerrolle endgültig ab – Sie verdienen, dass es Ihnen gutgeht. Lange Zeit haben Sie gelitten, jetzt ist es genug. Und deshalb lassen Sie jetzt alles los, was Sie daran hindert.

4. Selbstfürsorge

Das bedeutet liebevoll und geduldig folgende innere Einstellungen zu entwickeln: Ich bin verantwortlich für mein seelisches und körperliches Wohlergehen, für die Befriedigung meiner Bedürfnisse, für das Lösen meiner Probleme. Ich sorge dafür, dass ich genug Zeit für Spaß und Entspannung habe. Ich bin verantwortlich dafür, was ich tue und was ich anderen erlaube, mir anzutun. Ich verdiene weder Missachtung noch Misshandlung und ich toleriere sie nicht. Merke: Selbstfürsorge bedeutet auch, anderen zu gestatten, ein Leben ihrer Wahl zu führen, auch wenn das zur Folge hat, dass Sie sie vielleicht verlieren.
Je mehr Sie darauf vertrauen, dass alles gut ist, wie es ist, umso leichter können Sie auch loslassen. Versuchen Sie von der Annahme auszugehen, dass eine höhere Macht dafür sorgt, dass alles, was geschieht, Sinn hat. Das bedeutet, dass wir aus gutem Grund unsere Erfahrungen machen, um wichtige Dinge zu lernen: Selbstliebe, Liebe, Mitgefühl mit uns selbst und anderen. Loslassen heißt, das Leben geschehen zu lassen, statt es mit Gewalt kontrollieren zu wollen. Reagieren Sie nicht auf zerstörerische Systeme und verstricken sich nicht in Verrücktheiten Ihrer Mitmenschen. Entlarven Sie aber auch den eigenen Zerstörer und nehmen Sie ihm die Macht, Ihr Leben zu bestimmen. Und

eines Tages stellen Sie fest, dass Sie trotz diverser Probleme genießen können und Loslassen zu einer fast selbstverständlichen inneren Haltung geworden ist.

Zehn praktische Tipps zum Loslassen

1. Erstellen Sie eine Liste, was Sie loslassen wollen.
2. Entrümpeln Sie – jede Lade!
3. Experimentieren Sie mit Frisur, Make-up und Kleidung.
4. Gestalten Sie Ihre Wohnung um, manchmal reicht es, die Wände in einer lebendigen Farbe zu streichen (Sonnengelb?).
5. Räuchern Sie jede Ecke mit Weihrauch aus – das reinigt die Atmosphäre. Wenn Sie es nicht glauben, tun Sie so als ob.
6. Auch wenn es schwerfallen sollte – bewegen Sie sich!
7. Ändern Sie Ihre Ernährung auf »gesund«.
8. Lesen Sie Bücher, die Sie motivieren und bestärken.
9. Machen Sie eine Aufstellung aller Entspannungshilfen.
10. Machen Sie eine Psychotherapie, wenn es Ihnen sehr schlecht geht.

Das Spiegelgesetz

Als ich das erste Mal einen Vortrag über das Spiegelgesetz hörte, dachte ich: »Ist da jemand völlig verrückt geworden? Eine Frechheit, dass man für so einen Schwachsinn noch zahlen muss.« Seither sind viele Jahre vergangen und ich sage Ihnen heute als private Anwenderin, aber auch als Psychologin: Ob es einem gefällt oder nicht (meist gefällt es einem nicht!) – das Spiegelgesetz stimmt immer.

Was besagt dieses rätselhafte Gesetz?

Grundsatz 1

Wir sind auf der Welt, um glücklich zu sein und Liebe und Güte zu verkörpern. Aber häufig halten alte Schmerzen die Türe unseres Herzens versperrt und stellen genau dafür ein Hindernis dar. Sehr oft wissen wir nicht einmal, wo unsere Wunden liegen, und können daher nichts dafür tun, sie endlich zu heilen.

Grundsatz 2

Mit der Kraft unseres Geistes erzeugen wir – bewusst oder unbewusst – die Wirklichkeit, in der wir leben. So ist jeder Mensch, dem Sie begegnen, jede Situation, in die Sie geraten, die gesamte Umgebung und auch der Zustand Ihres Körpers ein Spiegel Ihres Bewusstseins. Es sind *Ihre* Gedanken, die eine konkrete Form annehmen, damit Sie sehen können, was Sie da erschaffen haben. Wenn Ihnen daran etwas nicht gefällt, ist es *Ihre* Aufgabe die Geisteshaltung so zu verändern, dass erfreulichere Ergebnisse sichtbar werden. Ganz ehrlich, wer hört so etwas schon gerne, wenn es doch so viel einfacher ist, Schuld zu verteilen? Stellen Sie sich also die ehrliche Frage: »Welche Überzeugung habe ich, dass mir *das* passiert?« Wirklich gemein ist, dass auch unbewusste Glaubenssätze zur Realität werden und wir daher naturgemäß nicht wissen, um welche es sich da eigentlich handelt. Aber durch das Spiegelgesetz haben wir die großartige Möglichkeit, diesen unbewussten Störenfrieden auf die Spur zu kommen. Denn Ereignisse, Lebensumstände und Personen zeigen ganz deutlich, welche Bereiche in uns der Heilung bedürfen, auch wenn uns das »bewusst« nicht zugänglich ist. Es geht nicht darum, dass Sie sich wegen negativer Inhalte Ihres Geistes kritisieren, bemitleiden oder herabsetzen, sondern dass Sie sich dafür *zuständig* erklären. Damit anerkennen Sie Ihre Macht, ein selbstschädigendes Denkmuster zu erkennen und durch erfreulichere Gedanken zu ersetzen. *Sie* sind diejenigen, die für Ordnung zu sorgen haben. Sagen Sie daher zu allem Unangenehmen: »Bewusst oder unbewusst habe ich genau diese Situation erzeugt oder jenen bestimmten Menschen in mein Leben gezogen, um besser zu verstehen, wie lieblos ich über mich selbst denke.«

Die häufigsten Überzeugungen, die wir von außen gespiegelt bekommen, sind: »Ich bin schwach, hilflos und ausgeliefert, wertlos, nicht gut genug«, »Glück, Freude und Erfolg gibt es nur für andere, nicht für mich«, »Ich bin unfähig, die Dinge positiv zu verändern«, »Immer passiert das mir« und Ähnliches. Und entsprechende Ereignisse dominieren dann unser Leben.

Was kann Spiegel in unserem Leben sein?

Personen

Was auch immer Ihnen an anderen nicht gefällt, Sie aufregt oder ärgert, ist eine Eigenschaft, die *Sie* haben und nicht wahrhaben wollen. Verurteilen Sie also »menschliche Spiegelbilder« nicht, sondern erkennen Sie die Botschaft.

Situationen

Jede unerwünschte Situation ist ein Spiegel Ihres Bewusstseins. Sie haben sie »erzeugt«, um sich immer besser kennenzulernen und alte Verletzungen aufzuspüren.

Schicksalsschlag

Wenn Sie ein solcher trifft und völlig aus der Bahn wirft, dann haben Sie sich das trotzdem »ausgedacht«, auch wenn der bewusste Verstand das natürlich empört von sich weisen würde. Dieser Schock war nötig, weil Ihre Seele möchte, dass Sie etwas erkennen, das Sie anders vielleicht nicht begriffen hätten. Sagen Sie: »Auf irgendeiner Ebene habe ich diese Situation geschaffen, um zu sehen, in welchen Bereichen ich noch zu wenig Liebe für mich empfinde. Habe ich eigene Bedürfnisse völlig vernachlässigt, mein persönliches Lebenstempo missachtet, meine innere Stimme ignoriert?«

Körper

Der Körper führt nur aus, was wir ihm kraft des Geistes anweisen. Grundlegende Überzeugungen sind in jeder Zelle unseres

Körpers gespeichert und regieren das Zusammenspiel sämtlicher Körperreaktionen. Egal, welches Symptom sich zeigt – es ist ein Spiegelbild Ihrer Gedanken über sich.

Haustier

Auch die Tiere spiegeln unseren seelischen und körperlichen Zustand. Sie nehmen die Energie ihres Besitzers auf und halten uns vor Augen, was wir in uns haben.

Auto

So seltsam es klingt – Sie können von der Verfassung Ihres Wagens Rückschlüsse auf Ihre Überzeugungen ziehen. Wenn das Benzin ausläuft oder der Starter streikt, findet sich all das analog auch in Ihrem Bewusstsein und gibt wertvolle Aufschlüsse zur Selbsterkenntnis.

Irgendwann hat jemand Sie veranlasst, über sich selbst, die Welt, Frauen, Männer, Erfolg, Glück oder Gesundheit lieblos zu denken. Und genau diese Einstellungen sehen Sie nun im Spiegel Ihres Lebens. Ein Spiegel ist aber nur einer Ihrer Gedanken, der sichtbar geworden ist. Wenn er unangenehm ist, fragen Sie sich, ob er wirklich noch zu Ihnen gehört.
Oder ob Sie ab jetzt bereit sind, die Kraft Ihres Geistes für inneren Frieden und Freude zu nutzen. Die Antwort werden Sie in den Spiegeln finden.

Die Schatten –
der »schwarze Teil der Seele«

Das Spiegelgesetz ist ein sehr gutes Instrument, um die eigenen Schatten – die ungeliebten Teile unserer Seele – zu erkennen. Auf dem Weg der Selbstliebe kommen Sie nämlich irgendwann zu dem Punkt, an dem Sie bereit sind, in Ihre »Abgründe« zu schauen. Dieser Prozess ist ein notwendiger Schritt, um die Frage zu beantworten: »Wer bin ich denn nun wirklich?« Haben Sie keine Angst davor. Wenn Sie Ihren Schatten entdeckt und sich mit ihm ausgesöhnt haben, werden Sie ein wunderbares Gefühl der Entlastung verspüren. Stellen Sie sich das Ganze so vor: Sie haben in Ihrem Keller einige Raubtiere eingesperrt, deren Existenz Sie vergessen haben. Von Zeit zu Zeit hören Sie ein fernes Grollen, kümmern sich aber nicht weiter darum. Wenn Sie nun nicht eines Tages in den Keller gehen und sich mit den lieben Tierchen anfreunden, werden diese eines Tages ihr Verlies verlassen. Und wenn Sie dann nach Hause kommen, haben sie nicht nur das Erdgeschoss verwüstet, sondern auch den ersten Stock und den Dachboden. Suchen Sie also beizeiten Ihr Kellergewölbe auf und nähern Sie sich dem »gefährlichen« Ort. Betrachten Sie die Löwen, Tiger, Leoparden und Panther zunächst von außen, bevor Sie dann die schon ewig versperrte Türe aufschließen. In dem Augenblick verlieren die großen Kätzchen jede Gefährlichkeit. Es kann sein, dass die erste Begegnung ein wenig turbulent verläuft, aber in Kürze werden Sie mit den Süßen Schmuseorgien veranstalten. Das Raubgetier wird zwar in Hinkunft Ihr Leben teilen, aber keinerlei Schaden mehr anrichten.

Tief in unserem Inneren gibt es einen geheimnisvollen Ort, den wir nicht kennen, der aber dennoch zu uns gehört – den »Schatten«. Dort befinden sich alle Charakterzüge, die wir ablehnen und daher verdrängen. Dieser abgespaltene Teil blockiert die Lebenskraft, behindert unsere Beziehungen und ist mitverantwortlich dafür, dass viele unserer Träume sich nicht erfüllen. Was ist der »Schatten«? Es sind die Teile unserer Persönlichkeit, die wir so verabscheuen, dass wir sie unbewusst verstecken und verleugnen. Der Schattenbereich enthält jene Aspekte, von denen wir glauben, dass sie nicht akzeptabel sind. Die Botschaft, die wir von dort bekommen, ist deutlich: »Es stimmt etwas nicht mit mir. Ich bin nicht in Ordnung. Ich bin nichts wert.« So sind wir ganz sicher, dass Schreckliches in unseren Tiefen verborgen liegt, und entscheiden instinktiv, niemals mehr nachzusehen. Wir haben Angst vor uns selbst und tragen von dem Zeitpunkt an eine Maske. Und die kann so perfekt sein, dass wir ihre Existenz völlig vergessen.

C. G. Jung war einer der ersten Wissenschaftler, der den dunklen Bereich entdeckte: »Der Schatten ist alles das, was du auch bist, aber auf keinen Fall sein willst.« Er ist wie ein langer Sack, den wir hinter uns herziehen. Bis zwanzig verbringen wir viel Zeit damit herauszufinden, welche Teile wir hineinstecken wollen, und den Rest unseres Lebens damit, genau diese wieder herauszuholen. Denn innere Heilung kann nur geschehen, wenn der Schatten durch das Licht verschwindet. Ihr ganzes Leben wird sich verändern, wenn Sie mit Ihrem Schatten Frieden schließen. Sie müssen nicht mehr so tun, als ob Sie jemand wären, der Sie nicht sind. Sie brauchen nicht mehr zu beweisen, dass Sie gut genug sind. Wenn Sie zu den Eigenschaften im Schattenbereich sagen können: »Ja, das bin ich auch«, dann haben Sie endlich die Freiheit, das Leben zu führen, das Sie sich immer gewünscht haben. Denn die Energie, die bisher zum Verdrängen nötig war, steht Ihnen nun zur Verfügung.

Wie entsteht dieser Schatten? Als Kind bewerten wir zunächst nicht, welcher Teil von uns gut oder schlecht ist. Aber dann lernen wir oft schmerzhaft, welche Verhaltensweisen auf Zustimmung oder Ablehnung stoßen. Um akzeptiert und geliebt zu werden, mussten wir unsere »schlechten« Eigenschaften ablegen oder sie zumindest verbergen. Später vergessen wir, dass so ein Vorgang jemals stattgefunden hat. Wir sind jetzt nur mehr »gut«. Jung meinte einmal: »Ich möchte lieber ganz sein als gut.« Aber wie viele von uns zeigen nie ihr wahres Gesicht, nur um gemocht zu werden?

Die Lehre von den Schatten besagt: In jedem von uns existieren neben den positiven auch *alle* negativen Eigenschaften – Gier, Neid, Rachsucht, Egozentrik, Faulheit, Schwäche, Feindseligkeit ... Es geht darum, sich mit allen Persönlichkeitsteilen auszusöhnen. Denn das, was in Ihnen nicht sein darf, lässt Sie nicht sein. Oder was Sie nicht in Besitz nehmen, besitzt Sie.

Das Ziel der Schattenarbeit heißt: Vergeben Sie sich selbst, dass Sie als Mensch unvollkommen sind. Jeder von uns liebt und hasst, ist gefällig und rücksichtslos, eingebildet und verständnisvoll. Unsere Aufgabe ist es, das zu erkennen und dann für jeden Aspekt Akzeptanz und Mitgefühl zu entwickeln. Nur wer sich selbst liebevoll annimmt, kann das auch bei anderen. Und wer andere streng verurteilt, tut das meist auch bei sich selbst.

Wirkliche Selbstliebe bedeutet, Licht *und* Schatten in sich zu sehen und beides positiv zu betrachten. Indem wir auch das als zu uns gehörend betrachten, was wir am meisten fürchten oder hassen, werden wir Meister unseres Lebens. Gandhi sagte: »Die einzigen wirklichen Teufel in der Welt sind jene, die in unserem Herzen herumlaufen. Hier muss die Schlacht geschlagen werden.«

Es sollten Menschen sein, die Sie wirklich gerne haben und Ihnen ehrlich Feedback geben. Überlegen Sie in Ruhe, ob die genannten Eigenschaften der Wahrheit entsprechen könnten, obwohl Sie sich das nie eingestanden haben. Sagen andere Dinge, die nur falsch sind, sind wir vielleicht verwundert, aber nicht gefühlsmäßig getroffen.

Jede starke emotionale Reaktion weist auf ein Schattenthema hin!

Co-Abhängigkeit –
die Sucht, gebraucht zu werden

Sind Sie ständig in die Probleme anderer verstrickt? Haben Sie das Gefühl, Sie müssten sich um einen Menschen kümmern, weil dieser sonst nicht zurechtkommt? Fühlen Sie sich schuldig, wenn Sie andere »vernachlässigen«, und gleichzeitig wütend, weil diese Ihre Bemühungen nicht richtig würdigen? Sind Sie dermaßen mit den Angelegenheiten Ihrer Mitmenschen beschäftigt, dass Sie keine Zeit mehr für sich selbst haben? Dann sind Sie sehr wahrscheinlich co-abhängig oder leiden am sogenannten »Helfersyndrom«.

Barbara erholte sich gerade von einer schweren Krebserkrankung, als ich sie kennenlernte. Sie hatte einen Mann geheiratet, den sie nicht wirklich liebte, weil ihr Vater dies wünschte. Er war alkoholkrank und geriet von einer Schwierigkeit in die nächste. Wegen der Alkoholsucht verlor er seine Arbeit, und sie sorgte nun – mit einem stressigen, aufwendigen Job – alleine für beide. In der Zeit pflegte sie auch ihren Vater, dem sie trotz allem Engagement nichts recht machen konnte. Schließlich erkrankte sie selbst an Krebs. Weder ihr Mann noch ihr Vater waren in der Lage, sie zu unterstützen, und so quälte sie sich ganz alleine durch eine schlimme Chemotherapie und große Ängste. In jener Zeit erkannte sie in der Therapie, dass sie ihr Leben lang immer nur für andere da gewesen war und ihre Bedürfnisse so unterdrückt hatte, dass sie nicht einmal wusste, worin diese genau bestanden. Nach einiger Zeit ging es ihr besser. Die Krankheit war überstanden, und sie erkämpfte sich sowohl bei ihrem Vater als auch bei ihrem Ehemann einen gewissen Freiraum. Schließlich ließ sie sich sogar unter großen Schwierigkeiten scheiden. Ihr Mann verkraftete die Trennung jedoch sehr schlecht, und nach kurzer Zeit war sie wieder damit beschäftigt, ihn vor den Folgen seines Alkoholismus zu schützen. Als er seine Wohnung verlor, nahm sie ihn selbstverständlich bei sich auf. Ihre Gedanken kreisten ununterbrochen darum, was er gerade tat, auf welche Art sie ihm eine neue Wohnung verschaffen könnte oder wie es ihm wohl ginge. Erneut gab sie ein Großteil ihres Gehaltes für ihn aus. Obwohl sie geschieden waren, fühlte Barbara sich verpflichtet, weiter für ihn zu sorgen. Sie litt an heftigen Schuldgefühlen, wenn sie auch nur den Gedanken fasste, ihn »im Stich« zu lassen. Nicht einmal die überstandene Krebserkrankung konnte sie von diesem Verhalten abhalten. Barbara ist co-abhängig.

Ein Co-Abhängiger ist jemand, der sich vom Verhalten eines anderen Schaden zufügen lässt und der davon besessen ist, das Verhalten dieses anderen zu kontrollieren. Dieser Mensch ist ein Liebhaber, der Ehegatte, ein Bruder, eine Schwester, ein Großelternteil, ein Elternteil, ein Klient oder ein guter Freund. Er kann alkoholkrank, drogensüchtig, depressiv, geistig oder körperlich krank sein oder völlig unfähig Gefühle zu spüren oder zuzulassen. In dem Bemühen, diesem Menschen beizustehen, verlieren Co-Abhängige langsam, aber sicher die Selbstachtung, nicht selten ihre Gesundheit und zuletzt sich selbst. Die Autorin Colette Dowling sagte über ein solches »Miteinander«: »Beziehungen sind wie ein Tanz, bei dem sich Energie zwischen den Partnern hin und her bewegt. Manche Beziehungen sind der langsame, dunkle Tanz des Todes.« Ich habe im Lauf der Jahre unzählige Klienten begleitet, die durch den Drang, einem anderen helfen zu müssen, fast zugrunde gingen. Es ist ein natürlicher Impuls, jemandem helfen zu wollen, der einem nahesteht. Wenn dieses Verhalten aber kein eigenes Leben mehr zulässt, dann ist es höchste Zeit, sich einzugestehen, dass man die Kontrolle verloren hat.

Co-Abhängige helfen allen – nur nicht sich selbst. Sie kümmern sich um jede Angelegenheit – nur nicht um ihre eigenen. Sie erfüllen in vorauseilendem Gehorsam sämtliche Bedürfnisse – nur nicht ihre. Das ist der sicherste Weg zu Erschöpfung, Depression, Burn-out-Syndrom, Angstzuständen und körperlichen Erkrankungen. Wenn Sie das betrifft: Halten Sie kurz inne und machen Sie sich klar, dass hier ein Vorgang im Gange ist, der nichts mit gesunder Hilfsbereitschaft zu tun hat, sondern mit höchst ungesunder Selbstzerstörung.

Tatsache ist: Sie werden *nicht* mehr geliebt, wenn Sie einen anderen in den Mittelpunkt Ihrer Aufmerksamkeit stellen, und Sie können sich nicht davor drücken, Ihr eigenes Leben zu gestalten. Denn irgendwann funktionieren die alten Muster nicht mehr. Der Umsorgte wendet sich trotz Ihres Engagements von Ihnen ab, oder Sie werden immer wütender, trauriger, erschöpfter oder schlichtweg krank. Dann zerbrechen die »Schutzwälle«, die Sie mit Hilfe der Co-Abhängigkeit zwischen sich und Ihrem Leben gebaut haben. Der Weg zur Heilung führt auch hier – wie immer – über die Selbstliebe.

Sich von Co-Abhängigkeit zu befreien kann ein Weg sein, auf dem Sie Unterstützung und Ermutigung brauchen. Es ist auch möglich, dass Sie Rückschläge erleiden, wenn Sie schon denken, dass Sie es fast geschafft haben. Das ist in Ordnung.

Sie werden merken, dass Sie auf dem Weg der Genesung sind, wenn Spaß wieder Spaß macht, Liebe wieder Liebe ist und das Leben wieder lebenswert.

Frauen und Männer

Es gibt eine Frage, die sich aus den verschiedensten Gründen immer wieder aufdrängt: Passen Frauen und Männer zusammen? Ich habe die Aussage des Bestsellerautors John Gray, dass die einen von der Venus kommen und die anderen vom Mars, eigentlich immer geglaubt. Aber was haben die Herren auf ihrem Planeten so getrieben, bevor wir uns dann auf der Erde zusammengetan haben? Ich vermute, dass sie in ihren Höhlen beim Fußball saßen (gab es damals schon Fernsehen?), beim Frühstück die Marszeitung verschlangen und ansonsten Bier tranken oder auf die Jagd gingen. Niemand hat sie mit »reden wir doch über uns« genervt, keiner wollte ständig, dass sie zuhören, und sie durften sofort einschlafen, wenn ihnen danach war. Vielleicht wurde nicht so gut gekocht, und sexmäßig waren sie unterversorgt, aber ansonsten war so weit alles in Ordnung. Wir auf der Venus sind in der Zwischenzeit zusammengesessen und haben uns unterhalten. Zugegeben, es waren auch leichte Themen wie Mode, Garten, Wohnen dabei, aber es ging auch um Tiefsinnigeres wie Gefühle, Wünsche und Sehnsüchte. Natürlich gab es hie und da Wortgefechte, aber danach waren wir wieder ganz lieb zueinander. Trotz dieser Harmonie hat jedoch offensichtlich sowohl den Marsianern als auch uns irgendetwas gefehlt. Darum haben wir seinerzeit die gute alte Erde ausgesucht, um es einmal miteinander zu versuchen. Aber seien wir ehrlich, Leute, irgendwie hat es in vielen Fällen bis jetzt nicht so richtig geklappt. Statistisch gesehen liegen auch in meiner Praxis die Partnerprobleme an erster Stelle, und privat erlebe ich bei mir und anderen auch so allerlei: »Warum

155

gerate ich immer wieder an Partner, die mich schlecht behandeln, nicht verfügbar sind oder mich verlassen?«, »Wieso werde ich immer ausgenutzt?«, »Warum habe ich nach einiger Zeit das Gefühl, es wird zu eng, und möchte flüchten?«, »Wieso finde ich niemanden?« Ich glaube, dass Beziehungen eine der größten Herausforderungen unserer Zeit sind. So werden wir zum Beispiel nirgendwo dermaßen mit ungeheilten Wunden aus der Vergangenheit konfrontiert wie in einer Partnerschaft. Denn niemand geht zufällig mit einem bestimmten Menschen eine Beziehung ein. Es ist viel mehr so, als ob die jeweils alten Muster wie ein Schlüssel-Schloss-Prinzip ineinandergreifen.

Nirgendwo bekommen wir auch das Ausmaß unserer Selbstliebe so unbestechlich gespiegelt: »Was kann er mir noch antun, bevor ich genug habe?«, »Mit wie wenig bin ich eigentlich zufrieden?« Als Sandra in meine Praxis kam, war sie völlig verzweifelt. Sie war mit einem Mann zusammen, der nur nach seinen Regeln spielte. Er rief an oder eben nicht, traf sie nach Lust und Laune und sagte Verabredungen kurzfristig oder gar nicht ab. Wenn das Treffen zustande kam (äußerst selten!), ging es hauptsächlich darum, dass sie ihm erklärte, wie sehr sie ihn brauche und liebe und dass er sich mehr um sie kümmern solle. Er reagierte gelangweilt oder wütend, und so schliefen sie auch schon lange Zeit nicht mehr miteinander. Sandra war zwar nervlich und körperlich völlig am Ende, aber dennoch nicht in der Lage, sich von ihm zu trennen. Als ihre Selbstliebe langsam stieg, wurde ihr klar, dass sie sich nicht mit Brotkrumen von seinem Tisch zufriedengeben musste. Sie verdiente einen Mann, der gerne mit ihr zusammen war und dem sie Zuwendung nicht abpressen musste. Schließlich wurde die »Flamme der Revolution« in ihr so stark, dass sie sich von ihm trennte.

Beziehungen sind ein wichtiges Lernfeld, um alte Verletzungen zu heilen und Aufschluss darüber zu erhalten, wie sehr wir uns selbst lieben. Aber es gibt auch viel zu lernen, wenn wir uns nach einer Partnerschaft sehnen und nicht einmal leise Anbahnungen in diese Richtung gelingen.

Es ist nicht »richtig«, eine Beziehung zu führen, und »falsch« es nicht zu tun. Aber finden Sie heraus, wie Sie Ihr Leben in diesem Moment wirklich gestalten wollen. Welche Bedingungen brauchen Sie, um sich wohlzufühlen? Wie viel Nähe, wie viel Distanz? Eine fixe Bindung wie die Ehe, ein Zusammenleben, eine feste Beziehung, aber getrennte Wohnsitze oder doch ein Single-Dasein? Welche Eigenschaften eines Partners sind für Sie unerlässlich, wo sind Sie bereit Kompromisse zu machen? Diese Fragen können Sie umso effizienter beantworten, je besser Sie sich selbst kennen.

Daher ist Selbstliebe auch die allerbeste Grundvoraussetzung für eine funktionierende Beziehung.

Immer der »Falsche«?

Viele Frauen geraten mit traumwandlerischer Sicherheit immer wieder in Beziehungen zu wahren Horrormännern. Ihr Leben ist dadurch geprägt von Verzweiflung, Hilflosigkeit und oft genug auch von der Unfähigkeit, sich aus einer solchen Situation zu befreien.

Susanne ist hübsch, gescheit und im besten Alter. Sie hat einen guten Job, ihren Hund »Bobbi« und eine liebevoll gepflegte Pflanzenpracht in einer kuscheligen Wohnung. Es gibt nur einen dunklen Punkt in Susannes Leben: ihre Männer. Hans war wirklich toll. Er sah gut aus, war supernett und bei jedem Spaß dabei. Das galt allerdings nicht für die Phasen, in denen er stockbetrunken war. In extremen Fällen zerstörte er das gute Geschirr und in nicht vorhersehbaren Einzelfällen auch Susannes Gesicht. Nach langen Monaten war Hans endlich irgendwie überstanden. Dann kam Peter – groß, durchtrainiert, blonde Gelfrisur. Sein Sportsgeist war so groß, dass er nur Fruchtsaft trank und außer den Boxsack nichts und niemanden schlug. Das war so beruhigend, dass Susanne einen kleinen Schönheitsfehler lange übersah: seine unbeherrschbare Schwäche für andere Frauen. Diesmal war ihr Gesicht vom Weinen verschwollen, wenn er sich außerhäuslich vergnügte und dabei nicht einmal besonders diskret vorging. Eines Tages war auch Peter Vergangenheit. Aber nur, weil er die Traumfrau kennenlernte und Susanne verließ. Als Paul in ihr Leben trat, war sie schon vorsichtig und checkte ihn auf möglichen Alkohol- oder Frauenkonsum. Sie wurde nicht fündig und der ganze Freundeskreis atmete auf. Diesmal schien wirklich alles gut zu laufen, und es wurden sogar Ehegerüchte laut. Bis zu dem Tag, an dem Paul erklärte, alles sei ihm »zu eng« und eine so fixe Bindung doch nicht seine Sache. Das war's. Susanne erlitt einen Zusammenbruch und konnte einfach nicht fassen, dass sie schon wieder so viel Pech hatte. Nicht näher eingehen möchte ich auf frühere Bindungen zu dem Spieler Klaus, Sexualverweigerer Martin und Ehemann Thomas (nicht ihrem!), die in Summe ähnlich katastrophal verliefen.

Die Geschichte von Susanne klingt vielleicht extrem, ist aber absolut kein Einzelfall. Für viele Frauen auf der ganzen Welt ist der Begriff »Liebe« so stark mit Schmerz und Leid verbunden, dass sie denken, es gehöre zum Wesen einer engen Bindung, Taschentücher aus praktischen Gründen nur in Großpackungen zu erwerben. Diese Frauen »lieben zu sehr«. Zu sehr lieben bedeutet nicht für jemand anderen tief zu empfinden.

Es bedeutet:

- sich für einen Menschen bis zur Selbstaufgabe zu verzehren,
- diese Besessenheit mit Liebe gleichzusetzen,
- zu erkennen, dass sich dies auf Psyche und Körper negativ auswirkt, und
- trotzdem nicht loslassen zu können. Es bedeutet den Grad der Liebe zu einem anderen Menschen am Grad der damit verbundenen Qualen zu messen.

Die Psychotherapeutin Robin Norwood schreibt in ihrem berühmten Bestseller: »Wenn Frauen zu sehr lieben«: »Wenn er sich uns gegenüber launisch, gereizt oder gleichgültig verhält oder uns sogar demütigt und wir dieses Verhalten mit seiner unglücklichen Kindheit entschuldigen, dann lieben wir zu sehr. Wenn wir ein Selbsthilfebuch lesen und die Stellen unterstreichen, von denen wir glauben, dass sie *ihm* helfen können, dann lieben wir zu sehr. Wenn wir viele seiner Charakterzüge, Einstellungen und Verhaltensweisen ablehnen, sie aber in dem Glauben hinnehmen, dass er sich uns zuliebe ändern wird, dann lieben wir zu sehr. Wenn die Beziehung zu einem Partner unser seelisches oder körperliches Wohlergehen gefährdet und wir ihn nicht verlassen, dann lieben wir zu sehr.«

Wenn Sie zu den Frauen zählen, die sich auf rätselhafte Weise immer wieder in Beziehungen finden, die vorsichtig formuliert unerquicklich sind, liegt die Lösung des Problems nicht bei den Männern, sondern in Ihnen. Susanne: »Irgendwie hörte ich auf, ein eigenes Leben zu leben. Ich war so verstrickt in seine Probleme, dass ich keine Zeit und Energie hatte, meine eigenen zu erkennen und gar zu lösen. Ich fühlte mich als Opfer, verlor jegliche Selbstachtung und wusste nicht einmal, wie das geschehen war. Manchmal hatte ich das Gefühl, verrückt zu werden. Und ich dachte: Das ist alles nur seine Schuld. Wenn er mich besser behandeln würde, hätte ich keine Probleme.« Auch hier heißt der Weg zur Heilung: Liebe dich selbst. So zeigt eine Frau, die von der Sucht nach Katastrophen genesen ist, folgende Verhaltensweisen:

1. Sie schätzt sich selbst in jeder Hinsicht: Persönlichkeit, Aussehen, Leistungen, Wertvorstellungen.
2. Sie fragt sich: »Ist diese Beziehung gut für mich? Ermöglicht sie es mir, weiterzuwachsen und meine Persönlichkeit voll zu entfalten?«
3. Wenn ein Mann ihr schadet, ist sie fähig, ihn aufzugeben, ohne durch Depression gänzlich handlungsunfähig zu werden. Sie hat auch Freundschaften gepflegt, die Krisen überstehen helfen.
4. Ihre Gelassenheit schätzt sie mehr als alles andere. Kämpfe, Dramen und das Chaos der Vergangenheit haben ihren Reiz für sie verloren. Sie schützt Gesundheit und Wohlbefinden.
5. Sie weiß, dass eine erfüllende Beziehung nur zwischen Partnern bestehen kann, von denen jeder zu echter Nähe fähig ist. Sie wird daher bereits in einem frühen Bekanntschaftsstadium auf Verhaltensweisen und Einstellungen von ihm achten, die auf das Gegenteil schließen lassen, aber auch ihrer eigenen Näheangst Beachtung schenken.
6. Sie ist in der Lage, alleine zu leben, und nutzt diese Zeit, um sich selbst noch besser kennenzulernen. So kann sie herausfinden, welche Lebensform für sie die richtige ist.
7. *Sie weiß, dass sie es wert ist, alles zu bekommen, was das Leben zu bieten hat.*

Liebe ist *nicht* gleichbedeutend mit Leid, obwohl viele von uns das glauben. Das Maß der Liebe an dem des Leides zu messen ist zerstörerisch. Ein alter Spruch sagt: »Liebe macht die Wangen rot.« Erzeugt sie hingegen über weite Strecken Kummerfalten, geschwollene Augen und Dauerfrust, sollten Sie mit einer ehrlichen Innenschau beginnen, um herauszufinden, warum Sie sich das antun. Vielleicht ist es nötig, alte Wunden zu heilen oder verdrängte Kindheitsschmerzen endlich zu bewältigen.

Wichtig: Andere Menschen können zweifellos zu unserem Glück beitragen, wirklicher innerer Friede kommt aber nur aus dem eigenen Herzen.

Liebe als spiritueller Weg

Wo bist du, der fühlt, was ich erlitt?
Der denkt, was ich dachte,
der erkennt, was ich erkannte?
Wo bist du, Bruder meiner Seele?
In tiefer Einsamkeit gehe ich meinen Weg. Selbst Menschen,
die mir an sich nahe sind, sind mir in Wirklichkeit fern.
Niemand der begreift, erkennt, versteht.
Ich glaube immer noch, dass es dich gibt.
Für dich Bruder, Freund, Geliebter will ich schreiben.
Und wenn wir uns erst in jenen Tälern des Nebels begegnen,
die einer anderen Welt angehören.
Dort werden wir aufeinander zugehen und uns endlich, endlich wiederfinden.
Mein Herz sehnt sich nach dir, mein Geliebter.
Wo sind die Tage, als wir im himmlischen Tanz vereint durch die Lüfte flogen?

Einer Sonne entgegen, die nicht brannte, sondern unsere See-
len wärmte und heilte.
Wie liebten wir uns und hatten geschworen, uns niemals
mehr zu trennen.
Die Zeit verlangte ihr Opfer, und seither gehe ich allein.
Das innige Sehnen in mir, mein Geliebter, gilt dir.
Wann kommst du?
Wann werden wir uns in jenem Tanze wiederfinden, der nie-
mals endet?
Wie siehst du jetzt aus, Bruder meiner Seele?
Nur fern ist meine Erinnerung an dein Bild. Wenn wir uns
wieder treffen, werde ich dich an deinen Augen erkennen. An
der Tiefe des Blicks, deiner Liebe, deiner Sorge um mich, die
ich so lange Zeit ohne dich verbringen musste.
Wir haben versprochen uns wiederzufinden, mein Liebster,
wenn Zeit und Raum es uns gestatten.
Und immer wieder frage ich: Wann kommst du?
Der Auftrag war: Frieden finden ohne dich.
Das Rad des Lernens, das uns alle weitertreibt, schrieb mir
vor: Viel zu lange hast du mit ihm in Geborgenheit gelebt –
jetzt heißt das Ziel: Beruhige dein Herz, erstarke, wachse,
ohne ihn.
Wenn deine Aufgabe erfüllt ist, wirst du ihn wiederfinden.

Ganz offensichtlich war ich schon vor langer Zeit, als diese Zeilen entstanden, ein recht aufgewecktes Ding, das sich nach dem
Seelenpartner sehnte – jener geheimnisvollen zweiten Hälfte,
die uns angeblich von Anbeginn der Zeiten an bestimmt ist
und mit der wir – dieser Lehre nach – schon einige Leben verbracht haben. Und scheinbar hatte ich schon damals kapiert,
dass einem dieser Mann nicht so ohne weiteres in den Schoß
fällt, sondern man sich dafür irgendwie plagen muss.

Hand aufs Herz, was meinen Sie genau, wenn Sie sagen: »Ich liebe dich«? Könnte das neben dem Ausdruck einer gewissen Zärtlichkeit (hoffentlich!) auch bedeuten: »Ich brauche dich, damit du für mich sorgst, ich mich mit den Kindern nicht solo plagen muss, regelmäßig Sex stattfindet, niemand mich Single nennt und ich verdammt noch mal nicht alleine bin? Und verlass mich nicht, sonst sterbe ich.«

Was viele Menschen »Liebe« nennen, ist ein Gemisch von Ängsten, Bedürfnissen, Erwartungen, Besitzansprüchen und gegenseitiger Abhängigkeit. Natürlich gibt es auch Augenblicke von tiefer Verbundenheit und Glück, aber trotz allem ist die Realität in den meisten Partnerschaften mehr von einem Nebeneinander geprägt als von einem Miteinander.

Wer hatte nicht auch schon die Vorstellung von romantischer Liebe, in der das Paar in einen rotglühenden Sonnenuntergang reitet, hinein in immer währendes Glück? Kein Mensch will wissen, was geschieht, wenn Held X Heldin Y in seine starken Arme genommen hat und das Wort »Ende« anzeigt, dass es Zeit ist, den Kinosaal zu verlassen. Irgendwo zwischen diesem verlockenden Sonnenuntergangsklischee und dem »Ich brauche dich, weil ...« liegt das Mysterium einer tiefen, echten Partnerschaft.

Was bedeutet es nun, eine spirituelle Beziehung zu führen?

Entgegen dem Eindruck, den das Wort »spirituell« vielleicht hinterlassen könnte, heißt es *nicht*, ab nun ausschließlich in einem Kloster zu beten und jede sexuelle Aktivität als Teufelswerk abzulehnen. Es bedeutet vielmehr, dass mir und meinem Partner bewusst ist: »Ich bin aus einem ganz bestimmten Grund mit genau dem Menschen zusammen. Wir beide haben wichtige Dinge aneinander zu lernen und es ist der Sinn der Partnerschaft, dass aus jedem mehr wird und nicht weniger. Dieser Prozess kann atemberaubend schön und abgrundtief erschreckend sein. Aber jeder von uns ist aus tiefstem Herzen bemüht, sein Bestes zu tun.« Die Frage lautet nicht: »Was bekomme ich?«, sondern »Was kann ich hier lernen?« Teil des Lernprozesses kann aber auch sein, zur rechten Zeit zu gehen, wenn die Probleme nicht mehr dem Wachstum dienen, sondern kaputtmachen.

Der Weg zu einer tiefen Erfüllung führt oft durch dunkle Täler des Schmerzes, die gerade eine engagierte Beziehung auslösen kann. Die Autorin und spirituelle Lehrerin Marianne Williamson schreibt in ihrem Buch »Verzauberte Liebe«: »Wirkliche Liebe ist tröstlich und beruhigend, aber meist nicht von Anfang an. Wir müssen zuerst den Panzer durchbrechen, der unser eigenes Herz verbirgt. Es kann Zeiten der Tränen benötigen, um die harte Schale zum Schmelzen zu bringen, die unser zartes Innerstes umgibt – Tränen um jeden vergangenen Schmerz, Verlust oder demütigenden Misserfolg, der durch die Beziehung an die Oberfläche kommt. Menschen, die diese Tränen zulassen, sind keine Versager, sondern wahrhaft mutig. Denn: Zuerst kommt der Schmerz und dann die Kraft. Zuerst bricht das Herz und dann erhebt es sich.«

Kann es wirklich der Sinn einer Liebesbeziehung sein, alte Wunden aufbrechen zu lassen? Eigenartigerweise ja. Wir müssen die Wunden sichtbar machen, sie *fühlen*, damit sie heilen können. Nur ein Mensch, der uns wirklich nahekommt, kann das bewirken. Marianne Williamson: »Das Licht der Liebe ist dazu bestimmt, auf die unheimlichen, schmerzenden Aspekte unserer Seele zu scheinen, auf jedes Stück früherer Zerbrochenheit, die unter den Felsen in unserem Herz verborgen liegt. Aber in diesem felsigen Grab liegt auch unsere Energie, Leidenschaft und Lebenskraft. Anscheinend tot, aber doch nur schlafend. Die echte Liebe wird den Felsen wegschieben und unser Herz befreien.« Kein wirklich Liebender kommt darum herum, sich auf tiefster Ebene mit der eigenen Seele zu konfrontieren. So können viele Gefühle an die Oberfläche kommen, die wir ein Leben lang verdrängt haben: Angst und Panik, Wut, Hass, Eifersucht, Groll oder eine immense Traurigkeit. Denn wer sich für die Liebe öffnet, öffnet sich auch für den Schmerz.

Ist das der Grund, warum viele Menschen zwar behaupten, sie suchen die Liebe, aber gleichzeitig solche Angst davor haben? Jeder von uns wurde in irgendeiner Form verletzt. Vielleicht haben wir als Kind nicht das bekommen, was wir so dringend gebraucht hätten, wurden misshandelt, später unter Umständen betrogen, verlassen und hintergangen. Irgendwann hat sich dann im Unterbewusstsein die Überzeugung festgesetzt: Die enge Beziehung zu einem geliebten Menschen = Schmerz = Vernichtung. In der Folge versuchen wir nun instinktiv, Personen und Situationen aus dem Weg zu gehen, die uns an vergangenes Leid erinnern. Das macht aus unserem Leben eine Mischung aus Flucht, Verweigerung und Eiertanz. »Liebesbeziehungen« sind dann Affären, kurz und bündig oder durch eine Partnerwahl gekennzeichnet, die echte Nähe von vornherein ausschließt. Damit verweigern wir uns selbst alles, was das Leben mit Zauber füllt: Wärme, Geborgenheit und tiefe Zuneigung. Wenn Sie sich hingegen auf eine wirkliche Liebesbeziehung einlassen, blicken Sie plötzlich genau der Erfahrung ins Gesicht, wegen der Sie sich vor langer Zeit der Liebe verschlossen haben. Jetzt nicht zu fliehen bedeutet eine echte Chance.

Es ist, als ob Amors Pfeil sagen würde: »Bleib stehen. Hier gibt es etwas zu lernen, zu lehren und zu heilen.« Der ewige Kreislauf von Angst – Schmerz – Flucht, den wir vielleicht schon ein ganzes Leben lang praktizieren, ist zu Ende. Wir haben die Möglichkeit, die schrecklichen Schmerzen zwar noch einmal zu spüren, sie diesmal aber anders zu bewältigen und dann für immer loszulassen.

Welche Voraussetzungen benötigt eine spirituelle Partnerschaft?

- Ehrliches Engagement beider Partner.
  Das bedeutet, dass jeder aus tiefstem Herzen »ja« sagt und sein Bestes tut – für sich, den anderen und die Beziehung.
- Die Verschlossenheit des eigenen Herzens und die mögliche Angst vor Nähe eingestehen und die Geschichte bewusst machen, die dazugehört. Das entsprechende Gefühl *fühlen* und den tiefen ehrlichen Wunsch, sich der Liebe (wieder!) zu öffnen.
- Warten Sie nicht auf *den* Seelenpartner.
  Jeder Partner ist eine Lernchance: Wer bin ich, was will ich und was will ich nicht. Laufen Sie nicht sofort davon, wenn die Dinge schwierig werden, aber bleiben Sie sensibel, ob hier wirklich ein Lernprozess abläuft, der durchgestanden werden sollte, oder ob es sich um einen Schrecken ohne Ende handelt. Nicht jede Beziehung ist dauerhaft und der Lernschritt kann auch bedeuten, zu einer destruktiven Erfahrung »nein« zu sagen. Spirituelle Partnerschaft bedeutet nicht, in krankmachenden Situationen zu verharren. Aber einen Menschen abzulehnen, weil er nicht 100 % der Idealvorstellung entspricht, heißt vielleicht, eine wichtige Erfahrung auszuklammern.
- Durchschauen Sie Projektionen als eigenen »Schatten«.
  Wir neigen dazu, verdrängtes Material auf den Partner zu projizieren und ihn dann genau dafür zu beschuldigen. Was immer uns an ihm aufregt oder stört, ist auch unser Thema.

Liebe kann ein riesiger Berg sein, ein tosender Sturm, eine kühle Brise, ein entspannendes Bad. Aber in ihrer Nähe ist immer Feuer, das alles verbrennt, was Ihnen nicht mehr entspricht.

»Ich finde niemanden« – die inneren Blockaden auf dem Weg zur Liebe

Wünschen Sie sich von ganzem Herzen eine Beziehung, und weit und breit ist kein geeigneter Partner in Sicht? Lernen Sie zwar jemanden kennen, aber nach kurzer Zeit stellt sich heraus, dass es wieder nicht »das Richtige« war? Haben Sie oft ein Date und hören dann nie wieder etwas von der anderen Person? Wenn Sie das betrifft, sind Sie auf einer tiefen Ebene nicht wirklich bereit, eine Beziehung einzugehen. Ich kann Ihren Protestschrei richtiggehend hören, weil ich ihn selbst einmal ausgestoßen habe, als ich das erste Mal von diesen Zusammenhängen erfuhr. Daphne Rose Kingma in »Ich öffne mich der Liebe«: »Wir glauben häufig, dass die Suche nach Liebe darin besteht, Kontaktanzeigen zu beantworten, Single-Bars aufzusuchen oder Heiratsvermittlungen in Anspruch zu nehmen. Diese Dinge haben natürlich ihre Berechtigung, aber die wichtigste Vorbereitung findet im Inneren statt. Wahre Liebe wird nicht aufgrund äußerer Aktivität zu Ihnen kommen, sondern weil Sie die psychischen und spirituellen Blockaden überwunden haben, die Sie bisher verhindert haben. Obwohl es die meisten nicht wissen, stehen bei der Suche nach Liebe die inneren Schranken weit mehr im Weg als die äußeren Umstände.« Wenn Sie also »unfreiwillig« allein sind und nicht verstehen können, warum gerade Sie niemanden finden, ist es notwendig, eine Reihe von Schritten zu machen. Manche sind psychologischer Natur und heilen alte Wunden, andere werden Sie mit der spirituellen Dimension Ihres Lebens vertraut machen. Den Weg für die Liebe freizumachen, erfordert nicht nur eine Korrektur unserer üblichen Verhaltensweisen, sondern auch vieler geistiger Einstellungen, an denen wir – oft unbewusst – festhalten.

Machen Sie anhand der folgenden Gedanken einen persönlichen Check:

Glaube

Der Glaube ist die Überzeugung, dass alles, was Sie sich wünschen, irgendwann, irgendwo und irgendwie wahr werden wird. Glauben Sie also daran, dass Ihre Liebe auf Sie wartet. Dieser Glaube ist mehr als nur ein vages, undefinierbares Gefühl, sondern die Überzeugung, dass es den Menschen Ihrer Träume irgendwo da draußen wirklich gibt. Auf diesem Weg wird es vielleicht zunächst zu Enttäuschungen kommen. Sie werden Menschen begegnen, die nicht zu Ihnen passen oder letztendlich doch nicht die große Liebe Ihres Lebens sind.

Geben Sie dann nicht auf, sondern sagen Sie sich: »Aha, das war immerhin ein erster Schritt in die richtige Richtung.« Vermeintlich falsche Menschen sind immer eine kleine Prüfung, um Ihre Entschlossenheit zu stärken. Es ist natürlich verlockend, bei so einer Gelegenheit zu sagen: »Er war wieder nicht der Richtige. Das beweist, dass es für mich keine Liebe gibt.« Vermeintliche Fehlschläge sollten Sie also nicht als Hindernisse auf dem Weg zur Liebe ansehen, sondern als Chance, Ihre Selbstliebe und Ihre Beziehungsfähigkeit zu stärken.

Öffnen Sie Ihr Herz für die Liebe

Wer bis in die tiefste Faser seines Wesens Liebe erleben will, muss sich dafür öffnen. Es genügt nicht zu sagen: »Nun ja, Liebe ist schon eine recht tolle Angelegenheit und wenn jemand

Gescheiter daherkäme, würde ich schon darüber nachdenken, mich zu verlieben.« Sein Herz für die Liebe öffnen bedeutet, dies zu tun, unabhängig davon, wie oft Sie schon verletzt worden sind. Ohne ein offenes Herz gibt es nämlich keine Liebe. Und wenn Sie wild entschlossen sind, Ihr Herz verschlossen zu halten, kann selbst ein emotionales Erdbeben es nicht öffnen.

Finden Sie heraus, warum Ihnen die Liebe bisher versagt blieb

Auch wenn Sie immer wiederholen: »Ich möchte mich unbedingt verlieben. Ich bin bereit dazu. Warum kommt nicht endlich jemand und nimmt mich mit in den siebenten Himmel?«, sind trotzdem unbewusste Kräfte am Werk, die genau das verhindern.

Diese Kräfte können sein:

1. Ambivalenz, d.h., Sie wünschen sich zwar eine Beziehung, haben gleichzeitig aber auch große Angst davor. Ist das der Fall, werden Sie jedes Näherkommen unbewusst blockieren.

2. Müssen Sie gerade jetzt allein sein? Eine Beziehung benötigt Energie, um sich emotional, geistig, sexuell und spirituell auf einen anderen einzulassen. Und es kann viele Gründe geben, warum Sie zum momentanen Zeitpunkt nicht über so viel Kraft verfügen. Diese Gründe können sein: stressige berufliche Situation, eine Zeit der Rekonvaleszenz, Krankheit ...

3. Haben Sie Mauern um sich errichtet, weil Sie die Schmerzen einer vergangenen Beziehung noch nicht überwunden haben? Solange die Wunden, die Ihr Herz gebrochen haben, nicht heilen, werden Sie nicht wieder wirklich lieben können.

4. Übergroße Verlustangst. Jeder, der liebt, muss auch damit rechnen, den geliebten Menschen zu verlieren. Wir können im Angesicht dieser großen Angst nur lieben, wenn selbst die Vorstellung dieses Verlustes nicht groß genug ist, um uns davon abzuhalten, ganz in die Liebe einzutauchen. Denn es ist besser zu lieben und zu verlieren, als nie zu lieben.

Vertrauen Sie der Weisheit Ihrer Seele

Es mag so aussehen, als ob die Liebe niemals kommen würde, aber Sie können darauf vertrauen, dass das Warten einen guten Grund hat. Die Seele als weise Instanz in uns weiß, wann der Zeitpunkt für Ihre nächste Beziehung gekommen ist. Sie können nicht wissen, welche Vorbereitungszeit noch nötig ist, bis alte Schmerzen bewältigt, schädigende Einstellungen korrigiert oder Verhaltensweisen geändert sind.

Wenn Sie der Weisheit Ihrer Seele vertrauen, werden Sie geduldig warten können, statt verzweifelt zu sein und die Hoffnung zu verlieren.

Versöhnen Sie sich mit dem Ort, an dem Sie gerade stehen

An welcher emotionalen oder spirituellen Position Sie sich auch gerade befinden – auf diesen Platz sind Sie als Konsequenz aller Erfahrungen und Menschen gelangt, die bisher auf positive oder negative Weise auf Sie eingewirkt haben. Sehen Sie diesen Zeitpunkt nicht nur unter dem Aspekt Ihrer Bereitschaft zur Liebe, sondern nutzen Sie ihn auch, um sich selbst ganz anzunehmen und sich mit Akzeptanz, Mitgefühl und Liebe zu umarmen. Welche Schmerzen Sie auch erlitten haben, welche »Schwächen« Sie auch haben mögen – Sie haben es verdient, von einem anderen geliebt zu werden. *Wichtig:* Wie sehr Sie sich selbst lieben zeigt, wie viel Liebe Sie von einem anderen Menschen annehmen können!

Definieren Sie *Ihre* Grundvoraussetzung der Liebe

Was ist »das Eine«, das der Mensch, nach dem Sie suchen, unbedingt haben sollte? Daphne bezeichnet das als »conditio sine qua non«, die »Bedingung, ohne die es nicht geht«. Jeder von uns hat etwas, worauf er nicht verzichten kann, wenn er eine Beziehung führen will, die erfüllend ist. Das kann sein: dass der Partner fähig ist, zu seinen Gefühlen zu stehen, dass er bereit ist zu kommunizieren, an Gott glaubt, Sex für ihn wichtig ist ... Diese »Bedingung« ist die Grundlage jeder guten Beziehung, weil sie darüber entscheidet, ob sie erblüht oder verwelkt. Sie repräsentiert die wichtigsten Werte für beide Partner, die geteilt werden müssen, wenn sie Bestand haben soll. Sie ist auch deshalb so wichtig, weil Ihnen ein Mensch niemals alles geben kann, was Sie sich erhoffen. Ist aber diese eine Bedingung nicht erfüllt, werden Sie immer das Gefühl haben, zu kurz zu kommen oder auf der Strecke zu bleiben.

Werden Sie allerdings sich selbst gegenüber wachsam, wenn Ihre »Bedingung« so lautet: Sie muss rote Haare haben, er darf nicht kleiner als 190 cm sein, er oder sie sollte ein bestimmtes Auto haben usw. Das kann bedeuten, dass Sie in Wahrheit eine echte, warme Beziehung blockieren und hat nichts mit dem Teilen von Wertvorstellungen zu tun.

Was kann die Liebe,
und was kann sie nicht?

Liebe kann Ihnen ein Rendezvous verschaffen, einen Menschen, dem Sie erzählen können, was heute passiert ist, jemanden, der das Gefühl vertreibt, Sie wären ganz alleine auf der Welt, sowie Kuscheln und Sexualität. Aber sie wird nicht alle Ihre Probleme lösen. Sie kann nicht alle Verletzungen, die Sie als Kind erlitten haben, ungeschehen machen oder die perfekte Mutter oder den vollkommenen Vater spielen, die Sie niemals hatten. Und sie kann auch nicht alle Ängste im Hinblick auf Ihren weiteren Lebensweg zum Verschwinden bringen. Leider sind das aber genau die Dinge, die wir uns meist von einer Beziehung erhoffen. Wir erwarten, dass sie jede Kränkung, die wir jemals erlitten haben, wiedergutmacht und dass sie uns von all unseren Ängsten befreien wird. Liebe bedeutet niemals, Verantwortung für das eigene Leben und Glück an einen anderen abzugeben.

Wenn Sie das versuchen, taucht die Liebe nicht auf. Es ist dann beinahe so, als ob die anderen spüren würden, dass Sie unangemessene Forderungen stellen, und daher entweder gar nicht in Ihre Nähe kommen oder bald wieder flüchten. *Sie können sich nicht davor drücken, Ihr eigenes Glück in die Hand zu nehmen.* Ich hatte immer diesen Traum vom Prinzen auf seinem Pferd, der eines Tages erscheint und mich aus all meinem Leid erlöst. Ich *wusste*, dass das so nie geschehen würde, aber die Hoffnung, dass er doch kommen würde, war trotzdem da. Ich müsste nur hübsch genug, schlank genug, nett genug sein, dann würde das diesen Mann herbeizaubern. War er erst in meinem Leben, würden Panik, Depression und mangelnde Selbstliebe schnell verschwinden. Das hat für mich nicht funktioniert und wird auch für Sie nicht funktionieren. Glauben Sie mir: Eine Beziehung gibt Ihnen immer genau das, was Sie für Ihr Wachstum *wirklich* brauchen, und nicht die Dinge, die Sie zu brauchen meinen.

Nutze die partnerlose Zeit – Alleinsein ist eine Chance

Keiner von uns lernt, wie man relativ gut mit dem Alleinsein fertig werden kann. So hatte ich immer wieder Phasen, in denen mich die Einsamkeit fast erdrückte. Warum schien jeder irgendwo seinem »Deckel« zu begegnen, nur ich nicht? War es mein Schicksal, entweder Beziehungen zu führen, die scheiterten, oder vielleicht niemals »meinen« Mann zu finden? Auch das Verlangen nach Zärtlichkeit war riesengroß. Ich sehnte mich nicht nur nach seelischem Verstehen, sondern auch nach Gestreicheltwerden und Sexualität.

Heute bin ich der festen Überzeugung, dass es für die Weiterentwicklung unerlässlich ist, auch solche Zeiten anzunehmen und nicht panisch davor zu fliehen. Stellen Sie sich die ehrliche Frage: »Was tu ich oder tue ich nicht, nur um nicht alleine sein zu müssen?« Meine Klientin Nora sagte: »Für mich ist ganz wichtig, dass ich beim Aufwachen einen Männerkopf auf meinem Kopfpolster sehe. Dafür würde ich nahezu alles tun.« Natürlich hat auch diese Einstellung ihre Ursache, aber zu innerem Frieden und echtem Glück führt sie wohl nicht. Die Frage, die jede Frau in diesem Zusammenhang für sich beantworten muss, lautet: »Ist wirklich irgendeiner besser als keiner?«

Ich weiß, dass die Auffassung »alles, nur um Gottes willen nicht allein« weit verbreitet ist. Für viele Frauen ist es immer noch erstrebenswerter, eine männliche Person in Wohnung, Bett und Leben zu haben, als »mannlos« zu sein. Fast täglich höre ich Geschichten von Frauen, die ausgenutzt, gedemütigt, betrogen, hintergangen oder klein gemacht werden. Sie durchleben wahre Horrorszenarien und sind trotzdem nicht in der Lage, sich von einem bestimmten Mann zu lösen. Und alle sagen: »Ich kann nicht allein sein, ich kann es einfach nicht.« Für sie ist die Vorstellung, ohne Partner zu leben, wie nicht existieren, langsam sterben oder im völligen gesellschaftlichen Abseits stehen.

Wenn Sie beginnen, sich mehr zu lieben, ist »irgendeiner« *nicht* mehr besser als keiner. Denn Sie haben zu sich selbst gefunden und wissen nun, was Sie wirklich brauchen. Niemand kann Sie mehr benutzen oder auf Ihnen herumtrampeln, weil Sie gelernt haben, vernünftige Grenzen zu ziehen. Sie sind zwar kompromissfähig, zahlen aber nicht mehr jeden Preis, damit »er« Sie nur nicht verlässt. Und Sie erinnern sich, dass Sie etwas wirklich Gutes verdienen.

Was können Sie tun, um aus einer Zeit des Alleinseins eine wertvolle Erfahrung zu machen? Aufgrund meiner eigenen Erlebnisse und denen von Menschen, die zur Beratung kommen, habe ich ein 3-Schritte-Programm entwickelt:

1. Schritt: Selbstmanagement

Das heißt: »Ich kann zwar nicht der Manager des ganzen Universums sein, aber sehr wohl mein eigener. Ich kümmere mich ab jetzt um alle meine Angelegenheiten so, wie Fachleute das tun würden, die ich dafür bezahle.« Bevor Sie mit Ihrer Managertätigkeit beginnen, ist es hilfreich, sich mit zwei Wahrheiten auseinanderzusetzen.

1. Die wichtigste Liebesbeziehung ist die zu uns selbst. Denken Sie nicht: »Wenn es mir gelingt, jemanden zu finden, der

mich mag, werde ich endlich glücklich sein.« Andere können dazu beitragen, dass wir uns besser fühlen, aber wir sollten immer versuchen, unser Leben unter Kontrolle zu bringen. In Schlagern und Liebesfilmen heißt es zwar sinngemäß: »Bis ich *dir* begegnet bin, war ich niemand«, aber im wirklichen Leben ist diese Situation äußerst ungesund. Sie sind jemand, auch wenn Sie alleine sind.

2. Einsamkeit kommt von innen und muss auch von dort aufgelöst werden. Sie ist keine Strafe, sondern der Zeitpunkt im Leben, zu dem man sich selbst begegnet.

2. Schritt: Hilfsangebote nutzen

Wenn Sie es alleine nicht schaffen, suchen Sie therapeutische Hilfe. Wenn es einmal akut ganz schlimm ist, können Sie die Telefonseelsorge anrufen. In größeren Städten stehen auch Kriseninterventionszentren zur Verfügung.

3. Schritt: Handeln

Jeder kleine Schritt ist ein Erfolg. Sie können eine Zeitlang am Fenster stehen und weinen, aber nicht ewig. Treten Sie einem Verein bei, treiben Sie Sport (Fitnesscenter), besuchen Sie Veranstaltungen oder Single-Kurse für Salsa. Seien Sie mutig genug, eine Anzeige aufzugeben oder zu beantworten. Eine Kollegin von mir hat so einen Mann gefunden, mit dem sie jetzt bereits das dritte Kind hat. Auch soziale Arbeit kann sehr befriedigend sein. Alte Menschen, Kranke oder Tiere freuen sich über Zuwendung.

Wichtig: Fixieren Sie sich bei Ihren Kontaktversuchen nicht auf eine Partnerschaft. Vertrauen Sie darauf, dass der richtige

Mensch kommt, und nehmen Sie Gelegenheiten wahr, die gute Laune versprechen. Auch in Einsamkeitsphasen kann man Spaß haben. Gehen Sie es auf jeden Fall langsam an. Andere merken sehr schnell, wenn Sie aus einer Notlage heraus verzweifelt Kontakt suchen, und distanzieren sich.

»Singlezeit« ist eine wertvolle Chance, sich klar zu werden, was man wirklich will. Nutzen Sie diese Phase, um zu experimentieren und für ein kleines Risiko – auf der Straße singen, Blumen ins Haar stecken, einen fremden Menschen ansprechen. Das befreit. S. Kierkegaard sagte einmal: »Riskieren bedeutet, eine Weile den Boden unter den Füßen zu verlieren. Nichts zu riskieren bedeutet, das ganze Leben zu verlieren.«

»Ich lieb dich nur, wenn du's nicht tust« – die Angst vor Nähe

Verlieben Sie sich immer wieder in Partner, die in irgendeiner Weise nicht zu haben, suchtkrank oder ewig unschlüssig sind? Fühlen Sie sich häufig »eingeengt«, »kontrolliert« oder »gewürgt« und finden dann tausend Gründe zur Flucht?

In *beiden* Fällen leiden Sie an Furcht vor einer Bindung.

Ich wage eine kühne Aussage, die in der Dramatik nirgendwo dokumentiert ist: Diese komische Angst betrifft in unterschiedlichen Ausprägungsgraden mehr Menschen, als Sie vielleicht denken, nämlich so ca. 90 %. Die beeindruckend hohe Zahl stützt sich auf keine hochwissenschaftliche Studie (die es für die tausend Gesichter der Näheangst nicht gibt!), sondern auf meine langjährigen Erfahrungen als Psychologin, ehemals Betroffene und aufmerksame Beobachterin meiner Mitmenschen.

Sollten Sie zu den restlichen 10 % gehören, gratuliere ich herzlich. Sie haben ein Problem weniger und genießen hoffentlich Ihr zwischenmenschliches Leben.

Was ist Näheangst? Dieses Gefühl entsteht bewusst oder unbewusst, wenn es darum geht, sich einem anderen emotional wirklich zu öffnen. Es kann in jeder Beziehung auftreten, die enger zu werden »droht«, wird aber besonders in einer Partnerschaft spürbar. Im extremen Fall ist ein Mensch überhaupt nicht in der Lage, Bindungen einzugehen. Furcht vor Nähe kann sich grundsätzlich in zwei Formen äußern: Sie bleiben in einer Beziehung, in der Sie ständig mehr einbringen als der andere, und leiden entsprechend darunter oder schrecken über die Maßen vor einer Bindung zurück. Auch wenn es nicht so aussieht, haben in solchen Beziehungen beide Partner Näheangst und das unausgesprochene Motto lautet: »Der Abstand zwischen uns muss konstant bleiben, und zwar konstant *fern*.« Um welche Art von Nähe geht es, die da offensichtlich so krampfhaft vermieden werden muss? Wirkliche Nähe in einer Partnerschaft bedeutet: Jeder öffnet mit guter Absicht sein Herz und betrachtet mutigliebevoll nicht nur die eigenen seelischen Wunden, sondern auch die des Partners. Das klingt doch eigentlich ziemlich gut. Was also ist der Grund, dass trotzdem so viele sich vor Nähe fürchten?

Was wir am meisten ersehnen – die Vorstellung zu lieben und geliebt zu werden –, kann auf einer unbewussten Ebene auch erschrecken. Irgendwann in unserer frühen Lebensgeschichte haben wir gelernt, dass enge Bindung gleichbedeutend sein kann mit Schmerz. Vielleicht haben wir einen Elternteil durch Scheidung oder Tod verloren, waren seelischen oder körperlichen Gewalterfahrungen ausgesetzt oder wuchsen mit Bezugspersonen auf, die keine Wärme und Stabilität vermitteln konnten. So haben wir einerseits den starken Wunsch nach Nähe, werden aber gleichzeitig an Verletzungen erinnert, die wir früher durch

»Nahestehende« erlitten haben. Die Wunden von damals haben sich so tief in unsere Psyche eingegraben, dass wir alles Mögliche unternehmen, damit wir – vermeintlich – niemals wieder so verletzt werden. Unbewusst ist gespeichert: Wenn ich Nähe zulasse, werde ich wie damals vernachlässigt, abgewertet oder aber emotional erdrückt. Die Angst vor einer Wiederholung dieser Schmerzen legt sich wie eine harte Kruste über den Wunsch nach einem beglückenden Austausch von Liebe, Zuneigung und Sexualität. Und es gibt eine Alarmanlage, die signalisiert: Kommt mir jemand wirklich nahe, ist das gleichbedeutend mit Gefahr. Und so flüchten wir in ewige Distanziertheit oder in anklammernde Beziehungsformen, in denen wirkliche Nähe auch nicht gelebt wird. *Wichtig:* Auch wenn es nicht so aussieht: Es kommen immer *zwei* Menschen zusammen, die das »Spiel« Nähevermeidung perfekt beherrschen. Zwei Rollen sind in einem solchen Beziehungsdrama zu besetzen:

1. Der aktive Vermeider. Er läuft ständig in irgendeiner Form davon und verwendet häufig Floskeln wie »eingeengt« oder »mehr Freiraum«. Am Ende *muss* er aus der Beziehung heraus, indem er einfach verschwindet, sich über Nacht jemand anders sucht oder solche Verhaltensweisen setzt, dass er verlassen wird.

2. Der passive Vermeider. Es hat den Anschein, als ob er sich unbedingt binden will. Trotzdem sucht er instinktiv einen Partner, der aus verschiedenen Gründen für eine fixe Bindung nicht geeignet ist. Er opfert sich auf und ist gleichzeitig Meister im Verdrängen. Alle Probleme werden auf den Partner projiziert, und nur dieser (immer ein aktiver Vermeider!) ist schuld, dass die Beziehung nicht funktioniert. *Aber:* Obwohl es völlig anders aussieht, hat der passive Teil um nichts weniger Angst, sich zu binden, als der aktive. Ein Nähegefühl wird auch hier nicht erreicht, und damit ist der »Zweck« erfüllt. Die Rollen können in weiteren Beziehungen getauscht

werden oder sich sogar innerhalb der gleichen Beziehung ein- oder mehrmals umdrehen. Aber es gilt die Regel: Immer finden sich zwei Bindungsängstler für den dramatischen Tanz, denn jemand, der Nähe wahrhaftig leben möchte, dreht sich in einem anderen Rhythmus und verlässt so schnell wie möglich den Ort des unbefriedigenden Geschehens.

*Woran können Sie erkennen, ob Ihre Beziehung
von Näheangst geprägt ist?*

- Einer will mehr als der andere.
- Sie geraten ständig an den »Falschen« – zu jung, zu alt, verheiratet, Alkoholiker, Gewalttäter, aufgrund der Persönlichkeit aus irgendeinem Grund emotional nicht verfügbar ...
- Es gibt immer Distanz in irgendeiner Form – zu viel Arbeit, extreme Hobbyausübung, geographische Entfernung ...
- Kommt es doch zu Nähephasen, werden sie oft scheinbar grundlos durchbrochen – durch Streit, Untreue, Launen ...
- Der Lebensstil eines Partners drückt aus »Ich will eigentlich alleine sein« – Freizeitgestaltung wird nicht abgesprochen, kein Vorstellen von Freunden und Familie, einsame Entscheidungen, Verhalten wie ein Single ...
- Extreme innere Haltung, die eine gute Kommunikation verhindert – überkritisch, kontrollierend, dominant, stur, ständig beleidigt ...

Was können Sie tun, um Ihre Näheangst zu beseitigen und endlich eine erfüllende Beziehung einzugehen?

1. Übernehmen Sie Verantwortung.

Gestehen Sie sich ein, dass Sie Beziehungsprobleme haben, die auch nur von Ihnen gelöst werden können. Und geben Sie Ihrer Angst einen Namen: ausgeliefert zu sein, die Kontrolle zu verlieren, wieder verletzt zu werden, die Identität aufgeben zu müssen.

2. Werden Sie »Beziehungsexperte«.

Beschäftigen Sie sich mit folgenden Bereichen: Gefühle zeigen, gute Kommunikation, Vergebung, Offenheit, Humor, Akzeptanz, Loslassen ... Das kommt nicht nur einer Partnerschaft zugute, sondern erhöht generell die zwischenmenschliche Lebensqualität.

3. Stärken Sie Ihr Selbstwertgefühl.

Wichtig: Jeder hat immer den Partner, der dem momentanen Stand seiner Selbstliebe entspricht. Je höher diese ist, desto mehr werden Sie der Meinung sein, eine gute Partnerschaft zu verdienen, und desto eher werden Sie Menschen anziehen, die dazu auch fähig sind.

4. Heilen Sie sich selbst.

Erwarten Sie nicht von einem Partner, dass er die Wunden der Vergangenheit heilt. Geben Sie sich all die Liebe und Akzeptanz, die Sie vermisst haben, und gestalten Sie Ihr Leben so glücklich wie möglich. Dann verfangen Sie sich nicht so leicht in zerstörerischen Beziehungsfallen.

5. Geben Sie überromantische Wunschvorstellungen auf.

Menschen mit Näheangst leben oft in unrealistischen Träumen. Da geht es um grenzenlose Seligkeit, ewiges Vertrauen und Lust ohne Ende. Es gibt keine schmutzige Wäsche oder überladene Mistkübel. Die Partner ihrer Sehnsucht werden nie krank, alt oder fett. Und vor allem nie real.

6. Bitte nicht verzweifeln! Es ist schwierig, aber es geht.

Es ist nicht so, dass Nähe »richtig« und Distanz »falsch« ist. Aber finden Sie – wenn nötig auch mit Hilfe einer Therapie – heraus, ob Sie Ihre Beziehungen unbewusst durch Näheangst sabotieren. Es lohnt, denn der Preis der Mühe ist höchst verlockend: Die ewige Unzufriedenheit schwindet und Glück und Erfüllung werden möglich.

Wie werde ich eine sinnliche Frau?

Gehören Sie zu den Frauen, die denken, es wird im Bett schon alles klappen, wenn »er« nur der Richtige ist und Sie wirklich liebt? Märchen sind auch schön und doch sind sie nicht immer wahr. Der bessere Weg zur sexuellen Zufriedenheit heißt: Ich finde heraus, was mir wirklich Spaß macht und wie ich genau das auch bekommen kann.

Heute darf jeder mit jedem und zwar alles. Niemals zuvor waren die Zeiten sexuell so freizügig und etwaiges Informationsmaterial derart greifbar. Aber ist deshalb alles klar in unseren Betten? Hand aufs Herz: Haben Sie häufig solche Orgasmen, dass selbst Sally (die von Harry!) vor Neid erblassen würde? Ist Ihr Sexualleben so gestaltet, dass Sie vor Vergnügen glucksen, wenn Sie nur daran denken?

Sollte dem so sein – herzlichen Glückwunsch, Sie gehören zu einer Minderheit. Ich habe als Psychologin Tausende Frauen befragt, in vielen Kursen das Thema offen diskutiert, im Bekanntenkreis recherchiert und eigene Erfahrungen analysiert. Daraufhin bin ich zu folgendem Schluss gekommen: Sexualität ist für viele Frauen zu viel, zu wenig, frustrierend oder belanglos. Statt offenen Worten herrscht in vielen Schlafzimmern noch immer die gleiche Sprachlosigkeit wie vor hundert Jahren. Und wie damals wissen Frauen auch heute noch nicht, was ihnen guttut. Und wenn doch, dann getrauen sie sich nicht, es zu vermitteln. So erfüllen sie stumm ihre »Pflicht«, werden immer unlustiger oder erhöhen ihre Kopfschmerzrate.

Frauen und Männer sind verschieden, aber *wie* verschieden ist uns oft nicht bewusst. John Gray in »Mars, Venus und Eros«: »Wenn unsere Mütter versicherten, dass der Weg zum Herzen eines Mannes durch dessen Magen führt, liegen sie damit etwa zwanzig Zentimeter zu hoch. Guter *Sex* ist der Weg dorthin. Frauen sehnen sich nach zärtlicher Zuwendung und echtem Verständnis. Für einen Mann ist das auch wichtig, aber am meisten zählt für ihn, dass er sich mit seiner Partnerin sexuell gut versteht.« Wie ich bereits sagte: Männer und Frauen passen eigentlich nicht zueinander. Aber jede Frau, die sich nicht dem eigenen Geschlecht zuwendet, hat im Laufe ihres Lebens mit den Marsianern zu tun. Es empfiehlt sich also, einige Überlegungen anzustellen, wie das sexuelle Zusammensein mit diesen Fremdplanetariern trotzdem so verläuft, dass die sofortige Rückkehr zur Venus kein »must« wird. Die Frage lautet daher: Wie kann ich meine Sinnlichkeit so entwickeln, dass Sexualität zur Quelle der Lebensfreude wird und nicht zum Dauerfrust? Und wenn ich alles darüber herausgefunden habe, wie lasse ich meinem Partner dieses Wissen zukommen, ohne ihn so vor den Kopf zu stoßen, dass der totale Erektionsverlust droht?

Ich habe einen kleinen Leitfaden der Sinnlichkeit zusammengestellt, der für viele Frauen und auch für mich funktioniert hat. Sollte der sexuelle Supergau unmittelbar bevorstehen – probieren Sie es einfach aus:

1. Lieben Sie sich selbst!

Ohne das große Gefühl für sich selbst ist auch die Freude im Bett bestenfalls begrenzt. Nur wenn Sie wissen, wer Sie sind und was Sie wollen, haben Sie die innere Einstellung, die für guten Sex unerlässlich ist:

- Ich verdiene es, Lust zu empfinden.
- Ich werfe einengende, lustfeindliche Programme wie »Eine anständige Frau empfindet dabei nichts«, »Männer wollen nur das eine und verlassen mich danach«, »Wenn, dann nur im Dunklen« über Bord.
- Ich akzeptiere meinen Körper (!).

2. Nicht ohne Orgasmus

Die Mythen über den weiblichen Orgasmus sind so zahlreich wie die Frauen, die noch niemals einen hatten. Zur Orientierung: Es soll Frauen geben, die bereits beim Betrachten eines männlichen Oberkörpers in orgastische Zuckungen verfallen oder über den berühmten G-Punkt dazu bewogen werden können.

Ich persönlich kenne da nur eine, aber das Gros gelangt über die Stimulierung der Klitoris (händisch, mit Zunge oder in Einzelfällen mit dem Penis) in die ersehnten Höhen. Die Klitoris ist das kleine Knöpfchen am oberen Ende der Scheide, das häufig der männlichen Aufmerksamkeit entgeht.

Im Gegensatz zu einer in Männerkreisen weitverbreiteten Annahme ist *nicht* die Scheide das Zentrum der Frauenlust, sondern selbiges Knöpfchen. Und eine Sexualität, die diesen Tatbestand unberücksichtigt lässt, ist für die Frau auf Dauer höchst unbefriedigend. Der vielzitierte gemeinsame Orgasmus mag ja großartig sein (aber doch eher selten), und ich kenne sowohl Männer als auch Frauen, die im verzweifelten Bemühen, dahin zu gelangen, sich derart unter Druck setzen, dass dann gar nichts mehr geht. Also genießen Sie ruhig das »Hintereinander«, wobei lady is first sich meiner Meinung nach bewährt.

Wenn Ihnen ein Mann einreden will, dass es doch auch ohne Orgasmus sehr schön ist, dann bitten Sie ihn, sich viele sexuelle Beisammensein auszumalen, bei denen er niemals ejakuliert. Das darauf folgende Mienenspiel wird Ihnen zeigen, dass sich seine Begeisterung in Grenzen hält.

Ich habe aber auch schon von Frauen gehört, dass ein Orgasmus doch nicht so wichtig ist. Liebe Schwestern – das stimmt schlicht und ergreifend nicht. Er ist wichtig. Wenn es noch nie geklappt hat (das ist bei mehr Frauen der Fall, als Sie vielleicht denken), siehe Punkt 3.

3. Selbst ist die Frau

Entdecken Sie die Freude der Selbstbefriedigung, wenn Sie nicht wissen, wie ein Orgasmus sich anfühlt, oder einfach nur zur Entspannung. Sie können Ihre Klitoris mit der Hand streicheln, einen Vibrator verwenden, die Dusche zweckentfremden oder einen Polster zwischen den Beinen reiben. – Ach ja, entgegen einer früher weitverbreiteten Meinung fallen einem danach nicht die Hände ab, Sie müssen nicht beichten und es zeugt auch nicht von einem schlechten Charakter.

4. Hintergrundwissen

Es lohnt durchaus, sich ein wenig darüber zu informieren, wie unterschiedlich Frauen und Männer in sexueller Hinsicht sind. Bevor Sie über das bekannte »3-Punkte-Berührungsprogramm« (Busen, Po, Scheide) in Verzweiflung verfallen, sollten Sie wissen, dass er unter Umständen der Auffassung ist, Ihnen mit dieser reduzierten Version etwas *Gutes* zu tun.

John Gray: »Ist ein Mann erregt, stimuliert er die Frau, wie er es selbst gerne hätte. Es ist eine unumstößliche Tatsache, dass Männer sofort an den Genitalien berührt werden wollen und davon gehen sie auch bei Frauen aus. Eine Frau will dort aber erst nach zärtlichen Umwegen angefasst werden.«

5. Tun Sie das »Unmögliche«

Ich möchte Sie dazu ermutigen, im Bett Dinge auszuprobieren, die Sie vielleicht noch niemals getan haben. Es kann unglaublich befreiend sein, sich als Variante auf diverse Spiele einzulassen (Krankenschwester, strenge Herrin, »Lustsklavin« ...), oral oder anal zu versuchen und im Eifer des Gefechtes sexuelle Kraftausdrücke zu verwenden. Auch der Einsatz diverser Geräte wie Vibratoren kann genauso lustvoll sein wie ein Verbinden der Augen, das Zweckentfremden von Honig auf diversen Körperstellen oder eine sanfte Fesselung. Lassen Sie ruhig auch einmal einen Quickie zu. Wenn Sie sich in einer Beziehung grundsätzlich geliebt und gut aufgehoben fühlen, ist das eine Alternative, falls Sie für ausführlichere Aktivitäten keine Lust haben, zu müde sind, die Zeit fehlt und Sie ihn trotzdem nicht zurückweisen wollen.

6. Und es gibt ihn doch

Das heikle Thema »Sex ohne große Gefühle« sollte eine sinnliche Frau zumindest einmal andenken. Es kann sein, dass es Zeiten im Leben gibt, in denen es an der wirklichen Liebe mangelt, aber trotzdem sexuelle Wünsche da sind. Spüren Sie das Prickeln und es ist ein Kondom zur Hand (was immer der Fall sein sollte!) – tun Sie es!

7. Davor und danach

Vorspiel und Nachspiel sind wichtige Bestandteile einer guten Sexualität. Erklären Sie Ihrem Mann, dass ein Geschlechtsverkehr ohne ausreichendes Vorspiel so ist, wie wenn er im Sportbericht nur die Endergebnisse hört, anstatt sich das Spiel anzusehen. Es ist erregender, von Anfang an dabei zu sein. Wichtiger Punkt beim Vorspiel: nicht nur, was er tut, sondern wie viel Zeit er sich dabei lässt. Leider klappt das alles nicht immer, wie es sollte. Und welche Frau könnte nicht auch von traurigen »Nachspielen« erzählen, die sich in raschem Wegdrehen, sofortigem Einschlafen oder durch Druck auf eine Fernbedienung äußern.

8. Wie sage ich es ihm?

Sie haben nun Ihre eigene Sinnlichkeit weiter erforscht, wissen, was Sie wollen und wie Sie es bekommen könnten, wenn er nur einfühlsamer wäre, langsamer oder die Beschäftigung mit Ihren erogenen Zonen nicht als pure Zeitverschwendung betrachten würde.

Männer sind zwar grundsätzlich simpler konstruiert als wir, aber auch unter ihnen gibt es unterschiedliche Exemplare.

Typ 1 ist ganz begierig darauf, nähere Einzelheiten über Ihre Wünsche zu erfahren, um diese dann zu erfüllen. Bei einem solchen geht es nur darum, dass Sie sich auch trauen. Tun Sie das, es lohnt sich meist.

Typ 2 ist von seinen Liebhaberqualitäten überzeugt und betrachtet bloße Anregungen schon als Kritik. Ist er aber der, den Sie haben wollen, müssen Sie hier mit positiven Verstärkern arbeiten. Bitten Sie um etwas, und geben Sie nachher in allerhöchsten Tönen Ihre Zufriedenheit kund. Sie können es ihm auch zeigen, aber Männer dieser Art sind für sanfte Demonstrationen meist nicht besonders zugänglich. Es empfiehlt sich daher das direktere Medium der Sprache.

Typ 3 ist nicht unbedingt mit Casanovas angeblichen Talenten gesegnet, aber er reagiert doch willig auf dezente Hinweise wie das Plazieren der Hand an der richtigen Stelle, ein wilderes Aufstöhnen bei erwünschten Handlungen oder ein gehauchtes »Ja bitte, mach das«. Männer, die sich überhaupt nicht für Ihre Wünsche interessieren und das auch glaubwürdig vermitteln, sollte eine sinnliche Frau aus ihrem Bett und ihrem Leben verdammen. Sie sind weder gute Liebhaber noch Lebenskameraden.

9. Kein Interesse

Herrscht bei Ihnen die Dauerunlust, machen Sie folgenden Check: Hege ich einen tiefen uneingestandenen Groll gegen ihn? Bin ich überlastet? Habe ich Schocks erlitten, die noch nicht verarbeitet sind (Missbrauch, Trennungen ...)? Will ich ihn nicht mehr und gesteh mir das nur nicht ein? Gute Sexualität trägt zur Lebensfreude bei und es lohnt auf jeden Fall, der Sache mit der Unlust auf den Grund zu gehen.

10. Liebe

Es passiert den Besten unter uns: Wir lieben einen der Marsbewohner. Sie können dann gar nicht genug Geduld und Einfühlungsvermögen aufbringen, um aus diesem Höhlenmenschen ein wertvolles Mitglied der venusischen Gesellschaft zu machen. Sie werden unter Umständen bei Adam und Eva anfangen müssen, ihm die einfachsten Regeln des zarteren Umganges beizubringen, und schier daran verzweifeln, dass er offenbar – obwohl diesmal im gleichen Land geboren – niemals dieselbe Sprache spricht. Aber eine sinnliche Frau, die liebt, ist klug, ein wenig raffiniert und damit ihrem Marsianer zu seinem eigenen Vorteil haushoch überlegen. Und sie weiß, dass Sexualität verbunden mit Liebe unglaubliche Möglichkeiten enthält, für das wahrscheinlich doch schönste Erlebnis dieser Welt – ein befriedigendes Zusammensein von Frau und Mann.

»Er hat mich verlassen« –
wenn die Liebe endet

Verlassen zu werden ist wie ein Tod mitten im Leben. Kaum ein anderes Ereignis wirft uns derart zu Boden und nimmt jede Kraft. Er hätte bleiben können, entschied sich aber freiwillig dafür, uns zu vernichten. Und jetzt ist grausame Gewissheit, was wir tief im Inneren schon immer geahnt haben: »Ich bin nicht gut. Nicht gut genug. Ich bin es nicht wert, geliebt zu werden.« Meist läuft die Geschichte einer Trennungsbewältigung in einigen Phasen ab: In Phase eins wollen Sie die Realität nicht akzeptieren. Sie verleugnen die Trennung, arrangieren »zufällige« Treffen, tragen noch den Ring oder leben in der Hoffnung, alles sei nur ein böser Traum. Phase zwei ist durch starke Stimmungsschwankungen gekennzeichnet. Sie sind verzweifelt, hilflos, wütend oder entwerfen wilde Rachepläne. Und Sie haben Angst – vor dem Alleinsein, den Nächten, den Wochenenden, der Zukunft. Die Gedanken an den Partner und die trostlose Frage »Was soll nur aus mir werden« beherrschen Sie. Je nach Persönlichkeit empfinden Sie innere Leere oder unterdrücken alle Gefühle. Das scheint die einzige Maßnahme gegen einen Schmerz zu sein, der Sie zerstören könnte. Andere flüchten in ständige Aktivität oder ziehen sich vollkommen zurück. Phase drei bringt das Licht am Horizont. Auch wenn immer wieder Tränen fließen, nehmen Sie das Leben langsam wieder in die Hand. Im Idealfall erkennen Sie nun auch Zusammenhänge zwischen Ihrem Wesen und dem Verlauf der Partnerschaft. Vielleicht wird Ihnen sogar klar, dass Sie am Scheitern der Beziehung »mitgearbeitet« haben, weil Sie das Ende unbewusst auch wollten. In Phase vier haben Sie dann ein neues Lebenskonzept entwickelt oder sind zumindest ernsthaft damit beschäftigt. Sie erkennen, dass die Trennung keine Strafe dafür war, dass Sie versagt haben, sondern die einzige Lösung, damit Sie sich weiterentwickeln konnten. Sie haben wichtige Schlussfolgerungen aus Ihrer Vergangenheit gezogen und neue Fähigkeiten bei sich selbst entdeckt.

Wichtig: Stürzen Sie sich nicht sofort in eine neue Partnerschaft. Damit schneiden Sie sich von bedeutsamen Lernschritten ab. Auch wenn es sehr hart hergeht – es wird Ihnen nicht mehr abverlangt, als Sie ertragen können. Sie *werden* aus dem Chaos herausfinden, selbst wenn Sie noch den einen oder anderen Rückfall haben.

Immer ist eine Trennung eine riesige Lektion in Selbstliebe. Sie lernen meist sehr schmerzhaft, dass *Sie* dafür verantwortlich sind. Kein Partner kann sie Ihnen vermitteln. Wenn doch, dann nimmt er sie mit, wenn er geht. Und *niemand* kann Ihnen so viel Zuwendung geben, dass die bohrenden Zweifel bezüglich Ihres Wertes verschwinden. Die Lektion lautet also: *Mein Selbstwert wird nicht vernichtet, auch wenn ein Mensch mich verlässt.* Bedenken Sie auch die spirituellen Gesetze, wie dass ein Sinn in allem liegt und es keine Zufälle gibt. So haben Sie auch nicht zufällig genau jene Menschen als »Lehrer« angezogen, die Sie mit den ungeheilten Seelenteilen konfrontieren. Ist der Lernprozess abgeschlossen, verschwinden diese Personen wieder auf die eine oder andere Art. Iyanla Vanzant schreibt in ihrem Buch »Bis heute«: »Wenn eine Sache in Ihrem Leben keinen Zweck mehr erfüllt, geht sie kaputt. Oder sie rennt weg. Oder sie packt und geht vielleicht sehr unvermittelt. Ein anderes Mal fehlen plötzlich einige Stücke und machen es unmöglich, die Sache wieder zusammenzufügen. Wenn Sie also versuchen, an etwas festzuhalten, was seinen Zweck in Ihrem Leben erfüllt hat, werden Sie sich unweigerlich weh tun.«

Wenn Sie dennoch traurig sind, lesen Sie immer wieder die Worte von Melody Beatty: »Wenn ein bestimmter Mensch nicht mit Ihnen zusammen sein will, dann lassen Sie ihn ziehen. Ersehnen Sie etwa die Gegenwart von jemandem, der mit Ihnen nichts zu tun haben möchte? Natürlich nicht. Ich habe nach langen Leidensjahren folgenden Gedanken entwickelt: Wenn du nicht mein Freund, mein Liebhaber oder mein Chef sein willst, dann will ich dich in meinem Leben nicht haben.« Oder: Was zu dir gehört, das kannst du nicht verlieren. Und was nicht (mehr) zu dir gehört, das kannst du nicht festhalten. Sobald Sie sich diese Grundsätze zu eigen gemacht haben, fällt es Ihnen leichter, unnötigen Beziehungsballast abzuwerfen und loszulassen. Der oder die Richtige will ohnedies bleiben!

Achtung Krise –
die dunkle Nacht der Seele

Seien wir ehrlich: Das Leben ist unzweifelhaft voller Schönheit, aber manchmal auch unendlich schwer. Wer je eine Krise – oder mehrere – durchlebt hat, weiß, wovon ich schreibe. Ich kann in vollster Überzeugung sagen, dass mein Leben durch Panikattacken, Depressionen und eine generelle Übersensibilität des Nervensystems eine Ansammlung von Krisen darstellte. Sie waren teils dadurch gegeben, dass ich wegen der Beschwerden immer wieder nicht in der Lage war, einen annähernd »normalen« Alltag zu leben, andererseits dadurch, dass ich auf Lebensereignisse wie Trennungen, Beziehungsprobleme oder familiäre Schwierigkeiten viel extremer reagierte als andere. Ich kann mich also guten Gewissens als Krisenprofi bezeichnen. Heute kann ich stolz vermelden, dass sich die Krise zwar nicht zur Gänze aus meinem Leben verabschiedet hat, aber von mir anders gemeistert wird als früher. Seit ich mich immer mehr liebe, ist mir klar, dass ich aus *jeder* belastenden Situation etwas lernen kann. Der Verlust einer Person, seelische »Zustände« oder körperliche Krankheit, berufliche Schwierigkeiten, Einsamkeit, Liebeskummer – in welchem Gesicht sich die Krise auch immer zeigt, sie bringt ein Päckchen, in dem genau die Lektion versteckt ist, die ich begreifen soll.

Dabei geht es immer um folgende Themenbereiche: Loslassen von Einstellungen, Personen oder Situationen, aktives Verändern von Gegebenheiten, die nicht förderlich sind, Akzeptieren von Unabänderlichem, mehr Selbstliebe. Die Krise mag auch den sanften Hinweis enthalten, sich mit Spiritualität auseinanderzusetzen. Gerade Panikattacken mit ihren absoluten Vernichtungsgefühlen sind dazu eine deutliche Aufforderung. Wer bin ich wirklich? Kann das, was »ich« bin, überhaupt zerstört werden? Bin ich völlig alleine? Und schließlich: *Wer wird mich auffangen, wenn ich falle?* Jede Krise bringt uns in der einen oder anderen Art mit dem Thema der eigenen Auslöschung in Kontakt. Wenn ich verlassen werde, mich lächerlich mache, nicht erfolgreich bin, andere verstimme, jemanden durch den Tod verliere, schwach bin, nicht geliebt werde, *sterbe ich*. Aber ist das auch wahr?

Diese Einstellung kommt oft aus der Kindheit, für die sie auch durchaus richtig war. Ein Kind *muss* sich mit den Eltern arrangieren, weil es allein nicht überlebensfähig ist. Es lernt auf einer tiefen Ebene, dass verlassen und nicht geliebt zu werden sein Ende bedeutet. Mit dieser Prägung wachsen wir auf und verhalten uns später so, als ob das immer noch zutreffen würde. Aber heute haben wir andere Strategien. So schmerzhaft der Verlust eines Menschen ist, so schwierig manche Situationen auch sein mögen – sie bedeuten nicht unser Ende. Das gilt auch, wenn jemand sehr krank ist. Ich habe Krebspatienten begleitet, die sich erst angesichts der Erkrankung mit dem Tod befasst haben. Viele waren danach der Überzeugung, dass der körperliche Tod zwar das Ende dieses Lebens ist, nicht aber das Ende ihrer Existenz.

So kann jede Krise zur Chance werden, die Dinge neu zu betrachten und durch die Änderung der Einstellung zu mehr Kraft und innerem Frieden zu finden.

Einmal war ich an einem Punkt, wo der Schmerz so entsetzlich war, dass ich dachte, ich könnte es nicht überleben. Ich weiß noch, dass ich spürte: »Ich kann es nicht mehr ertragen, jetzt löse ich mich auf.« Und dann geschah etwas Merkwürdiges: Ich war mit einem Mal bereit zu akzeptieren, dass ich möglicherweise an diesem Schmerz sterben würde. So eigenartig das klingt, aber dieses Gefühl ging Hand in Hand mit einer unglaublichen Erleichterung. Ich ließ völlig los – den Schmerz, den Kampf, den Widerstand.

Ich glaube heute, dass dieser Punkt bei mir eine große Wende bedeutete. Selbst wenn meine schlimmsten Befürchtungen wahr werden sollten, war ich in dem Augenblick bereit, es geschehen zu lassen. Solche Gnadenmomente lassen sich nicht willentlich herbeiführen, sie passieren einfach.

Krisen können als Folge von bestimmten Lebensereignissen auftreten oder aber »einfach so« ohne deutlich erkennbaren Zusammenhang. Eine Patientin von mir formulierte es einmal in einem Satz: »Mein ganzes Leben ist eine einzige Krise.« Was kann dazu führen, dass das Leben zur Dauerkrise wird?

Depression

Es gibt viele Erscheinungsformen von Depression. Bei manchen steht Angst im Vordergrund, bei anderen Trauer und Sinnlosigkeitsgefühle oder körperliche Beschwerden. Es gibt auch eine Form der Depression, die durch ständige Aktivität gekennzeichnet ist. Der Betroffene darf im Laufrad seiner diversen Tätigkeiten nie innehalten, sonst spürt er Angst und innere Leere. Die Devise dieser Menschen heißt Verdrängung, obwohl ihnen das in den meisten Fällen nicht bewusst ist. So laufen sie im wahrsten Sinne des Wortes vor sich selbst davon. Diese Formen können natürlich auch vermischt auftreten.

Im landläufigen Sinne ist Depression verbunden mit der »schwarzen Wolke«, die über dem ganzen Leben hängt. Nichts macht Freude, alles scheint leer, und man fühlt sich völlig ausgeschlossen. Wohlmeinende Ratschläge wie »Du musst positiv denken« oder, weniger freundlich, »Jetzt reiß dich doch zusammen« machen noch hilfloser. Wer je stärkere Phasen von Depressionen erlebt hat, weiß, dass beides einfach nicht möglich ist.

Ich konnte in schlimmen Zeiten oft nicht einmal aufstehen, in keiner Weise den Alltag bewältigen und daher auch nicht einen einzigen positiven Gedanken fassen. Auch hinter jeder Depression steht – aus dem einen oder anderen Grund – ein Mangel an Selbstliebe. Vielleicht ist dieser Mangel durch ein Defizit an positiver Unterstützung in der Kindheit entstanden, seelischen oder körperlichen Missbrauch oder auch traumatische Erlebnisse wie Trennungen oder Gewalterfahrungen. Auf jeden Fall haben Sie daraus bewusst oder unbewusst die Lehre gezogen: »Ich bin nicht wichtig und kann auch nichts daran ändern.«

Depressionen sind immer ein Signal,
sich folgende Fragen zu stellen:

- Inwiefern lebe ich nicht »mein« Leben, sondern nach Regeln anderer?
- Gibt es Schmerzen aus meiner Vergangenheit, die ich noch nicht verarbeitet habe?
- Fühle ich mich einer oder mehreren Situationen hilflos ausgeliefert?
- Weiß ich zwar, was mich belastet, sehe mich aber außerstande, daran etwas zu ändern?

Wie auch immer Ihre persönliche Antwort auf diese Fragen ausfällt, der Weg wird immer über eine Erhöhung der Selbstliebe führen. Je mehr Sie davon erreichen, desto eher werden Sie das Steuer Ihres Lebens in die Hand nehmen, alte Wunden heilen, zerstörerische Beziehungen und Situationen verlassen und Ihre eigene Kraft entdecken. Haben Sie Geduld und setzen Sie sich dabei keinesfalls unter Druck. Wenn Depressionen und Ängste sehr schlimm sind, kann es nötig sein, Medikamente einzunehmen. Obwohl ich selbst jahrelang Therapien absolvierte, hatte ich mich immer gegen Psychopharmaka gewehrt. Ich wollte es unbedingt alleine schaffen, und außerdem hatte ich große Angst vor den Nebenwirkungen. Irgendwann lag ich dann nach einer schlimmen Panikattacke in meinem Auto. Mir war todübel, ich zitterte am ganzen Körper und war nahezu unfähig, mich zu bewegen. Die Leute strömten an mir vorbei, und ich hatte das Gefühl, niemals mehr aus dieser Spirale von Angst, Elend und Grauen herauszukommen. Und dann »gab ich auf«. Ich ging zu Beate Schaffer und bat um Hilfe. Ich wusste, dass sie selbst an Panikattacken und Depressionen gelitten hatte. Sie hatte mir schon lange geraten, bestimmte Medikamente einzunehmen. Ich solle die Beschwerden einfach wie einen »seelischen Beinbruch« betrachten, den man »gipsen« müsse, damit er heilen kann. Aber zunächst war ich nicht dazu bereit. Es ging mir entsetzlich schlecht, aber mein »Hochmut« war noch zu stark. Und wenn niemand es mit diesem schlimmen Zustandsbild ohne Tabletten schaffen könnte – mir würde es gelingen! Alle anderen durften auf Hilfe zurückgreifen, nur ich nicht. Schließlich war ich psychologisch geschult, hatte tausend Bücher gelesen und *musste* daher einfach wissen, wie ich mit der Panik und den Depressionen fertig werden konnte. Nach diesem Vorfall im Auto spürte ich zum ersten Mal Demut. Es war eine nicht zu leugnende Tatsache, dass ich *nicht* in der Lage war, alleine damit umzugehen. Und auf einmal war das in Ordnung! Wer war ich, dass ich diesen Anspruch erhob? Ich hielt mich damals durch mein theoretisches Wissen für so »weit fortgeschritten«, dass ich es als absolutes Versagen empfand, mir einzugestehen, dass ich wohl für einige Zeit chemische Unterstützung benötigte. Meinen Hochmut abzulegen war ein wichtiger Schritt für mich. Das bedeutet natürlich nicht, dass *Sie* es nicht trotzdem auch ohne Pulver schaffen können. Jede Geschichte ist einzigartig, und Ihr »Fall« mag ganz anders liegen. Vertrauen Sie auf die innere Stimme!

Hinweise zur Einnahme von Psychopharmaka:

- Suchen Sie unbedingt einen Arzt, dem Sie vertrauen, und sprechen Sie über alle eventuellen Ängste, die mit den Tabletten zusammenhängen.
- Wenn Sie große Widerstände haben, bitten Sie um eine niedrige Dosierung. Früher ging man eher davon aus, anfangs höher zu dosieren und bei Bedarf zu reduzieren, heute ist es umgekehrt. Diese Vorgangsweise empfiehlt sich besonders bei Menschen, die große Angst vor Nebenwirkungen haben oder bei Hochsensiblen. Deren System ist mit »normalen« Medikamentendosierungen ohnedies oft überfordert.
- *Wichtig!* Verlassen Sie sich nicht nur auf die Tabletten, sondern machen Sie parallel dazu eine Therapie. Pulver sind Krücken, kein Heilmittel! Heilung geschieht, indem Sie durch Loslassen alter Schmerzen, schädigender Einstellungen, der spirituellen Verbindung zu einer höheren Energie und möglicherweise der Veränderung mancher Lebensbereiche inneren Frieden finden.

Die Basis dieses »neuen« Lebens ist Selbstliebe. All das kann kein Medikament der Welt Ihnen verschaffen. Aber Tabletten können dazu beitragen, dass Sie ein wenig ruhiger werden und es dadurch eher gelingt, aus dem Teufelskreis von seelischer Qual und körperlichen Beschwerden auszubrechen. Damit sind Sie auch besser in der Lage, Selbstfürsorge zu entwickeln. Denn wer durch Depression mit dem bloßen Überleben der nächsten Stunde beschäftigt ist, hat in der Regel dazu keine Möglichkeit.

Panikattacken

Obwohl das Phänomen solch einer Attacke heute viel mehr untersucht und beforscht ist als zu der Zeit, als es bei mir das erste Mal auftrat, gibt es doch noch viele Rätsel auf. Abgesehen von dem großen Leidensdruck, unter dem jeder Betroffene steht, ist es auch nach wie vor schwierig, der Umwelt zu erklären, was da vor sich geht. Diese »Nichtnachvollziehbarkeit« und das damit auftretende Unverständnis von anderen hat mich lange Zeit sehr einsam und verzweifelt gemacht. Ich konnte mir ja selbst nicht erklären, was mit mir los war, und es daher auch nur schwer vermitteln. Familie und Freunde sahen zwar, dass ich offensichtlich sehr litt, aber die Frage »Wovor hast du denn bloß Angst?« trieb mich in die Verzweiflung. Wie sollte ich erklären, dass ich außerstande war, in den Supermarkt zu gehen, obwohl ich über zwei gesunde Beine verfügte? Wer konnte verstehen, dass der bloße Gedanke eine Straßenbahn oder U-Bahn zu benutzen, mir die Luft zum Atmen nahm?

Jeder, der einmal das Vollbild eines Panikanfalls erlebte, ist nachher nicht mehr derselbe wie vorher. Das Vertrauen in sich selbst und in die Reaktionen des Körpers ist zutiefst erschüttert. Und wenn dieses furchtbare Erlebnis einmal geschah, dann kann es wieder passieren. So beginnt der teuflische Kreislauf von Angst, Angst vor der Angst und Vermeidung.

Auch der verständnisvollste Freund oder Partner kann nicht begreifen, welches Horrorerlebnis eine Attacke darstellt: Herzrasen, Atemnot, Übelkeit, drohende Ohnmacht und das Gefühl, vollständig die Kontrolle zu verlieren – das ist das Gesicht eines Panikanfalls.

Es war ein Tag wie jeder andere. Ich verbrachte einen Urlaub mit Freunden und war an diesem Abend »Miss Wörthersee«

geworden. Ich freute mich darüber, lag im Dunklen und wartete auf den Schlaf. Von einer Sekunde auf die andere hatte ich das Gefühl, als ob eine Faust vom Magen durch den Kopf schießt, Hände und Füße waren eiskalt und mir war todübel. Ich versuchte mich aufzusetzen, war aber nicht dazu imstande. Ich weiß noch, wie ich verzweifelt nach Luft rang und dachte: »Mein Gott – ich sterbe.« Und dann schrie ich. Aus Furcht und unglaublichem Entsetzen, was da mit mir geschah. Dieses Ereignis war der Anfang eines langen Leidensweges. Ich fühlte mich ausgestoßen von der Welt der anderen, hatte furchtbare Angst, verrückt zu werden, und schämte mich entsetzlich.

Erst Jahre später gab es für diesen Vorfall, der sich von da an häufig wiederholte, einen Namen: Panikattacke. Wenn ich zurückblicke, würde ich sagen, dass ich zwei Drittel meines Lebens mehr oder weniger stark daran gelitten habe. Manchmal verlor ich jede Hoffnung, dass sich an dieser Schreckensspirale von Angst und körperlichen Symptomen je etwas ändern würde. Oft war ich so verzweifelt, dass ich nur noch sterben wollte. Das unlösbare Problem dabei war, dass ich mich nicht nur vor dem Leben, sondern auch vor dem Tod ängstigte. Heute bin ich Psychologin und helfe Betroffenen, mit diesem »Zustand« umzugehen. Und schon lange fühle ich mich nicht mehr als Versager, sondern bin stolz, dass ich trotz der massiven Beeinträchtigungen immer weitergemacht habe.

Was ist eine Panikattacke? Grundsätzlich stellt dieses traumatische Erlebnis *eine* mögliche Art dar, auf Belastung zu reagieren. Der Zustand tritt meist plötzlich auf und kann Minuten bis Stunden dauern. Er ist von heftigen Angstempfindungen und starken körperlichen Beschwerden begleitet. Die Symptome sind: Herzrasen, Druck in der Brust, Würgegefühl im Hals, allgemeine Schwäche, ein komisches Gefühl im Bauch, Angst, in Ohnmacht zu fallen, Zittern, Übelkeit, Durchfall, Schwindel, Prickeln in Händen und Füßen, Unfähigkeit, sich aufrecht zu halten oder weiterzugehen, und im extremen Fall ein absolutes Vernichtungsgefühl. Die Attacke tritt entweder nur an einem bestimmten Ort – Lift, weiter Platz, Verkehrsmittel, Kino, Restaurant, Autobahn, Tunnel, Kaufhaus, Supermarkt – oder in bestimmten Situationen – Alleinsein, Konflikte, Überforderung – auf. Oder an jedem Ort und zu jeder Zeit. Und das ist besonders bedrohlich, weil es dadurch so etwas wie »Sicherheit« nicht mehr gibt. Die meisten Betroffenen schaffen sich deshalb ein Netz von Bedingungen, unter denen sie irgendwie existieren können. Ein bestimmter Mensch muss ständig da oder zumindest abrufbereit sein, außerhäusliche Aktivitäten sind nur in Begleitung möglich, »gefährlich« empfundene Orte oder Unternehmungen werden völlig gemieden, und es droht Medikamenten- oder Alkoholsucht. Oft geht gar nichts mehr. Der Mensch ist nicht in der Lage, seinen Beruf auszuüben, einkaufen zu gehen oder Freunde zu treffen. Termine fixieren wird zur Qual, weil der Betroffene nie weiß, wie er sich gerade zu diesem Zeitpunkt fühlen wird. Ich erfand die unglaublichsten Ausreden, um Verabredungen abzusagen. Niemand sollte wissen, *wie* schlecht es mir ging. Der Radius meines Lebens wurde immer enger und endete schließlich für fast ein Jahr an der Wohnungstür. Nicht bei jedem ist der Verlauf dermaßen dramatisch. Manche sind in der Lage, ein relativ normales Leben zu führen, meiden aber bestimmte Situationen oder machen sich durch ständige Sorge das Leben schwer. »Was wird sein, wenn ...« wird ein wichtiger Gedanke. Viele leiden wegen der immensen inneren Anspannung an heftigen Muskelverspannungen, Schlafstörungen, Verdauungsproblemen, verkrampftem Solarplexus oder fühlen sich einfach ständig schlecht. Nach der bisher umfangreichsten Studie zu diesem Thema erlebt jeder Vierte in seinem Leben eine Angststörung, womit dieses Erscheinungsbild als die häufigste psychische Problematik gilt.

Was sind die Ursachen dieses Phänomens? Meist konnte in der

Kindheit kein Urvertrauen gebildet werden. Gründe: Misshandlung, Missbrauch, Vernachlässigung, Trennung, Alkoholismus, Familiengeheimnisse oder ein liebloses Klima. Im späteren Leben können Überforderungssituationen in Beziehung und Beruf oder nach Operationen und Schwangerschaften Angstanfälle auslösen. Ganz geklärt sind die Ursachen bis heute nicht.

Suchen Sie einen Arzt oder Therapeuten, der außer Kompetenz auch Wärme und Verständnis vermittelt. Er wird zunächst Untersuchungen veranlassen, um körperliche Ursachen für Ihre Beschwerden auszuschließen. Sie wissen danach, dass Ihr wirkliches Problem Angst heißt und nicht durch ein krankes Herz oder die rätselhafte Krankheit XY verursacht wird.

Ich möchte Ihnen einige Gedankenanstöße geben,
die mir und vielen anderen auf dem Weg zurück
ins Leben geholfen haben:

- Heilung führt *immer* über Veränderung. Ihre langfristige Aufgabe, der Sie sich *liebevoll* stellen müssen, heißt – anders denken, anders reagieren und sich anders verhalten. Durch die absolut verständliche »Angst vor der Angst« erzeugen Sie die Attacke mit und können sie daher auch beeinflussen oder verhindern. Sagen Sie sich: »Ich *kann* mich dafür entscheiden, in entspannterer Weise auf die Dinge des Lebens zu reagieren.«

- »Panikfördernde« Eigenschaften sind Perfektionismus, zu hohe Erwartungen an sich und andere, Schuldzuweisungen und mangelnde Selbstliebe (!). Notieren Sie geistig: »Gut, ich habe ein paar Probleme. Deswegen bin ich nicht weniger wert. Ich darf Fehler machen und meine Mitmenschen auch.«

- Für Menschen mit Panikattacken ist das Wort »Kontrolle« so wichtig wie die Luft zum Atmen. Tatsache ist – Sie können andere nicht kontrollieren und auch nicht das, was geschehen wird. *Aber:* Sie können lernen, Ihre Reaktionen zu kontrollieren.

- Sie denken sich in Ihre Angst hinein, und in vielen Fällen können Sie sich auch wieder herausdenken. Als sich bei mir einmal eine Attacke ankündigte, führte ich folgenden inneren Dialog: »Liebe Angst, ich nehme zur Kenntnis, dass du da bist. Offenbar willst du mich auf irgendetwas aufmerksam machen. Ich glaube aber, dass ich alle deine Botschaften verstanden habe und sie so gut als möglich umsetze. Deshalb sollten wir uns langsam voneinander verabschieden.« Solche Selbstgespräche können die Panik vermindern, so dass die Attacke nicht voll ausbricht.

- Intensivieren Sie den Kontakt mit Freunden, die Ihre Stärken fördern.

- Beschäftigen Sie sich mit aufbauender Literatur und ruhefördernden Methoden wie Meditation oder autogenem Training.

- Achten Sie auf Nahrungsmittel, die »Adrenalinwellen« verursachen. Dazu gehören Kaffee, Tee und alles, was Ihnen persönlich nicht bekommt (Allergietest!). Tragen Sie auch immer etwas zu essen bei sich. Ein niedriger Blutzuckerspiegel kann Attacken auslösen!

- Machen Sie Bewegung! Sogar ich mit meiner »Sport ist Mord«-Einstellung habe kapiert, dass das wichtig ist.

- Erlernen Sie Atemübungen, und wenden Sie sie auch an.

- Finden Sie *Ihren* spirituellen Weg. Ich bin der festen Überzeugung, dass Panikzustände mehr als alles andere eine spirituelle Aufgabe darstellen. Durch die dramatischen

Zustände wird man quasi gezwungen, sich mit seiner Vertrauensfähigkeit, dem Loslassen, der Akzeptanz und allen Fragen von Tod und Leben auseinanderzusetzen.

Es gibt kein Zaubermittel, das Sie von Ihrem Schmerz befreit. Wer die Angst besiegen will, muss ihr in die Augen sehen. Andere können helfen, aber *Sie* haben den Schlüssel zur Freiheit in Ihrem Inneren. Irgendwann kommt die Zeit, in der Sie Ihr Schicksal selbst in die Hand nehmen müssen – unabhängig davon, was Sie durchgemacht haben und wie lange Sie schon an Panikattacken leiden. Wollen Sie Ihre Vergangenheit für immer als Gefängnismauer betrachten, die Sie noch heute behindert? Oder können selbst schlimme Erfahrungen die Sprosse einer Leiter sein, die Sie an die Spitze Ihrer Möglichkeiten bringt? Eines Tages werden Sie der Mensch sein, der sich selbst Sicherheit gibt. Ich weiß heute, dass ich sehr stark bin, weil ich das Grauen der tiefsten Ängste überlebt und niemals aufgegeben habe. Genau das können Sie auch.

Zehn Tipps für den Akutfall

1. Trinken Sie kaltes Wasser oder Tee mit Honig.
2. Halten Sie eine Weile die Luft an.
3. Sagen Sie einem vertrauten Menschen, dass Sie gerade eine Attacke haben.
4. Bitten Sie jemanden, Ihre Hand zu halten oder Körperkontakt herzustellen.
5. Wenn Sie liegen, drehen Sie sich auf die Seite (entlastet den Solarplexus).
6. Weinen Sie.

7. Suchen Sie einen Ort auf, den Sie als »sicher« empfinden (Wohnung, Auto ...).
8. Versuchen Sie, es nicht zu tragisch zu nehmen. Sagen Sie innerlich: »Aha, wieder einmal eine Attacke. Es ist schlimm, aber es geht vorbei.«
9. Wenn es gerade beginnt – lenken Sie sich durch ein Gespräch, Streicheln eines Tieres, Aufräumen ... ab.
10. Nehmen Sie ein rasch wirkendes Beruhigungsmittel, das Sie schon kennen, ein.

Ess-Störungen

Depressionen und Panikzustände sind zwei Möglichkeiten, auf innere Spannungen zu reagieren. Eine andere ist gestörtes Essverhalten. Das kann sich durch Magersucht, Bulimie (Ess-Brech-Sucht), ungezügeltes Hineinstopfen von Nahrung und daraus folgendem Übergewicht, äußerst strengen Vorschriften, was zu sich genommen wird und was nicht, oder auch durch eine »energieschutzbedingte Ess-Störung« zeigen. Ich habe diesen Begriff das erste Mal in dem Buch »Positive Energie« von Judith Orloff gelesen und bin der Überzeugung, dass viele sensible Menschen daran leiden. Sie geht von Folgendem aus: Als Energiewesen reagieren wir auf negative Schwingungen aus unserer Umgebung und Essen stellt eine Art Schutzwall dagegen dar. Außerdem wollen wir durch Nahrungsaufnahme die Energiereserven füllen, die durch »Bedrohungen« von außen entstanden sind. »Hunger« entsteht also oft nicht durch ein wirkliches Nahrungsdefizit, sondern Essen gleicht eine Energiestörung aus. Es dient einer gewissen Erdung, die wir glauben, anders nicht erreichen zu können. Menschen dieses Typs gelingt es nie, wirklich abzunehmen, oder sie haben wesentlich mehr Gewicht, als sie aufgrund der aufgenommenen Nahrungsmenge eigentlich haben dürften. Wer eine solche energieschutzbedingte Ess-Störung bei sich feststellt, kann durch Steigerung der Selbstliebe lernen, Energieraub von außen abzustellen und außerdem die »leeren Tanks« anders zu füllen als durch übermäßige Nahrungsaufnahme.

Sofortmaßnahmen sind:

- Trinken Sie Wasser, damit negative Schwingungen kontinuierlich aus Ihrem Körper herausgewaschen werden können.
- Essen Sie mehrmals am Tag kleine Portionen. Ich weiß, dass diese Empfehlung im Widerspruch zu vielen Ernährungslehren steht, aber das viel gepriesene Dinnercanceling, der Verzicht auf Essen ab drei Uhr nachmittags, ist für Betroffene dieses Typs nicht wirklich geeignet.
- Atmen Sie negative Schwingungen aus Ihrem Körper heraus. Legen Sie sich hin und stellen Sie sich vor, wie Sie Licht, Klarheit und Lebendigkeit einatmen und Angst und Stress ausatmen. Machen Sie die reinigenden Atemzüge in Ihrem Tempo und achten Sie darauf, wo in Ihrem Körper noch Spannungsreste sitzen. Stellen Sie sich dann vor, wie der heilsame Strom von frischer Energie diese Spannung sanft auflöst.
- Nehmen Sie ein Bad oder duschen Sie. Wasser reinigt nicht nur den physischen Körper, sondern auch den Energiekörper.

Egal, an welcher Form von Ess-Störung Sie leiden und was die individuellen Gründe dafür sind auch hier führt der Weg zur Heilung über die Selbstliebe. Wenn Sie sich mögen, werden Sie Ihren Körper weder durch unpassende Nahrungsaufnahme noch durch Essensverweigerung quälen.

Selbstmordgedanken

Wenn die »schwarze Wolke« zu lange über dem Leben hängt, kann es sein, dass man mit dem Gedanken spielt, mit all dem Schluss zu machen. Der Tod erscheint plötzlich als Oase der Ruhe. Kein täglicher Kampf mehr, Schluss mit »Ein Schritt vor und fünf zurück« – das Ende dieser unsäglichen Verzweiflung, der Leere und der absoluten Sinnlosigkeit. Mein Glück in schlimmen Zeiten war, dass ich genauso viel Angst vor dem Tod hatte wie vor dem Leben. Das hinderte mich zwar daran, mich umzubringen, aber es verlieh mir nicht die Kraft, das Leben positiver zu gestalten. Die ewigen Rückenschmerzen, die quälenden Hautausschläge, die Übelkeit, Panikattacken und Depressionen führten zu einem Zustand, in dem ich zwar nicht wirklich lebte, aber auch nicht tot war. Als ich mit dem esoterischen Gedankengut in Kontakt kam, besserten sich die Beschwerden zwar trotzdem nicht, aber Selbstmord stellte auch keine Alternative mehr dar. Ich bin auch heute noch der Auffassung, dass es einfach nichts bringt, sich umzubringen. Meinem Weltbild nach stehen wir dann das nächste Mal vor den gleichen Problemen, denen wir uns mit dem Selbstmord entziehen wollten. Es ist unsere (selbst gewählte!) Aufgabe, Schwierigkeiten in der einen oder anderen Art zu bewältigen, neue Wege und Einstellungen zu finden und zu lernen, sich trotz allem mehr zu lieben. Wenn das diesmal nicht klappt – kein Problem! Dann machen wir das nächste Mal einen neuen Versuch. Natürlich erfolgt auch keine Strafe, wenn wir beschließen zu gehen. Niemand wird uns verachten oder in ewige Verdammnis stürzen, außer wir tun das selbst. Gott macht das ganz bestimmt nicht. Wenn wir drüben angekommen sind, wird er sich mit uns beraten. Und eventuell beschließen wir dann, erneut ins Rennen zu gehen – nur diesmal mit kreativeren Lösungsansätzen als das letzte Mal. Ich habe mit vielen Menschen gesprochen, die ihren Selbstmord geplant haben. Teilweise waren das Patienten, die eine schwere Erkrankung hatten, aber durchaus auch Klienten mit Liebeskummer, einer schweren Kindheit oder anderen Problemen. Sie alle waren am Ende und sahen den einzigen Ausweg darin, zu sterben. Ich habe ihren Wunsch niemals verurteilt, sondern sie immer ermutigt, über die scheinbare Aussichtslosigkeit ihrer Situation zu sprechen. Es war oft zum ersten Mal, dass sie diese Gedanken einem anderen gegenüber formulierten. Manchmal hatten sie ihre Todeswünsche auch tief im Herzen begraben und große Angst davor, sich zu offenbaren. Es ist ungeheuer wichtig, die Not von Menschen zu akzeptieren, die daran denken, sich umzubringen. Es bringt absolut gar nichts, wenn sie hören, dass es ihnen doch ohnedies gut ginge und sie undankbar seien. Ich habe auch nie versucht, jemandem den Selbstmord auszureden, sondern immer nur meine Sicht der Dinge vertreten. Ich akzeptierte ihre entsetzliche Angst, die tiefe Depression oder die völlige Verzweiflung. Ich sagte, dass es in Ordnung sei zu gehen, aber dass es lohnt, vorher einiges zu bedenken. Das einzig Sichere im Leben ist, dass wir alle sterben. Aber bis dahin könnte es eine Herausforderung sein, das Beste aus den Umständen zu machen, auch wenn das im Moment unmöglich erscheint. Ich erklärte, dass sich höchstwahrscheinlich niemand etwas ersparen kann und es daher sinnvoll wäre, mit jeder Hilfe, die zu bekommen ist, weiterzumachen. Wenn Sie an Selbstmord denken, spüren Sie tief in sich hinein, ob es nicht doch lohnt, nach Alternativen zu suchen. Sie können Psychologen kontaktieren, mit vertrauten Menschen sprechen oder um innere Führung bitten. Mir haben viele Menschen erzählt, dass sie dann plötzlich Wege sahen, die ihnen vorher verschlossen waren, Eingebungen hatten, was zu tun sei, oder wieder Hoffnung spürten, die vorher verloren war. Denken Sie immer daran: Es gibt eine Instanz außerhalb von uns, die weiterweiß, wenn wir am Ende sind.

Ich habe in Krisen mit Gott gehadert. Aber immer, immer habe ich mich schließlich einer höheren Weisheit gebeugt. Krisen *sind* Chancen, Wege zu korrigieren, die uns nicht förderlich sind. Und das Schicksal benutzt die Sprache, die der Einzelne am besten versteht. Unabhängig von den einzelnen Lebenswegen geht es bei diesen schmerzhaften Lernprozessen immer um Liebe. Letztendlich gehen Sie durch Ihr persönliches Tal des Grauens, um sich selbst mehr zu lieben. Auch wenn das ganz schlimm klingt: Die Aufgabe jeder Krise ist, Ihnen das näherzubringen.

Hilfreiches Werkzeug richtig genutzt

Astrologie, Tarotkarten oder gechanneltes Material können Lebenshilfe bieten. Ich hatte immer wieder Phasen in meinem Leben, in denen mir die Beschäftigung damit neue Perspektiven gezeigt hat. Trotzdem: Nehmen Sie das Angebot als Orientierungshilfe an, aber vergessen Sie nie, als letzte Instanz Ihre innere Weisheit zu befragen. Nicht die Sterne, Karten oder Weisheiten aus dem Kosmos bestimmen Ihr Leben, sondern die innere Stimme.

Astrologie

Die wesentlichsten Skeptikerfragen zur Astrologie sind:
Wie soll ein Planet, der seit Anbeginn der Zeiten am Himmel seine Bahn zieht, Einfluss darauf haben, mit welchen Schwierigkeiten ich mich in Bezug auf Familie, Partnerschaft, Beruf oder Selbstwert herumschlage? Macht es tatsächlich einen Unterschied, ob ich am 12. Juli als Krebs oder am 7. Dezember als Schütze geboren wurde? Die Astrologie war zu allen Zeiten mit Fragen des Zweifels konfrontiert. Tatsache ist, dass ihr Ursprung sich im Dunkel der Vergangenheit verliert. Aber durch die Jahrtausende hat sie nie wirklich an Bedeutung verloren.
Was bedeutet nun psychologische Astrologie? Meine Freundin Angela Mese, Astrologin aus Leidenschaft: »Im persönlichen Horoskop sieht man die Anlagen eines Menschen. Sie sind zu-

nächst einmal nur ›da‹. Im Laufe des Lebens können sie sich positiv entwickeln, verkümmern oder verdrängt werden. Nehmen wir eine bestimmte Anlage überhaupt nicht zur Kenntnis, so werden wir durch belastende Umstände oder problematische Beziehungen quasi ›gezwungen‹, uns damit auseinanderzusetzen. Die psychologische Astrologie zeigt also sowohl charakterliche Merkmale als auch die Lernaufgaben, die für genau diesen Menschen vorgesehen sind.« Astrologie ist die Lehre von der symbolischen Bedeutung der Himmelskörper für das Geschehen auf der Erde und jeden Einzelnen von uns. Die Planetenkonstellation am Himmel ist also nicht *Ursache* von bestimmten Begabungen, Interessen oder Schwierigkeiten, sondern steht nur für ein gewisses Prinzip. Das Prinzip geht aber nicht von diesem Planeten aus. So haben Kritiker in diesem Punkt recht.

Kein ernsthafter Astrologe wird behaupten, dass der im wahrsten Sinne des Wortes unschuldige Saturn jemandem Schwierigkeiten macht. Er vertritt einfach das unbeliebte Prinzip »Hemmung, Beschränkung, Widerstand, Pflicht«. Kreuzt also der Bursche in irgendeiner Weise Ihre Wege, werden Sie in bestimmten Lebensbereichen (oder vielen ...) mit diesem Prinzip konfrontiert.

Ein Besuch beim Astrologen ist dann sinnvoll, wenn Sie relativ rasch Ursachen und Zusammenhänge erkennen wollen. Angela: »Astrologie ist ein ideales Diagnoseinstrument. Sie stoßen schnell zum Kern der Dinge vor und ersparen sich dadurch unter Umständen eine jahrelange Recherche in eigener Sache. Die Beratung ersetzt aber keine Therapie, die zur Aufarbeitung manchmal durchaus angebracht sein kann.«

Der weltberühmte Psychiater Carl G. Jung war der erste Wissenschaftler, der formulierte, dass das Geburtshoroskop dem Einzelnen »eine Pforte eröffne, nicht nur um sich selbst besser kennenzulernen, sondern auch um seinen Platz im großen Lebensstrom zu finden«. Er war auch überzeugt, dass eine übergeordnete kosmische Ordnung existiert, in die jeder von uns eingebettet ist, selbst wenn das eigene Leben »voll von irdischem Chaos« ist.

Wie können Sie einen guten Berater finden? Hören Sie sich in Ihrem Bekanntenkreis um, beobachten Sie entsprechende Beiträge in den Medien, oder bitten Sie einfach jemand Bestimmten um ein kurzes Vorgespräch. Dabei können Sie herausfinden, ob die Chemie stimmt. Ein guter Astrologe widmet sich immer mit größter Wertschätzung dem Klienten und äußert keine persönliche Meinung. Er zeigt mit verständlichen Worten Lösungen auf und macht *niemals* bindende Zukunftsvoraussagen. Aber auch Sie sollten mit der richtigen Einstellung zu einer Beratung gehen. Seien Sie offen, aber geben Sie niemals Ihre Macht und Eigenverantwortung ab – weder an den Berater noch an eine bestimmte Planetenkonstellation. Nicht die ungünstige Stellung von Mars & Co ist für schwierige Verhältnisse verantwortlich, sondern eine seelische Problematik, die dadurch ins Bewusstsein treten will.

Tarot

Haben Sie schon einmal einen Blick auf die geheimnisvollen Motive eines Tarotdecks gemacht? Das Tarot besteht aus 78 Karten, die jeweils ganz unterschiedliche Seelenzustände darstellen. Mittlerweile gibt es eine Fülle von Kartendecks, aber mir gefällt das »Crowley Toth Tarot« am besten. Es gibt dazu auch gute Interpretationsbücher des deutschen Therapeuten und Autors Gerd Ziegler. Seine Deutung gliedert sich bei jeder Karte in eine Kernaussage, die Beschreibung der jeweiligen Situation, ihre Schattenaspekte und die Chancen, die gerade darin enthalten sind.

Wenn Sie Lust haben, es einmal auszuprobieren, formulieren Sie zunächst eine Frage. Diese sollte ungefähr so lauten: Warum bin ich in einer bestimmten Lebenssituation? Was kann ich gerade zu diesem Zeitpunkt lernen? Was sollte ich momentan beachten? Worum geht es in einer Beziehung zwischen mir und einem bestimmten Menschen? Was bedeutet diese Beziehung für mich? Mischen Sie und fächern Sie die Karten auf. Konzentrieren Sie sich dann auf Ihre Frage, und führen Sie die Hand langsam über das Tarot. Geben Sie dann dem ersten Impuls nach und senken den Finger. Jetzt haben Sie »Ihre« Karte gezogen. Der ganze Vorgang beruht auf dem Prinzip, dass es keinen Zufall gibt und Ihre innere Weisheit Sie über die Karte zu der Information führt, die Sie genau jetzt benötigen.

Ich halte seit vielen Jahren Kurse zu unterschiedlichsten psychologischen Themen und arbeite in einer der letzten Stunden immer mit den Tarotkarten. Ich habe in all der Zeit kein einziges Mal erlebt, dass jemand eine »falsche« Karte gezogen hat. Aber vergessen Sie auch bei der Auseinandersetzung mit den Tarotkarten nicht: Hören Sie auf Ihre innere Stimme, ob die Weisheit auf der Karte Ihnen einen Weg zeigt, eine Entscheidungshilfe darstellt oder Sie bei einem Problem klarer sehen lässt.

Channeling – Weisheit aus dem Nichts

Glauben Sie, dass Gott mit uns spricht? Und Jesus? Können Sie sich vorstellen, einen Dialog mit jemandem zu führen, der behauptet, er kommt von den Plejaden?

Gechannelte Bücher von spirituellen Figuren und Außerirdischen werden international zu Bestsellern. Können Botschaften von »körperlosen Wesen« uns wirklich bei der besseren Bewältigung unseres Lebens helfen? Tatsache ist, dass Millionen Leser genau jene Bücher kaufen, in denen unter anderen Gott, Jesus, ein Oberguru von den Plejaden und Leute von Andromeda und anderen Planeten ihrem Mitteilungsbedürfnis nachkommen. Wer spricht hier was, durch wen und was soll das Ganze überhaupt?

Channeling bezeichnet einen Vorgang, bei dem *jemand*, der zurzeit keinen physischen Körper hat, sich für Durchgabe von Botschaften eines menschlichen Mediums bedient. Speziell in den letzten Jahren überflutete eine Woge von Werken den Markt, die nicht aus der Feder des Verfassers stammen, der am Cover angegeben ist.

Die wahren Autoren sind Engel, Verstorbene, Außerirdische oder seit kurzem auch der Chef und Sohn. Bei genauer Betrachtung ist natürlich keinesfalls erwiesen, dass hier wirklich Gott, der Erzengel Michael oder ein grünes Männchen aus dem Weltraum spricht. Doch an vielen dieser Texte gibt es etwas, das unglaubliche Wärme ausstrahlt und im Innersten berührt. So hat mich die Kraft der Worte dazu bewogen, in dunkelsten Stunden nicht aufzugeben, sondern ermutigt und getröstet weiterzugehen. Und so wie mir ging es offenbar vielen Menschen auf der ganzen Welt.

Was sind nun die Hauptthesen
dieser Botschaften?

1. Gott hat uns erschaffen, aber er bestimmt nicht über unser Leben. Er gab uns den freien Willen, damit wir kraft unserer Gedanken und Gefühle die eigene Wirklichkeit gestalten.

Neal Donald Walsh führt seit über zehn Jahren einen Frage-

Antwort-Dialog mit Gott, den er in zahlreichen Bestsellern (»Gespräche mit Gott«) einer großen Öffentlichkeit zugänglich machte. Neal: »Man könnte sagen, die Bücher enthalten das ›neueste Wort Gottes‹ zu den Dingen. Ich bin fest davon überzeugt, dass Gott nicht vor 2000 Jahren aufgehört hat zu sprechen.« Und so sprach »Er«: »Es gibt keine Opfer im Universum, nur Schöpfer. Ihr schafft Umstände, um euch zu *erinnern,* dass ihr ein göttlicher Teil des göttlichen Ganzen seid – vollkommen und einzigartig. Überprüfe deine Gedanken, Worte und Taten, weil du *triffst immer die Wahl.* Ich sage dir: Du bekommst immer das, was du erschaffst. Wenn es dir nicht gefällt – triff eine neue Wahl. Ich möchte, dass du verstehst: Leiden ist nicht der Weg zu Gott, sondern ein sicheres Zeichen dafür, dass es noch etwas über den Weg zu Gott zu erkennen gibt.«

Na ja, lieber Gott, jetzt hast du es uns also gesagt. Warum gehen wir dann nicht alle hin und erschaffen uns einen gesunden Körper (der claro und logo auch superschlank ist) einen entzückenden Gefährten und zum Drüberstreuen so viel Geld, dass sich in der Villa auch noch der Whirlpool ausgeht? Wenn Sie also wieder einmal dasitzen und sich wie ich fragen, warum zum Teufel (o pardon, aber Gott ist nicht so heikel) Sie sich genau *das* erschaffen haben, an dem Sie jetzt schier verzweifeln, dann denken Sie daran, dass es immer um die Erfahrung geht und welchen Teil Ihres Selbst Sie angesichts dieser speziellen Lage sichtbar werden lassen wollen.

2. Als Gottes Ebenbild sind wir von Anfang an vollkommen. Wir haben aber das Menschsein gewählt, um alle Erfahrungen zu machen, für die wir uns entscheiden. Niemand wird je über uns urteilen oder uns bestrafen, und keiner fordert Perfektion.

Wir meinen zu *wissen,* wie wir sein müssen oder auf keinen Fall sein dürfen, damit es »richtig« ist. Ich möchte nach dem

Vater jetzt Sohn Jesus zu Wort kommen lassen, der als Sananda unter anderen von dem deutschen Medium Barbara Vödisch gechannelt wird:

»Du glaubst, so wie du bist, nicht vollkommen zu sein. Du bist aber nicht der, der darüber richten kann, wie du zu sein hast. Erkenne die Vollkommenheit jedes Moments. Damit meine ich nicht, dass du Missbrauch an dir in irgendeiner Form tolerieren sollst. Es bedeutet auch nicht tatenloses Zuschauen. Du kannst dich immer für die Verbesserung von Umständen einsetzen. Aber habe den Mut ›unperfekt‹ zu sein, in dem Wissen, dass du bereits vollkommen bist. Hab den Mut, die Welt zu lieben, wie sie ist und ihr deinen Beitrag zu schenken.«

3. Niemand verlangt von uns, dass wir uns selbst geringer einschätzen als andere. Es ist im spirituellen Sinne nicht heroisch oder gottgewollt, sein Leben für andere zu opfern.

Und also sagt Jesus: »Selbstloses Dienen bedeutet nicht, dass du deine Bedürfnisse niedriger ansetzt als die Wünsche anderer. Das ist falsch verstandene Selbstlosigkeit. Es heißt auch nicht, nur mehr sanftmütig zu sein (auch ich als Jesus war das nicht immer!). Selbstlose Liebe meint: Die Liebe und Vollkommenheit in allem zu finden. Und jetzt spreche ich mit meiner ganzen Autorität: Es ist Arroganz, wenn du dich klein machst, dich des Göttlichen nicht würdig empfindest. Es ist Gotteslästerung, wenn du glaubst, nicht von Gott zu sein, dich für deine Menschlichkeiten verurteilst und Gott nicht auch darin erkennst.« Hört, hört. Es gibt jetzt also wirklich keinen Grund mehr, sich nicht verstärkt der Selbstliebe zuzuwenden.

In der Arbeit mit Krebspatienten stand ich als Psychologin oft vor dem »Warum?«. Ich versuchte dann Antworten, war damit heillos überfordert und hatte das Gefühl, nicht gut genug zu sein. Die Frage von Jesus«: »Wer glaubst du zu sein, dass du entscheiden kannst, was richtig oder falsch ist?« hat mich extrem entlastet. Ich muss keine Antworten finden, sondern kann der göttlichen Ordnung vertrauen.

4. Innerer Friede und Glück sind Entscheidungen, die wir zu jeder Zeit treffen können, und liegen nicht in einem fernen Nirwana.

Jesus: »Was, wenn die Erlösung niemals in der Zukunft zu finden ist? Was, wenn es eine Illusion ist, dass Freiheit und Glück erst zu finden sind, wenn die Menschen besser sind oder ich als Messias zurückkomme? Wenn ich von Erlösung spreche, heißt das, frei zu sein *inmitten* der Menschlichkeiten, frei zu sein in einer Welt, wie sie in diesem Moment ist. Warte nicht. Denn Glück ist eine Wahl, die du jetzt treffen kannst.«

5. »Meinen Tod« im Sinne eines Ausgelöschtseins gibt es nicht. Ich war schon immer, bin und werde ewig sein.

Dazu äußert sich auch P'tahh, der Freund von den Plejaden. Er wird seit 1991 von der Australierin Jani King gechannelt, und auch diese Bücher wurden weltweit übersetzt.

»So etwas wie den Tod gibt es nicht, und die Seele weiß das. Für sie ist klar, dass das Verlassen des Körpers keine große Tragödie darstellt. Es ist nur ein Übergang, der in keiner Weise das berührt, was ihr wirklich seid.«

Mir ist es egal, von wem solche Worte nun tatsächlich stammen. Auch wenn es »nur« das Unbewusste des jeweiligen Autors sein sollte – macht das einen Unterschied? Jedes Wort atmet Freiheit, Akzeptanz, Liebe und Trost. Darum geht es wirklich im Leben, und danach sehnen sich wohl alle. Probleme werden auch anders betrachtet, wenn wir davon ausgehen, dass sie selbst geschaffen sind, um etwas Wichtiges zu begreifen. Das heißt zwar totale Selbstverantwortung, und niemand ist mehr »schuld«, eröffnet aber einen völlig neuen Zugang zu möglichen Lösungen. Was gibt es denn so Bedeutendes zu erkennen, dass viele von uns offenbar schwierige Szenarien benötigen, um endlich zu verstehen?

Meiner Meinung nach geht es um drei essenzielle Punkte, die auch zentraler Bestandteil der Channeltexte sind:

1. Ob ich versage, verlassen, betrogen, ausgenutzt oder gedemütigt werde – mein Wert steht immer außer Frage und wird von keinem Ereignis berührt.
2. Ich werde entlastet, alles perfekt machen zu müssen.
3. Jeder von uns überlebt seinen Tod. Wenn wir das konsequent durchdenken, ergibt sich ein gewaltiger therapeutischer Nutzen bei der Bewältigung von Ängsten: Wovor sollte ich mich noch fürchten, wenn mir eigentlich nichts geschehen kann? Gott sagt auch im ersten Band von »Gespräche mit Gott«: »Glaube mir nicht. Aber geh hin und finde heraus, ob es einen besseren Weg gibt, um Zufriedenheit, Freiheit und Glück zu finden.«

Niemand kann mit Sicherheit sagen, was rund um das Phänomen dieser Durchgaben wirklich geschieht. Jeder kann nur selbst fühlen, ob die Aussagen einen Widerhall in der Seele hinterlassen. Die Bücher von Gott, Jesus, P'tahh und einigen anderen vermitteln aber etwas, das jenseits allen Glaubens nur richtig sein kann: »Mach, was dein Herz zum Singen bringt.«

Selbstliebe ganz konkret –
fang einfach an

D enken Sie immer daran: Wenn Sie nicht auf sich schauen, dann wird es keiner tun. Sie können über Selbstliebe lesen, Vorträge hören, Seminare besuchen oder diskutieren. Aber ändern wird sich erst etwas, wenn Sie die Erkenntnisse in Ihrem Leben auch umsetzen. Sie haben jeden Tag, jede Stunde und jede Minute die Gelegenheit dazu. Das müssen nicht immer spektakuläre Dinge sein. Machen Sie einen kurzen Check: Sitzen oder liegen Sie gerade bequem, oder könnte ein Polster mehr nicht schaden? Ist die Temperatur angenehm, oder ist Ihnen zu kühl oder zu warm? Ist der Lärmpegel rund um Sie erträglich, und wenn nicht, können Sie das ändern?

Haben Sie Durst oder Hunger? Gibt es *irgendetwas*, das Sie im Moment tun könnten, um Ihr Wohlbefinden herzustellen oder zu steigern?

Ich habe einige Dinge gesammelt, die Ihnen dabei helfen können, sich selbst Ihre Liebe zu zeigen. Einstellungsveränderungen oder die Entsorgung alter Muster mögen vielleicht einige Zeit in Anspruch nehmen. Diese Vorschläge können Sie nach Lust und Laune sofort in die Tat umsetzen.

Tu dir gut

Machen Sie in einer stillen Stunde eine Liste von Dingen und Unternehmungen, die angenehm sind und Sie entspannen. Haben Sie auch keine Scheu davor, eventuell einmal etwas »Außergewöhnliches« zu probieren:

- Baden Sie bei Kerzenschein, und lassen Sie sich dabei von Rosenblättern umspülen.
- Schaffen Sie sich Ihre persönliche Kuschelecke mit vielen Kissen.
- Schneiden Sie Bilder aus Illustrierten aus, die Ihnen aus irgendeinem Grund gefallen.
- Nehmen Sie das »Geschirr für schön« aus der Vitrine, und verwenden Sie es im Alltag.
- Hören Sie Ihre Lieblingsmusik, und singen Sie mit. Ich gebe es ja zu – bei mir sind es die Oldies von Radio Arabella ...
- Machen Sie ein Picknick im Freien.
- Bleiben Sie mit einem spannenden Buch einen Tag im Bett.
- Besichtigen Sie Ihre eigene Stadt wie ein Tourist.
- Gehen Sie ins Palmenhaus, in einen Botanischen Garten oder einfach in eine schöne Blumenhandlung.
- Frühstücken Sie in einem Lokal.
- Pflanzen Sie Ihre Lieblingskräuter auf der Fensterbank.
- Kaufen Sie sich in einem Spielzeugladen eine Dose mit Seifenblasen, und schauen Sie den bunten Kugeln nach.
- Lassen Sie sich massieren.
- Stellen Sie Ihre Möbel um.
- Kaufen Sie eine Pflanze.

- Wenn Sie ein Tier mit Pelz haben – genießen Sie das weiche Fell.
- Umarmen Sie jemanden, von dem Sie wissen, dass er (sie) das mag.
- Schaffen Sie sich einen günstigen Zimmerbrunnen an, und lauschen Sie dem Spiel des Wassers.
- Suchen Sie ein entlastendes Gespräch mit einem Freund oder einem Therapeuten.
- Streifen Sie einfach so durch Altwarengeschäfte, Flohmärkte, Modehäuser, Parfümerien oder Stoffgeschäfte, und freuen Sie sich an den schönen Dingen.
- Schmökern Sie in einer Buchhandlung, oder besuchen Sie ein Museum.
- Planen Sie einen Geburtstag der anderen Art, auch wenn das etwas völlig Neues für Sie ist.
- Suchen Sie für sich einen besonderen Duft.
- Kaufen Sie ein sündiges Negligé, und spüren Sie die Seide auf der Haut.

Ausmisten – Stopp der Krempelitis

Sind Sie ein Mensch, der sich schwer von seinen Sachen trennt und deshalb Kästen, Laden und so ziemlich jedes andere Plätzchen damit zupflastert? Erstickt Ihre Wohnung regelrecht an Dingen, die keiner mehr braucht, aber »für alle Fälle« aufbewahrt werden? Um ehrlich zu sein – ich hatte jahrelang einfach zu viel Krempel. Tausende Zeitungsausschnitte mischten sich mit ausrangierten Lippenstiften und zu enge Jeans mit Andenken aus dem Jahre Schnee. Fotos von irgendwelchen Ferienbekanntschaften früherer Zeiten fristeten ein ebenso sinnloses Dasein wie Liebesbriefe von einem gewissen Franz (wer zum Teufel war Franz?). Vermeintlich unentbehrliche Bücher stapelten sich wie wild an diversen Orten, und Säcke verschiedener Größen wucherten unter der Küchenbank. Aber seit kurzem ist alles anders. In einer Fengshui-Beratung erfuhr ich, was solche Stapel von Gerümpel auch Körper und Seele antun. Ständige Müdigkeit, Lustlosigkeit, Entscheidungsschwäche, Übergewicht und sogar Depressionen können die Folge sein. Und so fegte ich wie ein Wirbelwind bis in die letzte Ecke. Na ja fast. Die chinesische Lehre vom Fengshui besagt, dass wir einerseits von unserer Art zu wohnen beeinflusst werden, und andererseits die unmittelbare Umgebung auch unseren seelischen Zustand widerspiegelt. Wenn Sie also Ihr »Zeug« loslassen, werden Sie sich nicht nur über mehr Platz freuen, sondern auch sonst positive Veränderungen in Ihrem Leben bemerken.

Das Wichtigste: *Fangen Sie an!* Wenn es Ihnen gelingt, sich von dem Ballast in Ihrer Wohnung zu lösen, haben Sie auch einen Riesenschritt in Richtung seelischer Freiheit und Wohlbefinden getan.

Tagebuch

»Ich liebe ihn, ich liebe ihn, ich liebe ihn. Niemals wird mir ein anderer so viel bedeuten. Er ist alles für mich.« Diese epochalen Worte schrieb ich im zarten Alter von vierzehn Jahren über einen gewissen Robert W. in mein Tagebuch. Erfolgte und ausgebliebene Anrufe, mehr oder weniger kostbare Aussprüche seinerseits und Einzelheiten unserer (äußerst jugendfreien) intimen

Beziehung wurden auf das Genaueste dokumentiert. Noch heute nimmt mich beim Lesen sowohl die Süße jener ersten Liebe gefangen, als auch die Erleichterung darüber, dass jener Robert nun einer anderen den letzten Nerv kostet.

Haben Sie je Tagebuch geschrieben? Wenn nicht – versuchen Sie es einmal. Das Niederschreiben von Gedanken, Gefühlen und Erlebnissen kann ausgesprochen entlastend sein. Es gibt Studien, die belegen, dass sogar körperliche und seelische Erkrankungen sich bessern, wenn man dem »verlässlichen Freund Tagebuch« sein Herz ausschüttet. Es geht beim Niederschreiben nicht darum, sofort Lösungen zu finden, sondern ein Problem kann ruhig als offene Frage eine Zeitlang stehen bleiben. Tagebuchschreiben ist auch eine wunderbare Möglichkeit, besser auf die innere Stimme zu hören. Allein mit den Seiten des vertrauten Buches sind Ihre zarten Töne oft leichter zu hören als in der Hektik des Alltags.

Lesen – das Buch als Freund

Ich kann mit Worten nicht ausdrücken, welch große Rolle Bücher in meinem Leben spielen. Je nach »Machart« finde ich zwischen ihren Seiten Aufmunterung, Trost, Ablenkung, Spaß oder auch wohliges Gruseln. Bücher sind Freunde, die immer zur Verfügung stehen, Sie nie enttäuschen und überall mitgenommen werden können. Machen Sie sich also auf die Suche nach Ihrem »Freundeskreis«. Das kann ein Buch sein, das sich im weitesten Sinn mit Lebenshilfe auseinandersetzt, Literatur, Gedichte oder Romane. Sie können Biografien von Menschen lesen, deren Leben Sie interessiert, etwas über ferne Länder erfahren, sich über ein Hobby näher informieren oder in geschichtliche Epochen eintauchen. Und schließlich gibt es noch die spannenden Krimis, die den Aufenthalt auf einer Strandliege neben dem Rauschen der Wellen erst so richtig zum Erlebnis machen. Viel Spaß!

Bewege dich, auch wenn es schwerfällt

Sind Sie sportlich? Treibt es Sie hinaus in Wald und Flur, um freudig und mit einem Liedchen auf den Lippen zu laufen, Rad zu fahren oder zu walken? Also ich hatte bewegungsmäßig immer folgende Einstellung: Sport ist Mord. Und warum sollte man sich bewegen, wenn gleichzeitig die Kissen des Lieblingssofas zum Ruhen und Rasten einladen? Der Sport und ich gingen uns also tunlichst aus dem Weg. Ich gebe es nur ungern zu, aber mein runder Geburtstag dieses Jahr (nein, nicht dreißig ...), chronische Rückenschmerzen und nicht zuletzt das peinliche Gekeuche bei der kleinen Treppe zu meiner Ordination ließen die sonderbarsten Ideen in meinem Kopf entstehen. Wie wäre es zum Beispiel, wenn ich mein Wiegenfest nicht nur fit, sondern auch rank und schlank begehen würde – mit straffen Oberarmen, durchtrainierten Beinen und einem flachen Bauch? Im Geiste kaufte ich für diesen besonderen Anlass bereits ein wunderhübsches Kleid, das sich in puncto Konfektionsgröße deutlich unter der jetzigen bewegte. Es wäre wahrscheinlich bei diesen Träumereien geblieben, wenn ich nicht meine immer üppige Bekannte Klara getroffen hätte. Die Gute war nicht nur um viele Kilos leichter, sondern alles an ihr war so gefestigt, dass ich vor Neid erblasste. Auf heftiges Befragen gab sie an, dass sie seit einigen Monaten einen durchaus leistbaren »personal trainer« zu Deutsch: einen höchstpersönlichen Antreiber bezüglich Fitnessprogramm beschäftigt. Ich dachte zwar immer, so einen haben nur Schauspielerinnen und Models, aber dem war offenbar nicht so. Also habe ich den Burschen selbst kontaktiert. Es hat mich beruhigt zu hören, dass er schon mit Menschen jeden Alters und in allen Stadien der Nicht-Fitness gearbeitet hat, sogar ganz kurz nach Operationen. Er sagte auch so nette Sachen wie: »Ich glaube nicht, dass dein Bauch flacher wird, ich weiß es.« So einen Mann muss man doch lieben, oder? Er erstellte also ein ganz persönliches Programm, das alle meine Wehwehchen berücksichtigte. Seither sitze ich auf Maschinen, die den furchterregenden Namen Brustpresse oder Beinpresse tragen, strample auf einem speziellen Rad für Rückenschmerzgeplagte und dehne anschließend, was das Zeug hält. Wissen Sie, was das Absurdeste ist? Ich habe echt Spaß dabei. Die ewigen Schmerzen sind deutlich besser, und tief am Grunde meiner Bauchdecke spüre ich etwas Hartes ...

Das zweite Aha-Erlebnis hatte ich in jenem Sommer, in dem mir der Bauchtanz begegnete. Ich habe keine Ahnung, warum ich damals trotz meiner feindlichen Einstellung Bewegung gegenüber einen Schnupperkurs buchte (geistige Umnachtung? Kurzschluss? Midlife-Krise?). Aber ich war von Anfang an verzaubert. Die glitzernden Gewänder lösten absolutes Entzücken aus, und die verführerischen Bewegungen ließen mich vergessen, dass ich eigentlich Diwanfan bin.

Liebe Frauen aller Altersgruppen und figürlichen Gegebenheiten: Probiert es einmal aus! Allein das Betreten dieser orientalischen Studios versetzt in andere Welten, in der Haremsdamen, dunkle Herrscher und ein unglaublicher Himmel über der Wüste eine große Rolle spielen. Und die fremdländische Musik weckt geheime Sehnsüchte, von denen frau vielleicht nicht einmal wusste, dass sie existieren. Weniger mystisch angehauchte Damen werden den positiven Effekt der speziellen Bewegungen auf Rückenschmerzen bemerken oder auch die (fast) mühelose

»Durcharbeitung« des ganzen Körpers. Nicht zu vergessen die Wirkung auf die Seele. Manchmal ging ich angespannt, traurig oder mit einem Problem belastet in den Kurs, um danach festzustellen, dass Stimmung und Perspektive sich positiv verändert hatten. Schnuppern Sie einmal!

Gelbe Wände, blaue Türen – gestalte deine Wohnung

Vor kurzem gab es den Werbespot eines großen nordischen Möbelhauses, der lautete: »Wohnst du noch oder lebst du schon?« Schauen Sie sich einmal in Ihrem Zuhause um, und spüren Sie nach, was Sie dabei fühlen. Kann Ihre Wohnung nicht mehr atmen, weil sich überall Dinge stapeln? Oder sind Ihre Räume nüchtern und ohne persönliche Note? Sind Sie von blassen Tönen umgeben, oder haben Sie sich »Ihre« Farben ins Haus geholt? Gibt es einen Bereich in der Wohnung, der nur für Sie bestimmt ist? All das lässt sich in einer einzigen Frage zusammenfassen: Fühlen Sie sich zu Hause so richtig wohl? Wenn nicht, dann machen Sie sich an die Arbeit. Es geht nicht darum, teure Innenarchitekten zu beschäftigen oder sich in Millionenhöhe zu verschulden. Denken Sie einfach darüber nach, was Sie für Ihren Wohlfühlfaktor brauchen. Bei mir ist das im Großen und Ganzen die Farbe Sonnengelb, viele Kissen, Pflanzen, eine riesige Couch, auf der auch mein Hund fernsehen kann, eine Badewanne, um im Kerzenschein in Bergen von Schaum zu versinken, und die Klimaanlage.

Wenn Sie sich selbst mehr lieben, wird es Ihnen immer wichtiger sein, Ihr Zuhause zu einem Heim zu machen, in dem Sie neue Kraft tanken, sich zurückziehen können oder es einfach genießen.

Finde »deinen« Job – Beruf als Berufung

Ist die Tätigkeit, mit der Sie Geld verdienen, wirklich »Ihr« Beruf? Für viele ist Arbeit gleichbedeutend mit notwendigem Übel. Sie gehen arbeiten, weil man das eben muss, und verlieren keinen weiteren Gedanken daran. Ich kenne sogar einige, die mit 30 schon Pläne für die Pension machen. Wenn Sie sich selbst mehr lieben, rückt das Thema »Wie verdiene ich mein Geld?« automatisch in den Vordergrund. Es lohnt, darüber nachzudenken, ob das, was Sie tun, befriedigend ist oder ganz und gar nicht. Wenn jemand zu mir kommt und über Probleme im Beruf klagt, frage ich immer zuerst, ob es sich dabei um den absoluten Traumjob handelt. In den meisten Fällen ernte ich dann erstaunte Blicke und höre »Nein, natürlich nicht«. Ich frage dann weiter: »Wenn alles möglich wäre, was würden Sie dann am liebsten tun?« Dann erzählen die Leute von Berufen, die absolut im Bereich des Möglichen liegen und die sie trotzdem nicht ergriffen haben. Da gibt es die Juristin, die immer Ärztin werden wollte, sich aber nach den Wünschen ihres Vaters gerichtet hat. Oder eine Bürokauffrau, die gerne Reiseleiterin geworden wäre, sich aber nie getraut hat.

Ich freue mich immer ganz besonders, wenn die Beschäftigung mit der Selbstliebe dazu führt, dass jemand seine Träume doch noch verwirklicht. Geben Sie nie auf, nach Ihrem Beruf zu suchen. Lassen Sie sich von niemandem einreden, dass es dafür zu spät ist, eine bestimmte Tätigkeit doch nur brotlos ist oder Sie keine Chance haben. Als ich mit 30 begann, Psychologie zu studieren, waren die meisten entsetzt. Es gab damals einige Psychologen, die arbeitslos waren, und mir wurden düstere Zukunftsbilder gemalt, die alle den unfreundlichen Aufenthalt unter der Brücke zum Inhalt hatten. Aber ich wusste – und weiß es noch –, dass die Beschäftigung mit der Seele »meines« ist.

Es kann auch wichtig sein, einmal Pause zu machen, um sich über einen anderen Berufsweg klarzuwerden. Karina wusste nur, dass es in ihrem Job unerträglich geworden war. Sie hasste die Arbeit als Sekretärin, wurde von den Kollegen gemobbt, und ihre Magenschmerzen wurden immer schlimmer. Sie hatte aber keine Ahnung, was sie stattdessen tun sollte. Durch den täglichen Stress konnte sie aber auch nicht spüren, was sie wirklich wollte. Schließlich kündigte sie, obwohl sie immer noch nicht wusste, wie es weitergehen sollte. Nach drei Monaten Arbeitslosigkeit, die von vielen Ängsten, aber auch Erleichterung begleitet war, begann sie eine Ausbildung als Kosmetikerin. Nach anfänglichen Schwierigkeiten ist sie heute überglücklich, dass sie den Mut hatte, die alte Stelle aufzugeben, obwohl zu dem Zeitpunkt nichts Neues in Sicht war. Sie machte noch einen Visagistenkurs und berät nun jede Frau, die besser aussehen möchte.

Wenn Sie mit Ihrem Beruf zufrieden sind – wunderbar! Wenn nicht, trauen Sie sich, Ihren bisherigen Weg in Frage zu stellen und so kreativ wie möglich nach Lösungen zu suchen.

Ordne deine Finanzen

Ich sage Ihnen jetzt bestimmt nichts Neues: Geld ist wichtig. Sie müssen essen, Miete zahlen und heizen. Sehr wahrscheinlich wollen Sie sich auch nicht nur in Jutesäcke kleiden, haben gerne eine Kette um den Hals oder ein Auto vor der Türe. Von solchen Dingen wie Kosmetikbehandlungen, Hobbys, Büchern oder die eine oder andere Massage einmal abgesehen. Es soll auch Leute geben, die hie und da auf Urlaub fahren wollen, Gäste einladen oder sogar in einem Lokal speisen möchten. Für all das und viele andere Dinge mehr benötigen Sie Geld. Ich habe festgestellt, dass vor allem Frauen eine äußerst zwiespältige Einstellung dazu haben. Sie wissen natürlich auch, dass Scheine und Münzen bedeutsam sind, haben aber gleichzeitig das Gefühl, dass Geld etwas ist, dem entweder ein unangenehmer Geruch anhaftet oder es ihnen nicht wirklich zusteht. Cornelia, eine talentierte Architektin, die sich sehr mit Fengshui auseinandersetzt, wurde neulich gefragt, ob sie einen Vortrag darüber halten könnte. Die Fahrtzeit zu dem Ort betrug über eine Stunde, die Veranstalter wünschten, dass sie zwei Stunden sprechen und dann noch für Fragen zur Verfügung stehen sollte. Also alles in allem ein relativ großer Zeitaufwand. Als der Veranstalter sie fragte, welche Höhe das Honorar betrage, wurde sie nervös und sagte, dass sie ihm am nächsten Tag Bescheid geben würde.

Cornelia ist kein Einzelfall. Viele gescheite, talentierte Frauen schätzen ihre Leistung kaum und haben große Schwierigkeiten, ein angemessenes Honorar dafür zu verlangen. Sie bleiben auch öfter in unterbezahlten Stellungen, weil sie denken, niemand würde sie besser bezahlen, oder es stünde ihnen auch nicht wirklich zu.

Speziell in Esoterikkreisen wird Geld oft als etwas Schmutziges oder Profanes betrachtet. Aber Tatsache ist: Sie können sich spirituell entwickeln, warmherzig, mitfühlend und nett sein und Geld haben. Ich habe mit Frauen gesprochen, die gerade so viel zur Verfügung hatten, dass sie über die Runden kamen. Aber die Vorstellung, viel mehr zu haben, fühlte sich irgendwie nicht richtig an. Verstehen Sie mich bitte nicht falsch: Wenn Sie mit dem zufrieden sind, was Sie haben, ist das natürlich völlig in Ordnung. Aber es ist keinesfalls so, dass Armut adelt und jeder einen schlechten Charakter hat, der über ein Sparbuch verfügt. Es lohnt sich, die tiefen Glaubenssätze zu betrachten, die Sie in Bezug auf Geld haben. Ich habe lange Zeit meine Finanzen nicht organisiert, weil ich unbewusst den Wunsch hatte, Kind zu bleiben. Eigenes Geld zu verdienen, damit umzugehen, es zu vermehren – das waren Themen, die mir auch Angst machten. Ich setzte mich auch nicht wirklich mit Sparformen, Vorsorge oder gar Anlagen auseinander. Das waren »erwachsene« Angelegenheiten, mit denen ich mich gar nicht erst beschäftigen wollte. Das andere Extrem sind Menschen, die dermaßen auf Geld fixiert sind, dass bereits der Ankauf eines Kugelschreibers zu einer nationalen Entscheidung wird. Natürlich bietet Geld auch Sicherheit, und es zeigt von Vernunft, es nicht sinnlos zu verschwenden. Aber sich nichts zu gönnen oder ohne wirklichen Anlass jeden Cent zwanzig Mal umzudrehen, weist genauso auf einen Mangel an Selbstliebe wie meine Angst vor der Verantwortung. Sparen Sie, sorgen Sie vor, aber benutzen Sie Geld auch, sich das Leben leichter und schöner zu machen.

Bäume, Wiesen, Sternenhimmel –
hinaus in die Natur

Ich habe erst spät entdeckt, wie beruhigend, aufbauend und entlastend es sein kann, sich in der Natur aufzuhalten. Es muss nicht die Karibik oder der Himalaja sein. Je stärker Sie sich selbst lieben, desto mehr Kraft ziehen Sie aus einem Waldspaziergang, dem Betrachten des Sternenhimmels oder eines Millionen Jahre alten Kristalls. Wenn ich in der Natur bin, fühle ich mich als Teil von ihr, gleichzeitig unendlich wichtig, aber auch »klein«. Nicht im Sinne von unbedeutend, sondern eingebunden in eine große Ordnung, die ich zwar spüren kann, aber nicht ganz durchschaue. Und wichtig, weil ich die unendliche Vielfalt sehe und fühle, dass alles, was ist, seine Berechtigung hat. Ich bin da, und das hat ebenso seinen Grund, wie der Grashalm neben mir wächst, mein Hund mich liebevoll anstößt und der Wind durch mein Haar fährt. Wenn ich am Meer bin, bekomme ich eine winzige Ahnung davon, was Ewigkeit bedeutet. Die Wellen schlagen ans Ufer, der Horizont verschwimmt, und die Gezeiten kommen und gehen. Unbeeinflussbar, in einem geheimnisvollen Rhythmus, gestern, heute und in einem unbestimmten Morgen. Gehen Sie mit offenen Augen durch die Welt. Die Natur hält immer eine Überraschung für den bereit, der sich von ihr anrühren lässt. Und bedenken Sie: Aus einem scheinbar »toten« Baum im Winter sprießt im Frühjahr wieder neues Leben ...

Keine Angst vor Therapien

Es ist ein großer Akt von Selbstliebe, Hilfe zu suchen, wenn Sie nicht weiterwissen. Fragen Sie sich zunächst, ob Sie lieber zu einer Frau oder zu einem Mann gehen möchten. Ich habe diesbezüglich eine sehr klare Einstellung. Ich denke, dass eine Frau besser bei einer Frau aufgehoben ist, und dasselbe gilt für einen Mann. Ich weiß, dass ich jetzt alle männlichen Therapeuten gegen mich habe, aber liebe Kollegen, ich kann das begründen! Ich selbst habe die Erfahrung gemacht, dass Frauen sich leicht in ihre männlichen Therapeuten verlieben, weil sie oft nicht gewöhnt sind, von einem Mann Einfühlungsvermögen und Verständnis zu bekommen. Der Therapeut geht darauf nicht ein oder – noch schlimmer – geht darauf ein – und dann kommt für die Frau zu dem ursprünglichen Leidenszustand noch einer dazu. Männer wiederum neigen aus uraltem Gockelverhalten dazu, einem anderen Männchen nicht den »Bauch« zu zeigen. Sie tun sich in der Regel leichter, einer Frau gegenüber offen zu sein. Und jetzt kommt die Überraschung: 100 % der von mir befragten Männer gaben meinen Gedanken zum Thema recht! Ja, Kollegen, tut mir ja echt leid, aber so ist es nun einmal. Natürlich ist nicht jede weibliche Therapeutin für jede(n) geeignet. Achten Sie schon bei der Terminvereinbarung darauf, ob die Stimme sympathisch klingt. Fühlen Sie dann beim ersten Termin, ob die Person Wärme ausstrahlt und Sie sich verstanden und angenommen fühlen. Spüren Sie auch, ob das für Sie in Ordnung ist, wenn gleich Termine für mehrere Wochen vereinbart werden. Denn schließlich weiß niemand, wie sich die Dinge entwickeln, wie rasch Sie Veränderungen spüren und ob Sie wirklich jede Woche kommen wollen. Ich frage immer am Ende einer Stunde, ob der Klient einen neuen Termin vereinbaren möchte und in welchem Abstand. Manchmal benötigen Menschen in einer akuten Krise zwei Stunden pro Woche, in anderen Fällen wollen oder müssen sie die Dinge erst verarbeiten. Lassen Sie sich also nicht drängen, sondern entscheiden Sie nach Ihrer inneren Stimme. Manchmal ist ein bestimmter Therapeut auch der ideale Begleiter für einige Zeit, und dann kann es sinnvoll sein, zu wechseln. Verlassen Sie sich auf Ihr Gefühl!

»Die Selbstliebe hat
mein Leben verändert«

Erfahrungsberichte

Hier erzählen einige Kursteilnehmer und Klienten ihre Geschichte. Ich freue mich, dass keiner – bis auf eine Ausnahme – anonym bleiben wollte!

Evi Fliehser-Denker, 54, Industriekauffrau, Wien

Eines Tages wusste ich es – so konnte es nicht mehr weitergehen.

Meine Ängste nahmen mich jeden Tag mehr gefangen, und dazu kamen noch schlimme Panikattacken. Und es gab keinen Tag, an dem ich nicht irgendwelche körperlichen Beschwerden hatte. Mein Mann fragte mich bereits zum Frühstück: »Na, was tut dir denn heute *nicht* weh?« Also, ernst wurde ich auch nicht mehr genommen. In der Firma machte ich zwar viele Überstunden, drückte mich aber vor Feiern und Besprechungen, weil ich mich nicht mehr schön und schlagfertig genug empfand und mich auch nicht fit genug fühlte. Ich nahm immer mehr Tabletten, trank viel zu viel Kaffee, und für Entspannung fand ich keine Zeit. Trotz der schwindenden Kräfte versuchte ich es allen recht zu machen. Mein Partner, meine Freunde, die sogenannte »Gesellschaft« – niemand sollte merken, wie schlecht es mir ging. Ich verbot mir, Schwäche zu zeigen und Fehler zu machen.

Gerade rechtzeitig las ich in diesen Tagen, dass es ein Seminar »Die Kunst, sich selbst zu lieben« gab. Was soll ich sagen: Es war der Beginn meiner Heilung von Panikstörungen und körperlichen Beschwerden. Schon nach der ersten Seminarstunde war mir klar, dass ich viel zu streng mit mir umging, dass ich viel zu hohe Anforderungen an mich stellte und weit davon entfernt war, mich selbst wirklich lieb zu haben. *OK – bis jetzt!* Seit diesem Zeitpunkt lerne ich, mein Leben umzustellen.

Ich bin dabei, für mich zu lernen und zu üben:

- dass ich kein Opfer bin und dass es nicht mein Schicksal ist, es den anderen recht zu machen, sondern liebevoll auf *meine* Bedürfnisse zu achten,
- in den Spiegel zu schauen und zu sagen: »Ich verdiene es, dass es mir in jedem Lebensbereich super gutgeht, dass ich gesund bleibe und liebe Freunde habe«,
- dass das Leben Spaß machen soll und nicht aus Pflicht, Perfektion besteht, ich mich nicht mit anderen messen muss,
- dass ich mir für mich die Zeit nehme, die ich brauche,
- dass ich darauf vertrauen kann, dass sich die Dinge für mich zum Besten wenden werden.

Brigitte Hanzl, 32, Marketingmanagerin, Niederösterreich

Seit ich mich mit dem Thema Selbstliebe beschäftige, hat sich mein Leben verändert. Ich habe mich in dieser Zeit nach langem Zögern und Leiden aus einer sehr zerstörerischen und äußerst qualvollen Beziehung befreit und den Mut gehabt, einen sicheren, aber nicht befriedigenden Job aufzugeben. Zwar haben mich diese Veränderungen sehr viel Energie und Überwindung gekostet, aber die Lebensumstände wurden tatsächlich viel besser: Meine jetzige Beziehung ist »gesund« und »kraftgebend«, unterstützend und liebevoll. In meinem neuen Job kann ich mich interessanten Tätigkeiten widmen – somit läuft alles wunderbar! Viel besser, als ich es mir vor einigen Jahren je erträumt hätte! Aber nicht nur nach außen hin, sondern auch in meinem Inneren gab es viele Veränderungen, auch wenn ich das manchmal selbst gar nicht bemerkte. Erst Freunde machen mich manchmal darauf aufmerksam, wie sehr ich mich zum Positiven geändert habe! Die Beschäftigung mit dem Thema »Selbstliebe« hat mich sehr beeinflusst – und das Lernen endet nie. Immer wieder gerate ich in Situationen, in denen sich die Frage stellt: »Wie sieht es mit meiner Selbstliebe aus?«

Meine bisherigen Erfolge:

- So gelingt es mir öfter (als früher), in den Spiegel zu sehen, mich anzulächeln und mich »einfach gut« zu finden, mich zu akzeptieren, so wie ich bin – bedingungslos. Ich schaffe es sogar schon manchmal, über mich selbst zu lachen – das wäre früher undenkbar gewesen.

- Die Selbstliebe bringt mich auch immer wieder zum Nachdenken über mich und mein Leben: »Was bin ich und was will ich wirklich?«

- Von Menschen, die mich nicht respektieren und mich »heruntermachen« wollen, lasse ich mich heute nicht mehr ganz so schnell einschüchtern und sage mir immer wieder vor: »Mein Wert steht außer Frage – egal, was andere behaupten. Ich bin gut genug.« Ein Wörtchen, das mir nach wie vor schwerfällt, ist »Nein«. Aber es ist zumindest ein wenig einfacher.

- Früher fühlte ich mich sehr oft als das »arme Opfer«, die Unterdrückte – jetzt weiß ich, dass ich aus dieser Rolle aussteigen muss, dass ich mein eigener Retter bin und mir vertrauen und an mich selbst glauben kann und muss!

- Eine sehr wichtige Veränderung im Leben – die Beendigung einer zerstörerischen Partnerschaft – wurde letztendlich auch von meiner Selbstliebe ausgelöst. Ich hatte endlich erkannt, dass Menschen, die mir Kraft und Energie rauben, gar nicht guttun und es viel besser für mich ist, mich in einer friedlichen und mir gut gesinnten Umgebung zu bewegen, wo man mich so akzeptiert, wie ich bin!
  Apropos ändern: Zur Selbstliebe gehört für mich auch, dass ich anderen Menschen gestatte, *ihre* Selbstliebe auszuleben, indem ich sie z.B. nicht mehr ständig kontrollieren oder ändern will. Das muss auch ständig neu »geübt« werden, da ich gern ins Kontrollierende zurückfalle!
- Wenn ich heute den Satz »Ich verdiene es, dass es mir gutgeht« vor dem Spiegel sagen kann, ohne dabei ein schlechtes Gewissen anderen gegenüber zu bekommen oder ohne an meinen Worten zu zweifeln, dann ist das auch ein großer Erfolg für mich!
- Das höchste Maß an Selbstliebe – danach strebe ich ganz besonders, und es gelingt mir doch schon öfter als früher – ist für mich, wenn ich meine Sorgen loslassen kann, im Vertrauen darauf, dass alles so kommt, wie es (für mich) gut ist, und dass ich den Augenblick mit »offenem Herzen« genießen kann – im Frieden mit mir und der Welt!

Diese und noch viele andere Gedanken, die mir im »Selbstliebe-Kurs« von Sabine vermittelt worden sind, haben mir in den letzten Jahren sehr geholfen und mich in Krisenzeiten unterstützt und gestärkt. Durch die Beschäftigung mit der Selbstliebe und auch durch meine Erfahrungen ist mein Blickwinkel ein anderer geworden. Ich betrachte vieles jetzt aus einer anderen, toleranteren Perspektive und nicht mehr mit einer fixen Meinung. Trotzdem ist es ein ständiges Lernen und Üben – nicht an jedem Tag fällt es mir leicht, diese Dinge zu beherzigen. Aber ich weiß: Das ist der richtige Weg!

Mein Wunsch ist es, ein liebevollerer Mensch zu werden, der sich selbst akzeptiert und liebt, um diese Liebe auch anderen entgegenbringen zu können.

Susanne Fischer, 40, Frühpensionistin, Wien

Ich bin seit 15 Jahren HIV-positiv, und mein Körper war durch die jahrelange Medikamenteneinnahme vergiftet. Meine Leber versagte, und so vertrocknete ich allmählich. Ich war sehr schwach und sah mit 35 aus wie eine alte Frau. Die Ärzte machten mir klar, dass ich keine Medikamente mehr nehmen dürfe, und so wurde mein Leben noch massiver beeinträchtigt. Die Schulmedizin hatte mich also aufgegeben, und ich wurde zum Sterben nach Hause geschickt. Irgendwie wurde mir klar, dass ich nur mit einer positiven Einstellung überleben konnte. Und so buchte ich nach der Devise »Nutzt es nicht, wird es auch nicht schaden« den Kurs »Die Kunst, sich selbst zu lieben«. Aber wie es genutzt hat! Dort habe ich gelernt, wie wichtig es ist, dass ich ein liebevolles Gefühl mir selbst gegenüber entwickle und wie zerstörerisch mein bisheriger Umgang mit mir war.

Ich bin ganz sicher, dass ich bis heute überlebt habe, weil ich meine Einstellung zu mir geändert habe. Ich hatte immer das Gefühl, ein Opfer zu sein – meiner Krankheit, der Umstände, der Erziehung. Das war zwar manchmal bequem, hat mich aber regelrecht gelähmt. Ich dachte auch oft: »Wozu das alles noch, ich sterbe ohnedies bald, ich tu mir das nicht mehr an.« Eine Zeitlang habe ich auch Menschen, die mich gerne hatten, regelrecht dafür verachtet. Diese Dinge waren mir alle nicht bewusst.

Heute sage ich »ja« zum Leben und tue, was mir Freude macht, *obwohl* ich viele Probleme habe.

Ein wichtiges Schlüsselerlebnis hat mir gezeigt, wie ich mich verändert habe: Ich habe immer meine große Nase gehasst und fühlte mich abstoßend und hässlich. Neulich wurde ich fotografiert, und zwar im unvorteilhaften Profil. Als ich mir die Bilder später ansah, war der alte Hass verschwunden, und ich konnte meine Nase mit Stolz und Liebe betrachten.

Der erste Kurs bei Sabine ist mittlerweile fünf Jahre her, und ich kann nur sagen, dass sich mein Leben seither in vielen Dingen verändert hat.

Christine Bittermann, 40+, Hausfrau, Wien

Mir war nie zu Bewusstsein gekommen, wie sehr ich mir mit meinem übertriebenen Perfektionismus geschadet hatte. Außerdem konnte ich keine Hilfe annehmen und habe Probleme immer nur verdrängt. Bereits nach einigen Kursabenden änderte sich meine Einstellung.

Ich spürte plötzlich mehr Selbstvertrauen, konnte meinem Partner meine Bedürfnisse besser verständlich machen, und habe sogar zu malen begonnen. Das war immer mein großer Traum, den ich nie umgesetzt habe! Mir hat an den Kursen gut gefallen, dass Sabine ihr Wissen mit so viel Humor und Gefühl weitergibt. Dadurch macht auch die »Selbstliebearbeit« Spaß.

Daniela F., 30, Sekretärin

Ich habe in meiner Kindheit und Jugend sehr stark unter meiner brutalen Mutter und meinem Bruder gelitten. Dieses und noch andere Erlebnisse haben dazu geführt, dass mein Selbstwertgefühl praktisch nicht vorhanden war. Ich fühlte mich jahrelang leer, kraftlos und nicht mehr fähig, positive Dinge zu erkennen (und schon gar nicht zu genießen).

Ich verharrte im Negativen und war unfähig, etwas zu beginnen und es zu beenden, da ich die Meinung meiner Familie, ich sei »hirnlos«, unbewusst übernommen hatte.

Obwohl ich mich meiner Familie, eines miesen Jobs und ein paar Möchtegernfreunden entledigte, war ich trotzdem nicht fähig, mein Leben zu leben. Ich konnte weder anderen, geschweige denn mir selbst mit einer gewissen Achtung entgegentreten. Mit der Zeit habe ich bemerkt, dass ich der Sklave meiner negativen Gedanken und meines Grolls, kurzum meiner selbst erschaffenen Monster war.

Dank meines Partners, vieler Selbsthilfebücher, Kurse und einer Therapie habe ich es geschafft, meine Selbstliebe zu steigern. Heute (mit gesteigerter Selbstliebe) geht es mir gut und ich fühle mich richtig wohl. Ich kann mein Leben, meine Beziehungen zu anderen Menschen (Partner so wie Freunde), meine Erfolge und Misserfolge bewusst wahrnehmen und genießen! Egal, ob ich ein Buch lese, mir einen Film ansehe oder einfach nur im Park sitze, ich kann das alles genießen.

Ich arbeite immer noch brav an mir, und wenn es mir heute schlechtgeht, dann kann ich damit besser umgehen. Mir ist einfach klar, dass es »Tiefs« gibt und dass es nicht wieder eine »Na typisch ich, das kann ja nur mir passieren«-Situation ist.

Hannes Löw, 36, EDV-Spezialist, Wien

Im Winter 2001/2002 entschied ich mich dafür, den Kurs »Die Kunst, sich selbst zu lieben« auf der VHS Wien 16 zu besuchen. In dieser Zeit war das diffuse Gefühl, dass einiges in meinem Leben besser laufen könnte, wieder einmal in der ansteigenden

Phase. Der erste Abend brachte gleich eine wichtige Erkenntnis: Es waren alle Altersgruppen vertreten, und ich war also kein »Sonderfall«. In den folgenden Wochen wurden von Sabine viele Themen angesprochen, einige verstand ich sofort, bei anderen dauerte es länger. Mir wurde klar, dass mein Hang zum Perfektionismus in beruflichen Dingen oft nur eine Suche nach Anerkennung darstellte und die Aufgabe als solches nicht so wichtig war. Länger dauerte es, bis ich anfing, das Prinzip »Leben im Hier und Jetzt« zu begreifen, was für einen Kopfmenschen wie mich wahrscheinlich noch wichtiger ist. Früher hätte ich beim Hausbau die endlos lange Liste mit den kleinen und größeren Arbeiten, die dabei anfallen, abgearbeitet, bis mich die Müdigkeit gezwungen hätte, erst am nächsten Tag damit in gleicher Weise weiterzumachen. Heute gibt es neben dem inneren Antreiber noch die zweite Stimme, die sagt, dass es besser ist, einen schönen Sommernachmittag beim Schwimmen zu verbringen. Ich glaube, dass es den Rest des Lebens dauert, Selbstliebe zu entwickeln. Vor allem auch auf das Gefühl zu hören, wenn ich mal wieder »über mich selbst drüberfahre«. Der Kurs war mein erster Kontakt mit der Selbstliebe und bedeutet sicher einen Wendepunkt in meinem Leben. Ich weiß heute, wie ich das Leben angenehmer gestalten kann.

Karin Kitzberger, 37, Volksschullehrerin, Niederösterreich

Bevor ich zum Selbstliebe-Seminar gelangt bin, war ich schon über ein Jahr lang in einem krisenähnlichen Zustand, ausgelöst durch die Krebserkrankung und den Tod meiner geliebten Mutter sowie einer schwierigen Trennung – beides in sehr kurzem Abstand. Ich habe trotz des innigen Zusammenhalts in der Familie, der hilfreichen Unterstützung des großartigen Personals des Krankenhauses Hollabrunn, meiner tollen Schulkinder und verständnisvollen Freunde und Verwandten diese Krise sehr intensiv durchlebt. Nun war ich dazu bereit, mich diesem veränderten Leben zu stellen. So kam ich im Februar 2002 in das Selbstliebe-Seminar. Gemeinsam mit einem guten Freund begab ich mich 14-tägig auf eine 1 ½-stündige Fahrt nach Wien.

Von Beginn an war ich total fasziniert vom Lebensbezug und der großen Offenheit, mit der Sabine ihren eigenen Bezug zu so manchem Thema darstellte. Bei jedem Seminar wurde ein anderer Themenbereich beleuchtet, z.B. Kommunikation, Gefühle, die Macht der Gedanken, alte Verhaltensmuster, Liebe, Sexualität, Partnerschaft, die Auseinandersetzung mit dem eigenen Schatten usw. In einer von Wertschätzung und Ehrlichkeit getragenen Atmosphäre konnte vieles bearbeitet werden, und jeder kam bald auf seine wunden Punkte.

So wurde dieses Seminar oft zu einem »harten Stück Arbeit«, doch die Motivation aller war enorm und der Spaßfaktor kam nie zu kurz. Die vielen inneren Veränderungen zeigten sich auch bald im Äußeren: Der Auszug von meinem Elternhaus und das Verlassen der vertrauten Umgebung fiel mir nicht leicht. Doch mittlerweile bin ich bereits zweimal übersiedelt, und durch die neue Wohnsituation konnte ich auch persönliche Beziehungen besser aufbauen. Neben meiner Tätigkeit als Volksschullehrerin habe ich auch die für mich richtige Ausbildung zur Lebens- und Sozialberaterin gefunden. Auch sonst bin und bleibe ich auf dem Weg der Selbstliebe. Eine kleine Gruppe aus dem damaligen Kurs trifft sich seit nunmehr drei Jahren in unregelmäßigen Abständen in Sabines Praxis, um weiter an sich zu arbeiten. Das ist ein wichtiger Fixpunkt in meinem Leben, den ich nicht missen möchte. Ein weiterer Gewinn dieses Kurses ist, dass ich zu allen Situationen in meinem Leben einen bewussteren Zugang habe und versuche, mir und anderen liebevoller zu begegnen. Das gelingt nicht immer, aber immer öfter!

Welche Erfahrungen mir das Leben nun auch bringt, es gibt –

im Unterschied zu früher – in erster Linie einen Menschen, der dafür verantwortlich ist: *Ich selbst!*

Mag. Nina Zartl, 34, Juristin, Wien

Das Thema Selbstliebe umfasst so viele Bereiche, dass ich auch nach vier Jahren intensiver Beschäftigung damit noch nicht alles umsetzen kann. Zu Beginn meines ersten Kurses sind mir noch Augen und Ohren übergegangen, was alles zur Selbstliebe gehört. Ich kann mich noch gut erinnern, dass ich einen Knödel im Hals stecken hatte und dachte: »In meinem Leben gibt es alles Mögliche, aber etwas Wichtiges fehlt offenbar.«
Seither setze ich mich mit vielen Dingen viel bewusster auseinander – vor allem dem Hinterfragen von Beziehungen und Freundschaften. Ich bin sicher für meine Umwelt nicht einfacher geworden, denn ich achte heute öfter als früher auf meine Bedürfnisse. Obwohl ich schon zugebe, dass mir das manchmal noch immer schwerfällt. Aber ich habe gelernt, dass ich »das Beste verdiene«. Warum auch nicht? Ich spüre mich heute viel besser als früher und kann daher auch authentischer sein. Mein Ziel: Ich möchte nicht nur passiv vor mich hin leben, sondern am Steuer meines Lebensautos sitzen.

Maria Scheiböck, 37, Sachbearbeiterin, Wien

»Was mir die Beschäftigung mit der Selbstliebe gebracht hat, ist kurz gesagt: eine Wendung um 180 Grad in meinem Leben. Es ist wie Wasser und Dünger für einen vertrockneten Garten – halbtote Pflanzen erholen sich wieder, und ganz neue Samen können aufblühen, alles gedeiht und sprießt. Vor allem in meinen Beziehungen, die vorher als desaströs zu bezeichnen waren, hat sich alles verändert – und ich bin überzeugt, dass es an der völligen Änderung meines Selbstbildes liegt. Es ist wahr, dass die Welt einem das Innerste spiegelt und andere nur das in einem sehen können, was man selbst in sich sieht. Erst wenn man überzeugt ist, etwas Gutes wirklich verdient zu haben, kann es sich auch verwirklichen.

Ich war sehr erstaunt zu sehen, was alles *nicht* Selbstliebe ist und mich behindert und beeinträchtigt, angefangen mit so simplen – aber leider nicht selbstverständlichen Dingen – wie *ja* sagen, wenn man in Wirklichkeit *nein* sagen möchte. Die/der eigene beste Freund/in zu werden ist die lohnendste Arbeit, der man sich widmen kann. Selbstliebe ist der wichtigste Grundstoff für ein glückliches Leben, und was die Autorin nicht darüber weiß, lohnt sich auch nicht zu wissen ...«

Rudolf Stragoda, 47, kaufmännischer Angestellter, Wien

Den Zugang zur Selbstliebe zu finden ist kein leichter Weg, aber sicher ein bereichernder. Ich habe eher über Umwege damit begonnen. Zuerst begann ich mit diverser Literatur, später dann mit einer Einzeltherapie und kam schließlich zum Seminar bei Mag. Standenat. Aber den Weg gehen muss man letztendlich immer selber.

Wichtig für mich war, mehr Vertrauen in mich selbst zu finden. Auch der Umgang mit meinen Ängsten war ein wichtiger Schritt.

Was liegt noch vor mir? Das Annehmen sowohl meiner positiven als auch negativen Eigenschaften.

Der Weg zur Selbstliebe und zu einem Menschen, der bereit ist, sich zu sehen, sich zu hinterfragen und sich anzunehmen, um zu dem Menschen zu werden, der er sein möchte, ist noch sehr lang, aber ich möchte ihn voller Erwartung gehen.

Selbstliebe: Ein Begriff, der erst vor einem Jahr in mein Bewusstsein getreten ist. Ich steckte mitten in einer unglücklichen Beziehung, und es ging mir sehr schlecht. Trotzdem war ich unfähig, mich davon zu befreien. Nachdem die Situation immer schlimmer wurde, beschloss ich, Hilfe zu suchen.

Über das Internet fand ich eine gute Therapeutin, die mir das Thema Selbstliebe näherbrachte. Drei Monate nach der ersten Sitzung konnte ich meine Beziehung beenden. Wenig später zog ich auch von zu Hause aus.

Jetzt geht es mir besser denn je. Natürlich gibt es Rückfälle mit Männern, die nicht gut für mich sind, aber es dauert meist nicht lange, bis sie wieder verschwunden sind. Ich habe auch gelernt, dass ich Fehler machen darf und nicht perfekt sein muss, um geliebt zu werden.

»Ich hab mich lieb« – das denke ich jetzt viel öfter als früher und es tut mir gut!!

Silvia Gröbe, 49, Kassiererin, Wien

Nachdem meine Partnerschaft zerbrach, ging es mir extrem schlecht. Ich entdeckte, dass mein eigenes Leben eigentlich noch nie existiert hatte. Mein Vater, mein erster Mann und auch der letzte Partner hatten mir immer vermittelt, dass ich nichts bin, nichts kann und nicht zähle.

Keiner der drei Männer hatte je etwas Nettes zu mir gesagt, und trotzdem konnte ich nicht loslassen. Im Gegenteil: Ich bemühte mich noch mehr, um es ja allen recht zu machen.

Dann kam ich »zufällig« in den Kurs von Sabine. Dort fiel es mir wie Schuppen von den Augen, dass ich mich überhaupt nicht liebte. Zunächst ging es mir so schlecht, dass ich mich in den Stunden nicht beteiligte, sondern nur zuhörte. Bei der Spiegelübung, in der wir sagen sollten »Ich verdiene es, dass es mir gutgeht«, war ich so aufgewühlt, dass ich zu weinen begann. Aber dann wurde es immer besser. Heute denke ich immer wieder an die Tatsache: Wenn ich nicht die Regeln für mein Leben aufstelle, wird es ein anderer tun. Es hat mir auch sehr geholfen, die drei Arten von Angelegenheiten – meine, deine, Gottes – nicht mehr zu vermischen. Ich bin nicht für *alles* zuständig, sondern nur für meinen Bereich.

Dipl.-Ing. Claudia Fahrnik, 39, Architektin, Wien

Nach dem Kurs war es faszinierend, Situationen aus einer anderen Perspektive zu betrachten. Sabine brachte uns dazu, ehrlich hinter unsere Fassaden zu sehen. Manchmal war es auch schmerzhaft, denn es gab viele Gedanken, die ich nur allzu gut verdrängt habe, die ich nicht wahrhaben wollte, die mich aber in meinem Handeln blockierten.

Da war zum Beispiel die Art und Weise, wie ich es zugelassen habe, dass andere mit mir umgingen, bzw. wie ich selber mit mir umging. Es spiegelte wider, wie ich über mich dachte, wie viel ich glaubte wert zu sein.

Der Kurs zeigte mir aber auch, was für fatale Mechanismen ich einsetzte, um Situationen nicht wirklich ansehen zu müssen. Lieber nahm ich eine schwere Krankheit in Kauf, als mich bestimmten Gegebenheiten zu stellen. Ich habe unbewusst meinen Körper als Pfand eingesetzt, um zur Ruhe zu kommen, um »nein« sagen zu dürfen, um aus dem Kreislauf, dem ich nicht mehr gewachsen war, aussteigen zu können. Oberflächlich betrachtet war alles in bester Ordnung: vielleicht ein wenig zu viel Arbeit, ein wenig zu viele Probleme, vielleicht zu wenig Regeneration, vielleicht zu wenig ich selber ...

Ich habe meine Seele und meinen Körper ausgebeutet, nicht wahrgenommen, nicht ernst genommen. Trotz Hilfeschreie meiner Seele habe ich mich selber immer wieder hinten angestellt. Ich war es mir nicht wert, auf mich zu achten. Niemand anderer als ich selbst war schuld daran.

Der Kurs hat mir gezeigt, dass es wichtig ist, *mein* Leben zu leben, dass meine Angst, durch »gesunden Egoismus« andere zu verletzen, unbegründet ist, dass ich ein Recht habe »nein« zu sagen.

Meine Umgebung war anfangs irritiert über mein *»nein«*. Aber zu meiner Überraschung war die Akzeptanz sehr groß, und es erleichterte den Umgang mit anderen.

Auch wenn ich noch manchmal in das alte Fahrwasser zurückfalle, nehme ich mir jetzt mehr Zeit für mich selber, um Kraft und Energie zu tanken, um es mir gutgehen zu lassen. Ich höre mehr auf meinen Körper und nehme die Signale ernst.

Ich habe mir auch einen großen Wunsch erfüllt, der meine Seele wieder zum Singen gebracht hat: eine Woche auf einem Forschungsschiff Delphine beobachten.

Es war *wunderschön!*

»Wohin im Fall der Fälle?«

Persönliche Tipps

Ich möchte hier Kontaktmöglichkeiten zu Menschen angeben, die im weitesten Sinne besondere Dinge tun, deren Methode ich für sehr gut halte oder von denen ich fühle, dass das, was sie tun, von innerer Leidenschaft getragen ist. Viele der »Tipps« leben in meiner Heimatstadt, aber vielleicht werden Sie trotzdem inspiriert!

Wichtig: Auch hier gilt – machen Sie sich Ihr eigenes Bild! Etwas, das mir gutgetan hat, muss für Sie noch lange nicht geeignet sein. Oder eine Person, die mir sympathisch ist, liegt Ihnen vielleicht weniger. Hören Sie wie immer und in jedem Fall auf Ihre innere Stimme.

Bitte beachten Sie, dass die angegebenen Telefonnummern österreichische sind. Die Vorwahl von Österreich ist 0043. Möchten Sie z.B. Frau Schaffer von Deutschland oder der Schweiz aus anrufen, wählen Sie 0043-1-8 79 76 11.

Mag. DDr. Beate Schaffer,
Ärztin für Allgemeinmedizin,
Psychotherapeutin, Humanbiologin

Beate ist ein sehr spiritueller Mensch, und diese innere Haltung fließt in alle ihre Behandlungsmethoden ein. Um sich einen Überblick über die »Situation« eines Patienten zu verschaffen, bietet sie – neben vielem anderen – auch die Dunkelfeldmikroskopie an. Mit dieser Methode kann sie aus einem einzigen Blutstropfen eine Fülle von Informationen über das innere Milieu eines Menschen beziehen. Sie interessiert sich auch sehr für Schamanismus.

Kontakt: (01) 8 79 76 11,
A-1130 Wien, Jagdschlossgasse 40

Ulrike Haiden,
Bauchtanzlehrerin aus Leidenschaft
Ulli ist Energie pur. Sie *liebt* den Bauchtanz und kann die kompliziertesten Figuren so erklären, dass jede Frau sich – nach einiger Zeit (!) – wie eine erotische Göttin fühlt.

Kontakt: ulrike.haiden@hotmail.com oder
A-1100 Wien, Weidelstraße 21

Dr. Barbara Stekl,
Juristin und ERGOSOM-Therapeutin

Babsi hat goldene Hände. Wenn ich erschöpft bin oder Schmerzen habe, lege ich mich auf ihren Behandlungstisch. Eine Stunde später geht es mir viel besser. Sie hat eine schwere Erkrankung überwunden und sich in der Folge mit Selbstliebe und Spiritualität beschäftigt. Sie praktiziert die energetische Heilmethode »Ergosom«, bei der auf sanfteste Weise Blockaden gelöst werden. Auch für Hochsensible geeignet, die auf andere Therapieformen zu stark ansprechen!

Kontakt: (06 76) 9 19 32 99 oder
barbara.stekl1@chello.at

Georg Rieder,
der »Mann mit dem Röntgenblick«

Georg sieht im wahrsten Sinne des Wortes in den Körper eines
Menschen – aber auch den von Tieren – hinein. Auf diese unge-
wöhnliche Art »diagnostiziert« er und macht bei Bedarf Heilbe-
handlungen. Er arbeitet auch mit Ärzten zusammen.
Kontakt: (0 32 27) 4 63 88
Sieghartskirchen, Niederösterreich

Wolfgang Neundlinger,
persönlicher Trainer

Er ist der Mann, der es geschafft hat, dass ich nach einem Le-
ben auf der Couch nun häufig im Fitnesscenter anzutreffen bin.
Wolfgang erstellt je nach Wehwehchen oder auch massiveren
Beschwerden einen Trainingsplan und »überwacht« die Fort-
schritte. Sogar meine Mutter (über 80!) trainiert unter seiner
Anleitung an den Maschinen.
Kontakt: (06 64) 3 11 89 88

Dipl.-Ing. Claudia Fahrnik,
Architektin und Fengshui-Expertin

Claudia berät in allen Wohnfragen, wobei sie als erste Maßnahme beim Entrümpeln (!) unterstützt.
Kontakt: (06 99) 12 93 00 70

Angela Mese,
Astrologin und Tarotexpertin
Angie ist eine sehr »geerdete« Person, die großes astrologisches
Wissen mit fundierten psychologischen Kenntnissen verbindet.
Fast alle Klienten, die zu mir kommen, waren – mit größter Zu-
friedenheit – auch schon bei ihr.
Kontakt: (06 99) 12 07 32 18

Nagelstudio »Xtravagant Nails«
Erika und Roland Sochorec

Wenn Sie im Sinne Ihrer Verschönerungswünsche auch an ein
Nageldesign denken, sind Sie hier gut aufgehoben. Damen aller
Altersgruppen lassen sich von Erika und ihrem Mann beraten.
Muskelmann Roland war früher Kaminsanierer (!), bis er die
berufliche Liebe zur Nagelgestaltung entdeckte.
Kontakt: (01) 7 89 73 81
A-1150 Wien, Hütteldorfer Straße 46

Feiern im »Rosenschloss«

Einen »runden« Geburtstag habe ich in diesem wunderschönen
Ambiente gefeiert, und zwar in historischen Kostümen. Wenn
Sie sich einmal eine Freude machen wollen oder eine solche
verschenken möchten, sind Sie hier gut aufgehoben. Beson-
deres Zuckerl: Sie bezahlen keine Miete, sondern wählen Ihr
Buffet, das Personal ist sehr freundlich und der umtriebige Herr
Lichtenegger bemüht sich, alle Sonderwünsche zu erfüllen.
Kontakt: (01) 5 76 66 63
Europahaus, A-1140 Wien, Linzer Straße 429

Buchtipps

Es ist unmöglich, alle Bücher aufzulisten, die es unbedingt verdienen würden, empfohlen zu werden. So habe ich hier eine Auswahl an Literatur getroffen, die mir in schweren Zeiten besonders geholfen hat – durch Trost, Bestärkung auf meinem Weg oder durch das Aufzeigen von Perspektiven.

Machen Sie sich aber auch auf Ihre eigene Suche. Ich habe festgestellt, dass mir Bücher »zufallen«, wenn ihre Zeit in meinem Leben gekommen ist. Viel Freude beim Lesen!

Luise Hay: »Gesundheit für Körper und Seele«, Heyne Verlag, 1984

Barbara Vödisch: »Sananda – Die Neue Zeit ist jetzt«, Smaragdverlag, 2002

»Botschaft von Andromeda«, Smaragdverlag, 2000

Debbie Ford: »Das Geheimnis das Schattens«, Goldmann, 2003

»Die dunkle Seite der Lichtjäger«, Goldmann, 1999

»Spirituelle Trennung«, Integral, 2001

Joachim Bauer: »Das Gedächtnis des Körpers«, Eichborn 2002

Robin Norwood: »Wenn Frauen zu sehr lieben«, Rowohlt 1987

Dan Millman: »Der Pfad des friedvollen Kriegers«, Ansata,1980

»Die Goldenen Regeln des friedvollen Kriegers«, Ansata, 1992

Jani King: »P'taah«, Ansata, 2001

James Redfield: »Die Prophezeiungen von Celestine«, Heyne, 1994

Gerd. B. Ziegler: »Vision der Freude«, Goldmann, 1992

Melody Beattie: »Die Sucht, gebraucht zu werden«, Heyne, 1990

»Kraft zum Loslassen«, Heyne, 1991

»Mehr Kraft zum Loslassen«, Heyne, 2000

»Der Weg zu innerer Stärke«, Heyne, 1999

Bradley Trevor Greive: »Traummann gesucht!«, Heyne, 2003

Judith Orloff: »Positive Energie«, Goldmann, 2004

Steven Carter, Julia Sokol: »Nah und doch so fern«, Krüger, 1995

Thorwald Dethlefsen: »Schicksal als Chance«, Mosaikverlag 1979

Thorwald Dethlefsen, Rudiger Dahlke: »Krankheit als Weg«, Mosaikverlag, 1989

Lucinda Bassett: »Angstfrei leben«, Beltz, 2000

David Servan-Schreiber: »Die neue Medizin der Emotion«, Kunstmann, 2004

Neal Donald Walsh: »Gespräche mit Gott, Band I–3«, Arkana Verlag, 1998

»Freundschaft mit Gott«, Arkana Verlag, 2000

Bärbel Mohr: »Der kosmische Bestellservice«, Omega, 2000

Daphne Rose Kingma: »Ich öffne mich der Liebe«, Integral, 1997

Clarissa Pinkola Estès: »Die Wolfsfrau«, Heyne, 1992

Julia Cameron: »Wer sagt, dass Gott nicht gerne lacht?«, Knaur, 2002

Gina Deletz, Bodo Deletz: »Mary«, E. Lenzverlag, 1997

Caryle Hirshberg, Marc Ian Barasch: «Gesund werden aus eigener Kraft«, Knaur, 1997

Raymond. A. Moody: »Das Leben nach dem Tod«, Rowohlt, 1977

Elisabeth Kübler-Ross: »Über den Tod und das Leben danach«, Silberschnur, 2002

Christa Kössner: »Das Spiegelgesetz«, Ennsthaler, 1997

Stephen Levine: »Noch ein Jahr zu leben«, rororo, 1997

Ellen Fein, Sherrie Schneider: »Die Kunst, den Mann fürs Leben zu finden«, Piper, 2002

Karen Kingston: »Feng-Shui gegen das Gerümpel des Alltags«, rororo, 2000

Marianne Williamson: »Verzauberte Liebe«, Lotosverlag, 2001

Barbara Ann Brennan: »Licht-Heilung«, Goldmann, 1994

Georg Parlow: »Zart besaitet«, Festland-Verlag, 2003

Byron Katie: »Lieben, was ist«, Arkana Verlag, 2002

Nachwort

Ich freue mich, dass ich in diesem Buch einen Teil meiner Geschichte und die daraus gewonnenen Erkenntnisse mit Ihnen teilen konnte. Vielleicht musste ich selbst durch diese endlosen Jahre von Panik, Schmerzen und Verzweiflung gehen, um nicht nur für mich einen Weg zu finden, sondern auch um anderen Menschen Mut zu machen.

Kein Weg gleicht dem anderen, aber die Richtung ist für alle dieselbe. Und auf der Hinweistafel steht: *Selbstliebe.* Wenn Sie diesem Pfad folgen, können Sie nur gewinnen – auch wenn Sie stolpern, eine Zeitlang liegen bleiben oder immer wieder in die gleichen Fallen laufen. *Haben Sie keine Angst!* Alles ist gut, so wie es im Moment ist. Sie können aus jeder Lebenssituation wertvolle Erkenntnisse ziehen und damit gestärkt daraus hervorgehen. Was auch immer gerade geschieht: Es hat Sinn und will Ihnen zeigen, wo noch ungeheilte Wunden liegen.

Der Aufbruch zur Selbstliebe ist die sinnvollste Reise Ihres Lebens. Ich wünsche Ihnen von Herzen, dass Sie die »Fahrt« nicht nur als Last empfinden, sondern auch die Schönheiten der Landschaft genießen.

Sabine Standenat

Ich freue mich, wenn Sie mit mir Kontakt aufnehmen:
www.standenat.at – info@standenat.at
oder: A-1160 Wien, Rolandweg 12/1

Danksagung

Ich danke:
allen meinen Freundinnen und Freunden
meinen Eltern
allen »LehrerInnen; seien es Menschen, Bücher,
die innere Stimme oder Informationen von irgendwoher

und: Gott für seine Freundschaft

So werde ich eine
glückliche Frau

Sabine Standenat

KNEIPP
VERLAG
LEOBEN-WIEN

Dieses Buch setzt
sich mit allen
Aspekten eines
Frauenlebens
auseinander.

Ob es nun um Beziehungen, um
Eifersucht, Überforderung, sexuellen
Problemen, Mutter-Kind-Beziehungen,
Kinderwunsch, Karriere, Verlassenwer-
den, Eifersucht etc. geht.

Sabine Standenat
So werde ich eine glückliche Frau
252 Seiten, farbig bebildert, Hardcover
ISBN 978-3-7088-0393-7, Euro 17,90
erschienen im Kneipp Verlag